해외 자유여행 A2O

일러두기

1. 책 속에 나오는 지명과 현지 음식 이름 등은 상당 부분 영어로 표기했다. 여행 자료를 준비하거나 실제로 현지 여행을 할 때 도움이 될 것으로 기대한다.
2. 표와 지도, 그림 등은 독자분들이 여행 계획을 세울 때 참고할 수 있도록 가급적 저자가 만든 '날것' 그대로 수록했다.

해외 자유여행 A20

최병일 지음

니어북스

| 책 머리에 |

여행은 계획을 세우는 순간부터 시작됩니다. 지도를 펼쳐 낯선 곳을 상상하고, 그곳에서의 하루를 그려보는 것만으로도 설렘이 차오릅니다. 어떤 길을 걸을지, 무엇을 맛볼지, 누구를 만나게 될지 모르는 미지의 가능성이 여행의 묘미를 더합니다.

그런데, 기대와 설렘의 이면異面에는 철저한 준비가 필요합니다. 과정이 쉽지는 않지만, 하나씩 해결해 나가며 여행의 진정한 매력을 발견할 수 있습니다. 지난 날의 그런 경험을 바탕으로, 저는 자유여행의 노하우를 체계적으로 정리하게 되었고, 이를 많은 분들과 나누고자 책을 쓰게 되었습니다.

이 책에서는 자유여행을 막연하게, 또 어렵게만 느끼는 분들을 위해 구체적인 방법을 제시합니다. 처음 여행을 계획하는 초보자들에게 든든한 가이드가 되어주고, 나아가 중급자나 경험 많은 여행자들에게도 더욱 스마트한 여행을 위한 비밀노트가 될 것이라고 확신합니다.

물론, 저에게도 여행이 처음부터 즐겁기만 했던 것은 아닙니다. 시행착오를 겪기도 했고, 예상치 못한 상황에 당황한 적도 많았습니다. 그러나 점차 여행이 제 삶의 일부가 되면서 그 긍정적인 영향을 몸소 체감하게 되었습니다.

여행은 단순한 일탈이 아니라 삶의 만족도를 높이고, 일상을 새로운 시선으로 바라보게 만드는 특별한 경험입니다. 여행에서 돌아온 후에는 익숙한 거리도 새롭게 보이고, 커피 한 잔에서도 여행지의 향과 분위기가 떠오릅니다. 또한, 여행은 심리적 안정감을 주고, 자아 성장과 건강 증진에도 큰 도움을 줍니다. 여행에는 비용이 들지만, 소비의 우선순위를 조정하면 충분히 가능하다는 점도 기억해야 합니다.

자유여행에는 다양한 장애물이 따릅니다. 언어 장벽, 계획과 실행에 대한 부담, 디지털 기술 활용의 어려움, 예상치 못한 상황에 대한 두려움 등이 대표적입니다. 이 책은 그러한 장애를 해결할 수 있는 실질적인 해법을 제시합니다.

책은 PART I ~ III과 부록으로 구성되어 있습니다.

PART I : 자유여행 준비 과정을 9단계로 나누어 설명합니다. 항공권 예매, 관광 명소 조사, 지역 간 이동 계획, 숙소 예약 등 여행 설계 방법론을 상세히 다룹니다. 여행 설계 챕터의 마지막에는 '실전 연습 : 내 생애 첫 자유여행 설계'를 담았습니다.

PART II : 여행 중 마주하게 되는 다양한 상황을 공항, 호텔, 관광지 등 현지 동선에 따라 설명합니다.

PART III : PART I에서 소개한 여행 설계 방법론을 실제 여행에 적용한 두 가지 사례를 다룹니다. 먼저, 2025년 4월 멕시코로 떠난 15일간의 자유여행 준비 과정을 9단계 절차에 따라 상세히 설명합니다. 이어서 2024년 10월에 18일간 캠퍼밴을 타고 뉴질랜드를 여행한 경험을 공유합니다.

부록 : 본문에서 다루지 못한 실용적인 여행 노하우뿐만 아니라 구글 지도와 휴대폰 활용, 사진 촬영, 와인 이야기, 음식의 주문과 테이블 매너 등 여행을 더욱 풍성하게 즐길 수 있는 다양한 지식을 소개합니다.

여러 이유로 자유여행을 망설이거나 포기했던 분들이 직접 여행을 설계하고 떠나봄으로써, 자유여행에 대한 자신감을 얻고 자신만의 노하우를 차곡차곡 쌓아가기를 바랍니다. 그리하여, 언젠가는 저보다 더 능숙한 여행자가 되어, 지구촌 어디든 망설임 없이 오가며 더욱 풍요로운 삶을 살아갈 수 있기를 진심으로 기대합니다.

저는 대학과 대학원에서 전산학을 전공하고 IT 전문가로 일했습니다. 논리적인 사고를 기반으로 데이터를 분석하듯 여행을 설계하고, 체계적으로 기록하는 것이 제 스타일입니다. 정보를 효율적으로 정리하는 능력이 여행을 준비하는 데, 또 이 책을 쓰는 데 큰 도움이 되었습니다.

이 책을 집필하면서 필요한 정보는 빠짐없이 담으면서도 불필요한 반복으로 인한 지루함을 느끼지 않도록 구성하려고 노력했습니다. 또한, 독자들에게 실질적인 도움이 될 자료들을 보완하며 정리했습니다.

MECE라는 용어가 있습니다('미씨'라고 읽습니다). 'Mutually Exclusive, Collectively Exhaustive'의 약자로, 복잡한 정보를 겹치지 않게(상호 배타적), 그리고 빠짐없이(집합적 완전성) 분류하는 논리적 사고 도구입니다. 즉, 어떤 주제나 문제를 여러 범주로 나눌 때, 각 범주가 서로 중복되지 않으면서도 전체를 빠짐없이 포괄해야 한다는 것입니다.

이 원칙은 컨설팅, 기획, 글쓰기, 마케팅 등 다양한 분야에서 활용되며, 복잡한 내용을 체계적으로 정리하고 명확하게 전달하는 데 큰 도움이 됩니다. MECE를 적용하면 사고의 구조가 또렷해지고, 논리를 빠짐없이 전개할 수 있어 신뢰도 높은 결과물을 만들 수 있습니다. 이 책은 필자 나름의 MECE 원칙을 바탕으로 집필되었으며, 각 단계와 내용을 구성할 때마다 이 기준을 반복적으로 점검하며 다듬었습니다.

　그렇더라도 여전히 부족한 점은 있을 것입니다. 그럼에도 이 책이 자유여행을 꿈꾸는 분들에게 멋진 가이드가 될 것으로 확신합니다. 독자분들이 이 책을 참고해 가며 여러분만의 특별한 여행을 떠나길 응원합니다.

　어느 날 TV에서 한 유명 대학 심리학과 교수가 행복에 관한 강연을 하는 모습을 보았습니다. 그는 이렇게 말했습니다.

　"행복해지고 싶다면 여행을 하세요. 재미와 의미를 동시에 충족시키는 활동 중 가장 정점에 있는 것이 바로 여행입니다. 행복의 비법으로 단 하나만 추천한다면, 그것은 여행입니다."

　우리는 돈으로 물건이 아닌 경험을 사는 것이 훨씬 더 의미있는 시대에 살고 있습니다. 이 책이 그런 의미 있는 경험을 사는 길잡이가 되길 바랍니다.

　이제 여행을 떠날 시간입니다. 설렘을 가득 안고, 나만의 여행을 그려보세요. 그 길 위에서 당신만의 특별한 순간을 하나씩 발견하시길 바랍니다.

2025년 7월

최병일

| 목차 |

책 머리에 • 4

PART I 나만의 여행지도 그리기

Chapter 1. 왜 자유여행인가?

자유여행, 어디서부터 시작할까? • 18

자유여행을 꿈꾸는 당신에게 / 자유여행, 그 진정한 의미는 /
자유여행 vs 배낭여행 : 무엇이 다를까

깃발 부대는 이제 그만 • 21

깃발을 내려놓다 : 패키지여행과의 결별 /
자유여행이 주는 즐거움

나도 할 수 있을까? • 25

자유여행, 첫걸음이 어렵다 / 자유여행을 위한 네 가지 열쇠

자유여행은 준비에서 시작된다 • 31

언제부터 준비할까 / 어떻게 준비할까 /
예상 밖의 순간도 찾아온다

자유여행, 당신의 삶을 바꾼다 • 36

Chapter 2. 단계별 여행 준비

Step 1. 목적지, 여행 시기 및 기간 결정 • 40

여행지역과 여행기간 : 무엇을 먼저 결정할까 /
여행 시기 선택 : 성수기 vs 비수기 / 여행 기간 : 어떻게 결정할까

Step 2. 메인구간 항공권 발권과 여행경비 추산 • 46

항공권 가격에 영향을 미치는 요인 / 최적의 항공권 찾기 /
발권 전 최종 확인 / 항공권 발권 / 발권에 이어 추가로 할 일

Step 3. 지역별 관광명소 탐색과 체류일정 산정 • 67

관광명소 조사 및 저장 / 방문할 관광명소 목록 작성 및 선별 /
지역별 체류 기간 산정

Step 4. 지역 간 이동계획 수립 • 71

교통수단별 이동계획 검토 / 그림으로 이동 일정 표시

Step 5. 세부 일정 확정 & 일정표 작성 • 88

일일 일정표 작성 / 전체 일정표 작성

Step 6. 로컬 교통편 티켓팅 • 93

로컬 교통편 일정 최종 점검 / 로컬 구간 교통권 발권

Step 7. 호텔 예약 • 96

실패로 배우는 호텔 예약의 함정 / 여행 목적과 예산 설정 /
숙소의 유형과 기준 설정 / 호텔 검색 및 비교 분석 /
최적의 예약 타이밍과 예약 진행 / 예약 정보 관리 / 숙소 트러블 대처

Step 8. 시내교통 스터디 • 120

도시 교통 시스템 파악하기 / 대중교통의 이해와 활용 /
호출택시와 일반택시 이용 / 도보 이동과 길 찾기 / 교통수단 이용 팁

Step 9. 예약현황 점검과 출발 준비 • 127

입장권 및 액티비티 예약 / 예약현황 점검 / 휴대폰에 자료 저장 /
출발 준비 및 점검 / 모바일 네트워크 접속 / 항공편 온라인 체크인

실전 연습   내 생애 첫 자유여행 설계 • 135

PART II 여행의 출발부터 귀국까지

Chapter 3. 공항 이용

공항으로 출발! • 144

출발 전 확인 사항 / 공항 도착 시간

출국 수속 및 탑승 • 146

체크인 및 수하물 위탁 / 보안검색대로 이동 / 출국 심사 /
보딩게이트 찾기 / 탑승

환승 • 153

환승게이트 찾기 / 환승 시 참고사항

입국 • 155

검역 / 입국 심사 / 수하물 찾기 / 세관 신고 /
환전과 SIM 카드 구입 / 시내로 이동

Chapter 4. 현지 관광

호텔 이용 • 165

체크인 : 여행의 시작을 편안하게 / 체크아웃 : 깔끔하게 마무리하기 /
체크아웃 후 짐 보관

짐 관리와 사기·도난 예방 • 169

안전하고 효율적인 짐 보관 / 사기·도난 예방 : 여행자의 실전 대응법

현지 미식 체험 • 173

현지의 진짜 맛을 만나는 방법 / 카페 문화와 디저트 탐방 /
여행자를 위한 실전 조언

관광명소 이용 노하우 • 176

사전 예약과 일정 관리 / 준비물 챙기기와 정보 수집 /
사진 촬영과 관람 에티켓 / 소지품 관리 및 현지 문화 체험

응급상황 대처와 커뮤니케이션 • 180

위기에 강한 여행자를 위한 사전 준비 / 침착함이 생명이다 /
언어보다 중요한 태도 / 사람과의 연결 : 안전을 넘은 여행의 깊이

Chapter 5. 여행의 마무리

정산 • 184

여행사진의 정리 • 186

PART III 실전으로 만나는 자유여행

Chapter 6. 멕시코 여행 설계

멕시코 2주 여행, 어떻게 결정했나 • 192

항공권 발권과 예산 짜기 • 195

어디를 가고, 얼마나 머물까 • 198

지역 간 이동 : 어떻게 움직일까 • 203

세부 일정, 이렇게 완성했다 • 205

예약의 시간 : 로컬 교통편 • 207

호텔 예약 : 매번 어려운 선택 • 210

시내 교통 이용 : 현지인과 만나는 시간 • 220

출발을 앞두고 : 실전 점검 • 223

여행을 돌아보다 : 계획, 시행착오, 배움 • 226

Chapter 7. 뉴질랜드 여행 일기

여행 개요 • 232

Auckland 공항 도착 - 새로운 모험의 시작 • 236

Redwoods Forest와 Waiotapu 지열지대 • 239

아, Tongariro Alpine Crossing! • 243

Waitomo Caves의 신비로운 반딧불 세계 • 247

렌터카 반납 후 남섬으로 • 250

캠퍼밴을 끌고 빙하마을로 • 253

Franz Josef Glacier & Fox Glacier • 256

빙하마을에서 Te Anau까지 • 259

Key Summit Trail & Marian Lake • 264

경이로운 Fjord의 세계, Milford Sound • 268

안개 낀 Queenstown, 그리고 주차위반 티켓 • 271

가자, Mt. Cook으로! • 275

운무 속 장엄한 숨바꼭질 • 278

캠퍼밴 반납 • 282

다시 Auckland로 • 287

Auckland 시내 투어 • 290

거듭되는 항공편 지연 • 293

부 록

01. 항공권 가격에 영향을 미치는 요인 • 297

02. 호텔비에 영향을 미치는 요인 • 313

03. 구글 지도 100% 활용하기 • 329

04. 렌터카의 예약과 운행 • 344

05. 여행의 스마트한 동반자, 휴대폰 활용법 • 366

06. 여행의 순간을 담다 : 디카 마스터하기 • 375

07. 와인, 여행의 완벽한 동반자 • 394

08. 음식의 주문과 테이블 매너 • 412

PART Ⅰ

나만의 여행지도 그리기

Chapter 1

왜 자유여행인가?

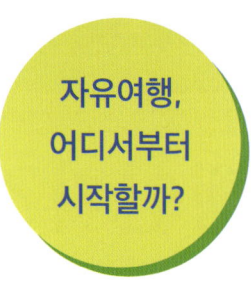

자유여행, 어디서부터 시작할까?

많은 사람들이 자유여행을 꿈꾸지만, 막상 실행에 옮기려 하면 갈피를 잡지 못한다. 여행지를 고르는 것부터 항공권과 숙소를 예약하고 일정을 짜는 일까지 — 모든 것을 스스로 준비해야 한다는 점에서 설렘만큼이나 부담도 크다. 그래서일까? 하고 싶지만 선뜻 시작하지 못하는 사람들을 자주 보게 된다. 그렇다면 질문을 바꿔보자. '자유여행을 잘하려면 어떻게 시작해야 할까?'

이 책은 그 물음에 답하기 위한 첫걸음이다.

자유여행을 꿈꾸는 당신에게

머릿속에 한 번쯤 그려봤을 것이다. 오롯이 내가 계획하고, 내가 정한 길을 따라 떠나는 여행. 알람 소리에 억지로 눈을 뜨는 아침이 아니라 햇살이 들어올 무렵 천천히 일어나는 하루. 익숙한 일정표 대신 "오늘은 어디로 가볼까?" 하고 스스로에게 묻는 방식.

하지만 동시에 걱정도 생긴다. '내가 잘할 수 있을까?', '언어가 안 되면 어떡하지?', '길을 잃으면 어쩌지?' — 이러한 기대와 불안이 자연스럽게 따라온다.

그런 당신에게 전하고 싶은 말이 있다. 망설임도 출발이다. 누군가에게는 이미 익숙한 자유여행이 당신에게도 충분히 가능한 일이라는 것.

이 책은 그 출발점에 선 당신과 함께 한 걸음씩 앞으로 나아가기 위해 쓰였다. 그 여정의 첫걸음은 자유여행의 의미를 정확히 아는 것에서 시작된다.

자유여행, 그 진정한 의미는

'자유롭게 떠나는 여행' — 언뜻 단순해 보이지만, 그 안에는 생각보다 많은 의미가 담겨 있다. 이 말은 단지 패키지여행과 달리 내가 직접 계획하고 움직이는 여행이라는 뜻을 넘어선다.

일정을 내가 정하고, 숙소를 내가 고르며, 낯선 도시의 골목을 걷다가 길을 잃더라도 스스로 길을 찾아 나가는 일. 그 과정 속에서 우리는 단순한 여행자가 아니라 하나의 여정을 설계한 기획자가 되어간다.

자유여행은 단순히 '자유롭게 돌아다닌다'는 뜻이 아니다. 그것은 책임 있는 선택의 연속이며, 예측할 수 없는 순간에 대응하는 태도다. 그래서 더 어렵고, 더 긴장되며, 무엇보다도 더 오래 기억에 남는다.

이제 그 다층적인 의미를 하나하나 풀어보자. 그 말 속에 담긴 무게와 매력을 들여다볼 시간이다.

자유여행 vs 배낭여행 : 무엇이 다를까

이 두 단어는 종종 비슷한 의미로 쓰이지만 실제로는 성격과 목적에 차이가 있다. 두 여행 모두 패키지여행과는 달리 스스로 계획하고 움직이는 독립적인 방식이라는 공통점이 있지만, 추구하는 방향과 여행자의 태도는 분명히 다르다.

항목	자유여행	배낭여행
여행스타일	유연성, 편안함 추구	모험적, 경제적 측면 우선시
이동 수단	렌터카, 기차, 비행기	버스, 히치하이킹
숙박형태	호텔, 에어비앤비	호스텔, 게스트하우스
짐의 형태	캐리어, 여행가방	배낭
예산	비교적 여유 있게	더 적은 예산
일정의 유연성	사전에 계획된 일정	매우 유연, 즉흥적 변경
대상	다양한 연령대	주로 젊은 층

캠핑카나 렌터카를 이용하고, 3~4성급 호텔이나 아늑한 숙소에서 머무르는 이 책의 여행 방식은 단순히 불편함을 감수하는 배낭여행과는 확연히 다르다.

여기서 제안하는 여행은 세련됨과 품격을 갖추고, 나만의 계획과 여유 속에서 진정한 자유를 누릴 수 있는, 한 단계 더 진화한 여행이다. 바꿔 말하면 단순히 '저렴하게 떠나는 여행'이 아니라, '내가 원하는 방식으로 직접 설계하고 누리는 여행'이다. 그리고 그 중심에는 자유롭게 움직이되, 품위있는 경험을 추구하는 태도가 있다. 이처럼 자유여행은 단순히 배낭여행과 구분되는 개념을 넘어 자신만의 여행 철학을 담을 수 있는 방식이다.

그렇다면, 왜 사람들은 이런 여행을 선호하는 걸까?

깃발 부대는
이제 그만

누군가의 깃발을 따라 걷는 대신 내가 가고 싶은 방향으로 걸어가는 순간, 그 지점에서 자유여행이 시작된다. 여행의 주도권을 되찾는 것, 그것이 바로 핵심적인 매력이다.

깃발을 내려놓다 : 패키지여행과의 결별

패키지여행으로 스페인의 주요 도시를 다녀온 지인은 마드리드, 사라고사, 바르셀로나, 그라나다, 세비야, 꼬르도바를 모두 둘러봤지만, 기억에 남는 건 각 도시를 빠르게 지나친 '이동의 연속'뿐이었다고 한다. 그래서 패키지여행은 다시는 하지 않겠다고 한다. 이른 아침 호텔을 나서 버스를 타고 이동하고, 도착한 장소에서 짧게 구경한 뒤 다시 버스를 타는 하루하루. 사진을 몇 장 찍고 돌아오는 반복적인 일정이었다는 것이다.

　물론 패키지여행에도 장점은 있다. 고급 숙소, 일정 걱정 없는 동선, 가이드의 안내는 분명 편리하다. 하지만 그 편리함이 어떤 이들에게는 제약으로 다가온다. 정해진 코스를 따르기보다 내가 머무르고 싶은 장소에서 더 오래 머무르고, 가고 싶은 곳을 직접 선택하는 여행이 더 매력적으로 다가온다. 나이는 적지 않지만 '만년 청년'의 마음을 지닌 나 같은 사람에겐 이런 유형의 여행은 더욱 매력적으로 다가온다.

자유여행이 주는 즐거움

자유여행의 매력은 그야말로 차고도 넘치지만 필자는 크게 세 가지로 나누어 설명하고 싶다.

나만의 일정으로 떠나는 여행

내게 여행은 현지 음식을 즐기는 것으로 시작된다. 파리는 미슐랭 스타 레스토랑이 세계에서 가장 많은 도시다. 이런 곳을 여행할 때는 시간을 투자해 미슐랭 레스토랑에서 한 끼를 경험하는 것이 필수다. 스페인에서는 최고급 하몽인 이베리코 베요따를 리오하 와인과 함께 즐기고 싶다. 축구 팬이라면 레알 마드리드나 FC 바르셀로나의 경기를 직접 관람하는 특별한 경험도 잊을 수 없을 것이다.

현지 문화 체험도 빼놓을 수 없다. 모스크바에서는 볼쇼이 발레를 감상하고, 뉴욕에서는 브로드웨이에서 인기 뮤지컬 한 편을 관람하며, 밀라노에서는 산타 마리아 델레 그라치에 성당에서 레오나르도 다빈치의 '최후의 만찬'을 관람하는 계획을 세울 수도 있다. (참고로 이 성당에 입장하려면 개별 예약이 필수이며 여권을 소지해야 하고, 관람 시간은 15분으로 제한된다.)

뉴질랜드 북섬에는 '통가리로 알파인 크로싱 Tongariro Alpine Crossing'이라는 멋진 트레킹 코스가 있다. 교통은 불편하고 20km를 7~8시간 동안 걸어야 하지만, 전 세계 트레킹 애호가들이 찾는 명소다. 이런 곳에서 하루를 보내며 트레킹을 즐기는 것은 평생 잊을 수 없는 추억이 된다.

이런 특별한 경험이 패키지 투어로도 과연 가능할까?

적은 비용, 더 큰 만족

여행 경비를 줄이는 것만이 전부는 아니다. 야간열차에서 잠을 해결하거나, 김치와 고추장을 챙겨 다니며 식비를 아끼는 것만이 능사는 아니다. 어떤 관광명소의 입장료가 비싸다고 외관만 둘러보는 것도 여행의 본래 목적과 어긋날 수 있다.

자유여행의 핵심은 비용 대비 효율적인 여행이다. 불필요한 지출을 줄이고 가치 있는 경험에 집중하는 방식이다. 작은 절약이 모이면 더 큰 만족으로 이어진다.

패키지여행은 단체 할인으로 고급 호텔을 저렴하게 이용할 수 있는 장점이 있다. 또 유명 여행사는 서비스 수준이 높은 경우가 많다. 그러나 여행사 요금에는 가이드와 여행사의 몫, 선택 관광 수수료 등이 포함되어 있다. 결국 광고에 나온 비용보다 두 배가 들기도 한다. 패키지여행은 결국 비용도 더 들고, 각자의 취향을 반영하기도 어렵다.

기억은 오래 남고, 감동은 더 깊고

자유여행은 여행의 거의 모든 부분을 스스로 결정한다. 덕분에 같은 비용으로도 더 오래 기억에 남는 추억을 만들 수 있다. 특히 그런 여행에서의 기억은 더 오래 지속된다. 여행 중의 즐거움과 고생, 그리고 순간순간의 감동이 모두 소중한 추억이 된다.

  요즘은 정보기술의 발전으로 기억이 빨리 사라지는 시대라지만, 여행의 경험은 두고두고 회자된다. 함께 여행한 사람들과 당시를 떠올리며 이야기하는 즐거움은 그 무엇과도 비교할 수 없다.

'자유여행'이라는 단어 앞에서 한 발 물러서는 사람들이 있다. 경험이 없어서, 외국어를 잘 못해서, 계획 짜는 게 너무 어려워서... 이유는 다양하지만 공통점은 하나. 결국 '잘하는 사람만의 영역'이라는 막연한 두려움이 그들을 망설이게 한다. 하지만 정말 그럴까?

모든 걸 처음부터 완벽하게 할 수는 없다. 그러나 이런 여행은 '준비된 사람'이 아닌, '준비할 의지가 있는 사람'을 위한 방식이다. 누구도 처음부터 능숙하지 않다. 필요한 도구를 익히고, 시행착오를 겪으며 하나씩 시도해보는 여정 속에서 여행자는 점차 성장해간다.

이제 질문을 바꿔야 한다. '나도 할 수 있을까?'가 아니라 '그럼 어떻게 준비하면 될까?'로.

자유여행, 첫걸음이 어렵다

많은 이들이 이를 어렵게 느끼는 이유는 대개 기술 부족 때문이 아니다. 대부분은 심리적인 불안에서 비롯된다. 길을 잃지나 않을까, 언어가 통하지 않으면 어쩌나, 현지에서 문제가 생기면 어떻게 하나... 이런 걱정은 누구에게나 자연스럽다. 낯선 환경에서의 불확실성을 받아들이는 일은 쉽지 않기 때문이다. 하지만 실제로 여행을 막을 정도의 문제는 거의 없다.

예를 들어보자. 길찾기에 능숙하지 않은 사람도 구글 지도나 내비게이션 앱으로 대부분의 문제를 해결할 수 있다. 영어를 잘 못하더라도 번역 앱의 도움을 받거나 간단한 회화 표현만 익혀도 일상적인 소통은 가능하다. 결국 중요한 건 지금 할 수 있는 능력이 아니라 해보려는 의지다.

혼자 떠나는 게 두려운 사람도 있다. 하지만 개인 여행자에게 적합하게 시스템이 잘 갖춰진 도시와 국가는 많다. 혼자라는 이유만으로 여행을 포기하기에는, 세상은 너무 넓고 볼 것도 많다.

자유여행은 '실수를 하지 않아야만 가능한 여행'이 아니다. 실수를 통해 배우는 과정 자체가 여행의 본질이다. 처음엔 지하철을 반대로 탈 수도 있고, 숙소 예약에 착오를 일으킬 수도 있다. 하지만 그런 경험이 쌓여야 여행의 기억도 더 선명해진다.

'나에게는 안 맞는 여행인 것 같다'고 느낄 수도 있다. 하지만 그 생각이 실제 경험에서 나온 것인지, 아니면 막연한 불안 때문인지 구분할 필요는 있다. 해보지 않고 단정 짓기엔 그 안에 담긴 가능성이 너무도 크다. 못할 이유보다 할 수 있는 근거가 훨씬 더 많다.

자유여행을 위한 네 가지 열쇠

여행의 방식은 다양하지만, 여행을 성공적으로 이끌기 위해 꼭 필요한 역량은 분명히 존재한다. 필자는 그 핵심으로 '철저한 준비와 계획', '문제해결 능력', '자신감', '외국어 능력' 네 가지를 꼽는다. 이들은 다시 '기술적 요소'와 '심리적 요소'라는 두 축으로 나눌 수 있다.

'철저한 준비와 계획' 및 '문제해결 능력'은 여행의 실행력을 높여주는 기술적 요소다. 이 두 가지는 여행의 기초를 탄탄하게 다져주고, 예기치 못한 상황에서도 흔들림 없는 대응을 가능하게 한다. 반면, '자신감'과 '외국어 능력'은 심리적 요소로, 낯선 환경에 적응하고 다양한 사람들과 소통하는 데 필요한 내면의 힘이다.

꼼꼼한 준비와 유연한 대처가 안전을 보장한다면, 자신감과 열린 태도는 여행의 깊이와 즐거움을 더한다. 이 두 축이 어느 한 쪽으로 치우쳐서는 온전한 여행을 만들기 어렵다.

따라서 자유여행을 꿈꾸는 이들은 자신의 강점과 약점을 객관적으로 살펴보고, 부족한 부분을 보완하려는 노력을 통해 두 요소의 균형을 이루는 것이 중요하다. 그럴 때 여행은 단순한 이동을 넘어, 인생에 오래 남는 값진 경험이 된다.

철저한 준비와 계획

여행은 익숙함에서 벗어나는 경험이기에 철저한 준비가 최고의 대비책이다. 여행지에 대한 조사, 숙소와 교통편의 선택, 일자별 일정 구상… 이 모든 과정이 '여행의 시작'이자 이미 '여행 그 자체'라고 할 수 있다.

필자는 여행을 준비하며 늘 상상 속에서 두 번의 여행을 떠난다. 첫 번째는 여행 계획을 세울 때. 항공권을 검색하고, 도시별 이동 경로를 구상하고, 일정표를 그려보는 그 과정에서 이미 마음은 떠나 있다. 두 번째는 출발 직전, 모든 계획을 시뮬레이션하며 최종 점검을 할 때다. 이렇게 준비하면 예상치 못한 상황을 사전에 걸러낼 수 있고, 여행에 대한 기대감도 훨씬 커진다.

문제해결 능력

자유여행은 '문제없는 여행'을 보장하지 않는다. 오히려 항공편 지연, 비 오는 날의 실외 일정, 숙소 예약 오류 같은 예기치 못한 변수들은 자주 등장한다. 이런 상황에서 중요한 건 스스로 해결할 수 있는 힘, 바로 문제해결 능력이다.

사례 : 조지아에서 항공편이 취소되다

2024년 3월, 필자와 일행 4명은 조지아 수도 트빌리시에서 메스티아로 가는 경비행기를 탈 예정이었다. 하지만 강풍으로 인해 항공편이 취소되면서 예상치 못한 상황에 직면했다. 원래 비행기로는 1시간이면 도착할 거리였지만, 기차와 승합차를 이용하면 10시간 이상 걸리는 복잡한 여정이었다. 게다가 메스티아 방향으로 가는 기차는 하루 한 편, 오전 8시 20분 출발하는 것이 전부였다.

혼란스러운 상황에서도 우리는 침착하게 대안을 모색했다. 항공사 셔틀을 타고 트빌리시 시내로 돌아온 후, 카페에 모여 새로운 계획을 세웠다. 기차를 이용해 쿠타이시로 이동한 뒤, 그곳에서 1박을 하고 다음 날 택시로 메스티아로 가는 경로를 선택했다. 메스티아 호텔 주인에게 체크인을 하루 늦추겠다고 이메일을 보냈고, 다행히 긍정적인 답변을 받았다. 이어 쿠타이시 숙소를 예약한 뒤, 오후 5시 25분 기차를 타고 밤 10시에 쿠타이시에 도착했다.

다음 날 오전에는 쿠타이시를 간단히 둘러본 후, 호텔에서 소개해 준 Mercedes-Benz 차량을 타고 5시간을 달려 저녁 늦게 메스티아에 도착했다. 예상보다 길이 험했지만, 기사는 친절했고 요금도 합리적이었다.

비록 일정이 하루 늦춰졌지만, 덕분에 예상치 못했던 쿠타이시 여행을 경험할 수 있었다. 이 사건은 단순한 일정 변경이 아니라, 여행 중 발생하는 돌발 상황에 어떻게 대처하느냐가 얼마나 중요한지를 보여주는 좋은 사례였다.

문제해결 능력은 한순간에 생기지 않는다. 처음엔 어설프고 부족하지만, 여행을 반복하며 점차 단련되어 간다. 초보자라면 '철저한 준비'가 이러한 경험 부족을 충분히 보완해줄 수 있다.

이 두 가지는 서로를 보완하는 쌍둥이 같은 요소다. 하나가 약하더라도, 다른 하나가 그 빈틈을 채워줄 수 있다.

자신감

문제가 생겼을 때 필요한 건 단순한 기술이 아니라, 그 상황을 마주할 수 있는 마음가짐이다. 자신감은 자유여행에서 유난히 중요한 덕목이다. 낯선 도시에서 길을 묻고, 현지인과의 작은 오해를 풀고, 때로는 일정 전체를 바꿔야 할 때도 자신감이 없다면 발걸음조차 떼기 어렵다.

필자의 한 선배는 70대 중반의 나이에 혼자 승용차를 몰고 4개월 동안 러시아와 유럽, 튀르키예를 횡단했다. 그런 이야기는 우리에게 말해준다. 중요한 것은 나이가 아니라 용기와 자신감이라는 것을.

외국어 능력

자유여행을 위한 언어 능력은 단순히 영어를 잘하는 사람만을 위한 것이 아니다. 기본적인 의사소통이 가능한 정도면 충분하다. 요즘은 번역 앱이나 스마트폰 기술이 부족한 언어 능력을 훌륭하게 보완해준다. 구글 번역, 파파고, DeepL 등은 실시간 음성 인식까지 지원하며, 최신 스마트폰에는 오프라인에서도 사용할 수 있는 통역 기능이 내장돼 있다.

앞서 말한 선배도 출국 직전 최신 휴대폰을 구매해 통역 기능을 적극 활용하며 미지의 세계를 여행했다. 핵심은 '말을 잘하는가'가 아니라, '소통하려는 의지가 있는가'이다. 조금 서툴러도 괜찮다. 진심은 어디서든 통한다.

이 책은 자유여행의 네 가지 필수 요소 중 첫 번째, '철저한 준비와 계획'에 집중하고 있다. 출발 전의 고민과 설계, 그리고 시뮬레이션까지 안내하는 대로 차근차근 따라하면 된다. 그렇게 준비된 여행은 단순히 '잘 다녀온 여행'을 넘어, 당신만의 완성도 높은 인생 경험으로 남게 될 것이다.

자유여행은 준비에서 시작된다

자유여행의 출발점은 공항이 아니다. 구글 지도 위에 목적지를 찍는 순간, 검색창에 첫 키워드를 입력하거나 인공지능에게 조언을 구하는 그 찰나에서 이미 여행은 시작된다. '어디로 갈까?', '며칠이 좋을까?', '숙소는 시내 쪽이 나을까?' 이런 질문들이 하나 둘 쌓이며 여행은 점차 구체적인 형태를 갖춘다.

여행의 설렘은 떠나는 날보다 계획을 세우는 과정에서 더 커지는 경우가 많다. 지도를 펼치던 중 우연히 발견한 동네, AI 추천으로 알게 된 숨은 명소, 현지 커뮤니티에서 찾은 맛집 리스트 등 이런 요소들이 여행의 밑그림을 풍성하게 만든다.

많은 사람들이 자유여행을 어렵게 느끼는 이유는 막상 떠나기 전까지 어디서부터 시작해야 할지 몰라서다. 하지만 여행 준비에도 일정한 순서가 있다는 점을 기억하자.

출발일이 정해졌다면, 이후에는 할 일들을 순차적으로 하나씩 정리하면 된다. 무작정 정보를 모으기보다 큰 그림부터 그리고 세부 사항을 채워가는 방식이 훨씬 수월하다. 항공권, 숙소, 교통수단, 일정표 등 준비해야 할 것은 많지만, 디지털 도구와 AI를 활용하면 체계적으로 계획할 수 있다.

이제부터 소개할 내용은 단순한 정보나 팁이 아니다. 나만의 여행을 설계하기 위한 구조이자 하나의 안내서다. 여행 준비는 단순한 번거로움이 아니라 여행의 일부다. 계획을 즐기는 순간 여행은 이미 시작된 것이다.

언제부터 준비할까

여행 준비를 언제 시작하는 것이 좋은지는 여행의 성격과 상황에 따라 달라진다. 여행 기간, 지역 간 이동 횟수, 여행지의 낯익음 여부 등 다양한 요인이 영향을 미친다.

특히 성수기에 많은 여행객이 몰리는 지역을 방문하려면 최소 5~6개월 전부터 준비를 시작하는 것이 좋다. 예를 들어 한여름의 캐나다 로키와 이탈리아 돌로미티, 우리나라 기준 한겨울의 뉴질랜드 등은 대표적인 성수기 여행지로, 특별히 더 서둘러야 한다. 이러한 지역은 관광객이 몰리기 때문에 호텔 요금이 급격히 상승하고, 항공권과 렌터카 비용도 함께 오른다.

캐나다 로키에서 캠핑카를 렌트하려는 경우, 차량 예약뿐만 아니라 캠핑장 예약도 쉽지 않다. 특히 시설이 잘 갖춰진 캠핑장은 예약 경쟁이 치열하기 때문에 늦어도 3개월 전에는 예약을 완료해야 한다.

일반적으로 처음 가보는 지역을 2주 이상의 기간 동안 여행하려 한다면 6개월 전에 준비를 시작하면 여유롭게 계획을 세울 수 있다. 3개월 전에 시작할 경우 다소 바쁘긴 하지만 충분히 준비가 가능하다.

어떻게 준비할까

자유여행의 가장 큰 매력 중 하나는 준비하는 과정 자체가 여행의 일부라는 점이다. 어느 도시를 먼저 갈지, 어떤 동선을 짤지, 이동 시간을 어떻게 조율할지... 이 모든 것을 내가 알아서 결정하는 과정은 '내가 만드는 여행'이라는 실감으로 이어진다.

구글 지도, 여행 일정 앱, 인공지능 검색 도구 등을 활용하면 머릿속 상상이 점점 구체화된다. 지도에 이동 경로를 표시하고, 숙소와 주요 명소 사이의 거리나 교통편을 확인하고, 레스토랑의 운영 시간까지 일정을 맞춰보는 과정은 실제 여행 전의 리허설과 같다. 이러한 시뮬레이션은 단지 동선을 효율화하기 위한 것이 아니다. 현지의 변수에 대비하고, 불확실성으로 인한 불안을 줄여주는 데도 큰 도움이 된다. 예상 밖의 상황에서 당황하지 않게 해주고, 일정을 유연하게 조정할 여지를 만들어준다. 이런 준비는 당혹감을 줄이고 여유를 만든다.

또한, 준비하는 시간 자체가 여행을 더욱 풍성하게 즐기는 방식이 되기도 한다. 일반적으로 출발 전에 계획을 세우는 데 걸리는 시간은 실제 여행 일정보다 더 길 때가 많다. 하지만 그동안 마음은 이미 여행지에 가 있고, 일상은 기대감으로 채워진다. 이러한 사전 준비는 패키지여행과는 차별화되는 자유여행만의 특권이다. 결국 자유여행의 진정한 즐거움은 그 절반이 시작도 끝도 아닌 준비 과정에 있다. 이 과정이 즐거워야 여행 전체가 만족스럽게 완성된다.

처음엔 막막하게 느껴질 수도 있지만 걱정하지 않아도 된다. 이 책의 안내를 따라가다 보면 계획을 세우는 일조차 충분히 즐거운 경험이 될 것이다.

예상 밖의 순간도 찾아온다

자유여행의 진짜 매력은 무한한 자유에 있다. 하지만 그 자유는 아무 준비도 없이 누릴 수 있는 것이 아니다. 예상하지 못한 상황 앞에서 당황하지 않으려면, 사전에 '기본기'를 잘 다져놓는 것이 중요하다.

　아래의 항목들은 단순한 팁을 넘어, 여행의 안정성과 즐거움을 지켜주는 안전장치들이다. 이 책의 가이드라인대로 하나하나 준비한다면, 당신의 여행은 훨씬 더 자유롭고 여유롭게 펼쳐질 것이다.

철저한 사전 계획

- 여행지, 숙소, 교통편 등 핵심 요소는 미리 조사하고 예약하자.
- 한 가지 플랜만 세우지 말고, 돌발 상황에 대비한 'Plan B'도 마련해 두자.
- 이 책의 가이드라인을 참고하여 준비 과정을 체크리스트처럼 점검해 보자.

안전대책과 건강관리

- 위험 지역은 피하고, 활동은 되도록 사람 많은 곳에서 하자.
- 여행자 보험은 선택이 아닌 필수이다. 가입을 망설이지 말자.
- 여권, 현금, 신용카드는 복대 등 안전한 곳에 보관하자.
- 여행 전 평소 건강 상태를 점검하고, 꼭 필요한 약은 챙기자.
- 현지 문화와 규정(사진촬영 금지 구역 등)을 사전에 숙지하자.

통신과 소통의 대비책

- 스마트폰은 늘 데이터 연결 상태를 유지하고, 필요하면 보조 배터리

도 준비하자.
- 티켓이나 예약정보 등 주요 자료는 오프라인에서도 볼 수 있도록 저장해두자.
- 간단한 영어 회화와 현지 인사말 정도는 미리 익혀 두는 것이 좋다.
- 번역 앱이나 간단한 회화집도 예상 밖의 순간에 큰 도움이 된다.

예산 관리의 기본

- 총 여행 예산을 세운 뒤, 일일 지출 한도를 정하자.
- 돌발 지출에 대비해 '비상금'을 따로 챙겨두는 것도 현명한 방법이다.

그 외 유의할 점

- 현지의 법과 문화를 존중하자. 여행자는 손님임을 기억하자.
- 대중교통 이용법은 출발 전에 익혀 두면 시행착오를 줄일 수 있다.
- 택시 이용 시 요금이나 경로는 앱을 활용하거나 사전에 확인하자.
- 일정은 여유 있게 구성하고, 무리한 계획은 피하자.
- 무엇보다도, 예상 밖의 상황도 하나의 경험으로 받아들이는 열린 마음을 갖자.

사소한 준비 하나가 전체 여행을 바꿔놓을 수도 있다. 이 책에 나온 내용을 하나씩 점검하며 준비하는 그 과정 자체가 당신의 자유여행을 '자유로운 여행'으로 만들어줄 것이다.

자유여행, 당신의 삶을 바꾼다

처음에는 단지 여행이었다. 유명한 도시를 보고 싶었고, 일상을 잠시 벗어나고 싶었고, 조금은 특별한 경험을 기대했다. 하지만 거기서 멈추지 않는다. 한 번의 자유여행은 당신의 삶을 천천히, 그러나 분명하게 바꿔놓는다.

혼자 비행기를 타고, 낯선 공항에 내려 지도를 보며 길을 찾는다. 손짓과 표정으로 현지인과 소통하고, 예기치 못한 풍경 앞에 멈춰선다. 이 작은 순간들이 당신 안에 변화의 씨앗을 심는다. 길을 잃었던 기억은 나중에 웃으며 꺼내보는 추억이 되고, 식당에서 용기 내어 음식을 주문하던 순간은 내면의 성장을 남긴다. 그렇게 쌓인 경험들은 서서히 당신의 삶의 태도를 바꾼다. '나도 할 수 있다'는 자신감, '세상은 생각보다 넓고, 나는 생각보다 괜찮은 사람'이라는 조용한 깨달음, 자유여행은 이런 변화를 자연스럽게 이끌어낸다.

그러다 어느 순간, 당신은 깨닫게 된다. 여행이 끝난 뒤에도 삶을 대하는 태도가 달라졌음을. 두려움보다 호기심이 앞서고, 낯선 것을 피하기보다는 받아들이게 되었다는 사실을. 길을 잃는 게 더 이상 두렵지 않다. 오히려 새로운 길을 찾는 재미를 알게 된 것이다.

자유여행은 당신을 바꾼다. 단지 '여행을 잘하는 사람'이 아니라, '인생을 주도적으로 살아가는 사람'으로. 그 시작은 어렵지 않다. 이 책에 담긴 순서대로 한 걸음씩 따라가면 된다. 그 여정은 당신을 아마도 새로운 세상으로 데려갈 것이다. 아니, 새로운 당신에게로.

*****

여행을 설계하고 준비하는 과정은 여행지의 규모와 개수, 출발일까지 남은 시간, 여행자의 경험 수준, 개인의 취향 등에 따라 크게 달라진다. 또한 이러한 차이의 폭도 상당히 크기 때문에, 특정한 절차를 '정답'이라고 단정하기는 어렵다.

예를 들어, 어떤 여행자는 정해진 기간 내에서 방문할 여행지를 조정하는 반면, 또 다른 여행자는 가고 싶은 곳을 모두 정한 후 그에 맞춰 전체 여행 기간을 결정할 수도 있다. 어떤 경우에는 지역 내 관광 명소를 기준으로 체류 기간을 정하고, 반대로 체류할 기간을 먼저 정한 후 일정에 맞춰 방문할 명소를 조정하는 경우도 있다.

결국 여행 계획은 개인의 상황과 여건에 맞춰 유연하게 적용하는 것이 중요하다. 특히 단기간에 한두 도시만 방문할 경우라면 세부적인 절차를 일부 생략하거나 단순화할 수도 있다. 따라서 제시된 절차를 무조건 따르기보다는 각자의 여행여건과 스타일에 맞게 조정하는 것이 바람직하다.

여기에서 제시하는 9단계 절차는 필자가 사용하는 방법으로, 여행 준비를 체계적으로 돕기 위한 가이드라인이다. 각 단계를 진행하면서 필요에 따라 앞 단계로 돌아가 검토하고 수정하는 과정이 필요할 수도 있다.

Step	할 일	시기
1	목적지 및 여행 시기와 기간 결정	출발 3~6개월 전
2	메인 구간 항공권 발권과 여행경비 추산	
3	지역별 관광명소 탐색과 체류일정 산정	출발 2~3개월 전
4	지역 간 이동계획 수립	
5	세부일정 확정, 일정표 작성	
6	로컬 교통편 티켓팅	
7	호텔 예약	
8	시내교통 스터디	
9	예약 현황 점검과 출발준비	출발 1~4주 전

Chapter 2

단계별 여행 준비

Step 1.
목적지, 여행 시기 및 기간 결정

어디론가 떠나고 싶을 때, 사람들은 무엇부터 시작할까? 떠날 곳, 즉 목적지를 가장 먼저 정할까? 아니면 주어진 기간을 따져보는 일을 먼저 할까? 혹은 항공권 가격부터 알아볼까?

대체로 목적지 또는 기간을 먼저 고려한 후 항공권을 확인하고, 일정 계획을 세우는 과정이 일반적이라고 생각된다.

그렇다고 항공권을 먼저 알아보거나 어떤 도시의 관광명소부터 알아보는 것이 잘못된 접근법일까? 그렇지는 않다. 여행 애호가라면 평소에 "어느 도시까지의 항공료는 얼마일까?" 하는 정도의 관심을 가질 수 있다. 또는 어느 지역에 소위 말하는 'Feel'이 꽂혀 "언젠간 여길 꼭 가봐야지" 하는 마음으로 주변 관광명소에 대한 조사를 먼저 할 수도 있다.

필자는 여행 목적지와 기간을 정하는 것부터 시작하는 것을 권장하고 싶다.

여행지역과 여행기간 : 무엇을 먼저 결정할까

그렇다면 목적지와 기간 중 어떤 것을 먼저 결정할까? 사실 이 두 가지는 어느 것을 먼저 결정할지 크게 중요하지 않다. 여행 지역에 따라 필요한 시간이 달라질 수 있고, 여행 기간에 따라 방문할 지역 범위가 달라지기도 한다. 또한, 여행 스타일에 따라 유동적일 수 있다.

여행 계획은 개인의 상황에 따라 달라진다. 직장인은 정해진 휴가 기간에 맞춰 여행지를 선택한다. 학생이나 학부모는 방학 동안에만 여행을 떠날 수 있다. 이들은 원하는 시기보다는 주어진 일정에 맞춰 여행을 떠나기 때문에, 비용이 더 들더라도 정해진 기간에 맞춘다.

반면, 은퇴한 사람들은 시간적 여유가 많아 극성수기를 피해 원하는 시기에 여행을 계획한다. 이들은 한적한 여행을 즐길 수 있고, 여행 기간이나 방문 국가도 자유롭게 조정할 수 있다.

이처럼 여행 계획은 각자의 여건과 일정에 따라 달라진다.

세계 일주처럼 몇 달에서 1년 정도의 긴 여행을 떠나는 사람들도 있는데, 이들은 대략적인 계획만 세운 후 마음에 드는 곳에서는 더 오래 머무는 유연한 방식으로 여행한다. 그러나 이런 여행 방식은 경험이 필요한 숙련된 여행자들에게 적합하며, 초보자는 경험을 쌓아야 유연한 여행이 가능하다. 모든 숙련된 여행자도 처음에는 초보자였기에, 기초를 잘 다지면 그들도 숙련자가 되어 장기간 여행을 자연스럽게 할 수 있다.

여행의 컨셉

'교과서적인 시각'에서 볼 때, 자유여행을 설계하고 준비하는 첫 번째 단계는 '여행의 컨셉'을 정하는 일이라 생각된다. 이는 여행의 전반적인 방향성과 목적을 설정하고, 여행의 핵심 주제나 테마를 결정하여 여행의 전체적인 틀을 잡는 과정이라 할 수 있다.

이러한 여행 컨셉은 다음과 같은 다양한 형태로, 나아가 복합적인 형태로 나타날 수 있다.

- 활동 중심 : 미식, 쇼핑, 트레킹 등 특정 활동에 초점
- 테마 중심 : 음악, 미술, 역사 등 특정 주제 중심
- 교통수단 중심 : 기차, 크루즈 여행 등 특정 이동 수단 체험
- 관계 중심 : 동행자와의 관계 중심
- 목적 중심 : 휴식, 모험, 역사·문화 탐방 등 특정 목적을 중시

그렇다면 반드시 컨셉을 정한 후 여행을 준비하는 것이 좋을까? 꼭 컨셉에 맞춰야 할까? 사실 여행 목적지를 정하고 나서 그에 맞춰 컨셉을 찾는 경우도 많다. 시작할 때 설정을 해도 좋고, 진행하면서 컨셉을 찾아도 괜찮다. 출발 전에 컨셉이 명확히 설정되면 그에 맞춰 계획을 세우면 되고, 그렇지 않더라도 여행 목적지나 기간을 정한 뒤 그에 맞는 컨셉을 찾아도 늦지 않다.

결국, 여행 컨셉은 선택 사항일 뿐, 반드시 존재해야 하는 것도 아니다. 이 또한 정답이 없는 문제다.

여행 시기 선택 : 성수기 vs 비수기

항공료와 숙박비는 성수기와 비수기에 따라 큰 차이를 보인다. 성수기에는 사람들이 몰려 숙박비가 상승하고 관광지에서 긴 대기 시간이 발생하

는 불편함이 있지만, 여행지의 활기를 느낄 수 있는 장점이 있다.

반면, 시간적 여유가 있는 사람들은 저렴한 비수기에 여행하는 것이 좋은 선택일 수 있다. 그러나 비수기에는 관광지들이 문을 닫아 제대로 즐기지 못할 수도 있다. 예를 들어, 캐나다 로키나 이탈리아 돌로미티 지역을 겨울철에 여행하면 호텔비나 차량 렌트비는 저렴하지만, 스키를 제외한 많은 즐길 거리가 닫혀 있을 수 있다. 그럼에도 일부 여행자들은 로키의 진정한 매력을 느끼려면 오히려 겨울이 더 좋다고 말한다.

결국, 성수기와 비수기 중 어느 시기가 나은지는 개인의 여행 스타일과 취향에 달려 있다. 여행 시기를 결정할 때는 예산뿐만 아니라 여행 목적과 상황도 고려해야 한다.

여행 기간 : 어떻게 결정할까

먼저 기한이 정해진 경우라면 특별히 고민할 필요 없이 주어진 기간을 최대한 활용하면 된다. 여행 기간에 대한 고민이 필요한 경우는 시간이 많은 사람들에게 해당되는데, 세 가지 접근법을 고려해 볼 수 있다.

- 일주일 이내로 기간을 정하고 한 나라, 한두 개 지역만 다녀오는 방법. 이 경우 지역 간 이동이 간단하므로 여행 설계가 단순해진다. 가까운 이웃 나라 일본, 대만, 태국, 베트남 등의 한 개 또는 두 도시를 여행할 때 적합하다.
- 2~3주 정도의 기간을 정하고 여행 목적지와 주변 지역을 다녀오는 방법. 시간이 많은 필자는 이 방식을 자주 사용한다. 예를 들어, 뉴질랜드 남북섬 렌터카/캠핑카 여행, 조지아/중앙아시아 3개국 여행 등이

이에 해당한다.
- 여행 목적지 주변의 관광명소를 모두 파악한 후, 지역별 체류일수를 계산해 합산하는 방법.

여행 기간은 개인의 취향에 따라 크게 달라질 수 있다. 아래의 일정 산정 기준을 하나의 참고자료로 활용하기 바란다.

여행지 수준	기간	대상 도시
세계적 관광지	3~4일	뉴욕, 런던, 파리, 로마, 아테네, 마드리드 등
기타 대도시	2~3일	비엔나, 프라하, 베니스, 이스탄불, 암스테르담 등
시골·기타 지역	취향대로	돌로미티, 캐나다 로키, 알프스, 그리스 섬 등

3주 이상의 여행에서는 하루 정도 쉬어가는 날을 계획하면 여행이 훨씬 여유롭고 편안해진다. 여행 기간이 두 달을 넘는다면, 이를 한 달 단위로 나누어 각각의 여행을 계획한 후, 나중에 통합하는 방식(분할 정복 접근법)을 사용할 수 있다. 이렇게 하면 여행 준비가 더 체계적으로 이루어진다.

분할 정복 접근법(Divide and Conquer Approach)

① 문제를 직접 해결할 수 있을 정도로 단순해질 때까지 두 개 이상의 하위 문제로 나눈다. (Divide)
② 하위 문제를 해결한 후, 이를 결합해 상위 문제를 해결한다. (Conquer)

여행 계획을 세울 때는 대략적인 이동 시간도 고려해야 한다. 예를 들어, 한국에서 출발하는 유럽 여행의 경우 왕복에 이틀이 소요되므로, 실제 여행에 사용할 수 있는 시간은 그만큼 줄어든다. 여러 지역을 여행할 계획이라면, 지역 간 이동에도 시간이 많이 필요하다.

체크리스트

☐ 여행 목적지는 적절하게 선정되었나?

☐ 여행 기간은 적당한가?

☐ 여행 시기는 적절한가?

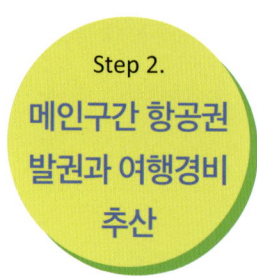

Step 2. 메인구간 항공권 발권과 여행경비 추산

이 단계의 핵심은 목적지를 오가는 항공권의 가격을 조사하고, 도착 및 귀국 도시를 결정하며, 궁극적으로는 한국을 출발해 다시 한국으로 돌아오는 메인 구간에 대한 항공권을 발권하는 것이다.

항공권 가격은 매우 다양한 요소에 의해 결정되며, 마음에 딱 맞는 항공권을 찾기 위해서는 체계적인 접근이 필요하다. 이제 항공권 가격을 결정하는 요인과 함께, 최적의 항공권을 찾는 포괄적인 절차와 방법을 소개할 예정이다.

항공권의 발권을 마치면 여행지의 대략적인 호텔비를 조사하여 개략적인 여행경비를 추산해 보는 것이 이번 단계에서 할 일이다.

항공권 가격에 영향을 미치는 요인

최적의 항공권을 찾기 위해서는 먼저 가격이 결정되는 핵심 요인을 이해해야 한다.

"같은 비행기를 타도 요금은 천차만별이다." — 이는 항공권 가격의 복잡성과 유동성을 단적으로 보여준다. 항공사는 수익 극대화를 위해 좌석을 차별화하며, 수요와 공급에 따라 가격을 조정한다. 이로 인해 같은 노선이라도 예약 시점, 여행 시즌, 항공사 정책 등에 따라 가격이 크게 달라질 수 있는 것이다.

다음은 항공권 가격에 영향을 미치는 핵심 요인들을 요약한 것이다.

- 시즌과 여행 시기 : 성수기와 비수기에 따라 가격 차이가 크다. 예를 들어 여름 휴가철, 연말연시, 주요 국제 행사 기간 등에는 항공료가 급등한다.
- 예약 시점 : 일반적으로 출발 2~4개월 전에 예약하는 것이 유리하다. 항공사는 요금을 여러 단계로 세분하여 판매하며, 먼저 예약하는 사람부터 저렴한 요금을 선택할 수 있게 된다.
- 경유 여부 : 대부분의 경우 직항보다 경유 항공권이 저렴하다. 하지만 경로를 우회하는 데 걸리는 시간, 환승에 필요한 시간 등으로 인해 소요 시간이 길어진다.
- 출발 및 도착 공항 : 같은 도시라도 공항에 따라 가격 차이가 발생한다. 이는 공항의 규모와 시설에 따른 공항이용료의 차이, 접근성과 위치, 항공사 간 경쟁 등에 따라 요금이 달라지기 때문이다.
- 항공사 및 좌석 클래스 : 저가항공사(LCC)와 대형항공사(FSC) 간 가격 차이를 비롯하여, 이코노미와 비즈니스 클래스 간의 차이에 따라 요금이 달라진다.
- 항공권 유연성 : 날짜 변경 가능 여부, 환불 정책 등에 따라 가격이 달라진다. 당연히 유연성이 높은 티켓은 값이 비싸고, 그 반대의 경우는 저렴한 대신 제약이 많다.
- 환율 및 유류할증료 : 국제 항공권의 경우 환율 변동과 유류할증료가

최종 가격에 영향을 준다.

보다 자세한 사항에 대해서는 「부록 01. 항공권 가격에 영향을 미치는 요인들」을 참고하기 바란다.

최적의 항공권 찾기

앞서 설명한 바와 같이 항공권 가격에 영향을 미치는 요인이 다양하므로 자신의 필요와 예산에 가장 적합한 항공권을 찾기 위해서는 체계적인 접근이 필요하다. 대표적인 전략은 다음과 같은 것들이다.

① 플랫폼 활용
② 다구간 항공권 및 스탑오버 활용
③ 저가항공사 이용 검토
④ 가격알림 설정 및 프로모션 활용 등

플랫폼 활용

복잡한 요금 체계 속에서도 나에게 맞는 항공권을 찾는 방법은 무엇보다 메타서치와 가격비교 사이트로 알려진 플랫폼을 잘 활용하는 것이다. 일반적으로 플랫폼은 공급자가 판매할 상품을 올려놓으면 수요자가 자신이 원하는 상품을 골라서 구입할 수 있도록 만든 장터를 의미한다. 항공권 구입과 관련된 플랫폼 중에서는 항공권 메타서치 플랫폼과 온라인 여행사 플랫폼이 주로 사용된다.

항공권 메타서치 플랫폼 Meta Search Platform

자체적으로 예약을 처리하지 않고, 사용자가 항공사나 여행사로 이동해 예약을 완료하도록 안내하는 역할을 한다. 여기서 메타Meta는 '초월의' 또는 '상위 개념의'라는 의미로 사용된다.

* 예 : KAYAK, Skyscanner

온라인 여행사 플랫폼 Online Travel Agency

다양한 여행 상품(항공권, 호텔, 렌터카 등)을 소비자에게 제공하는 중개자 역할 및 여러 공급자(항공사, 호텔 체인 등)와 여행자를 연결하는 기능을 한다.

* 예 : Trip.com, Booking.com, Agoda, 와이페이모어 등

KAYAK이나 Skyscanner와 같은 항공권 메타서치 플랫폼을 활용하면 여러 날짜와 도착지를 바꿔가며 검색하면서 저렴한 항공권 가격대를 파악할 수 있다.

과거에는 메타서치 플랫폼 자체에서 예약까지 처리했으나, 최근에는 비즈니스 모델 변화로 메타서치 플랫폼에서 구간과 날짜를 지정하여 검색한 결과 중 하나를 선택하면 온라인 여행사 플랫폼이나 항공사 사이트로 연결해주는 역할까지만 수행한다.

항공권 메타서치 플랫폼을 이용하는 방법 자체는 간단하다. 출발/도착 날짜와 목적지를 입력하여 항공편을 검색한 후 나열된 목록에서 원하는 항공편을 선택하면, 온라인 여행사 플랫폼(OTA)으로 연결된다.

KAYAK 활용

KAYAK은 다양한 여행 상품을 비교하고 검색하는 대표적인 메타서치 플랫폼이다. 주요 특징으로는 가격 예측 및 알림, 다구간 검색, 그리고 'Explore' 기능 등을 들 수 있다. 'Explore' 기능은 특정 날짜나 목적지가 정해지지 않은 여행자들을 위해 예산과 관심사에 맞는 항공권을 탐색할 수 있도록 도와주는 기능이다.

기본적으로 편도, 왕복, 다구간 티켓을 검색할 수 있으며, 날짜는 원하는 날 하루만 지정할 수도 있고, +/- 3일 범위로 설정할 수도 있다. 필터를 설정하여 직항, 1회 또는 2회 경유 항공편으로 범위를 좁힐 수도 있다. 아래 그림은 2025년 4월 16일(수)을 기준으로 전후 3일 간의 인천 ⇒ 로마행 1회 경유 항공편 편도 요금을 보여준다.

4월 13일 (일)	4월 14일 (월)	4월 15일 (화)	4월 16일 (수)	4월 17일 (목)	4월 18일 (금)	4월 19일 (토)
✓	✓	✓	✓	✓	✓	✓
606,607원	514,706원	486,248원	480,800원	487,110원	572,800원	599,171원

귀국편은 같은 방법으로, 귀국 일정을 설정해 항공료가 저렴한 날을 알아본다. 이어서 출발일과 귀국일을 앞서 선정된 날짜로 지정하고 요금을 다시 검색해보면 원하는 지역의 왕복 요금을 쉽게 확인할 수 있다. 물론 출발과 귀국으로 분리하지 않고 한번에 왕복 항공권을 검색하는 것도 가능하다. 다음 표는 2025년 4월 13일에서 19일 사이에 인천공항을 출발하고, 귀국편은 5월 4일에서 10일 사이에 로마를 출발하여 인천에 도착하는 1회 경유 항공편의 요금을 보여준다.

출발								귀국
4월 13일 (일) ✓	4월 14일 (월) ✓	4월 15일 (화) ✓	4월 16일 (수) ✓	4월 17일 (목) ✓	4월 18일 (금) ✓	4월 19일 (토) ✓		
1,105,600원	1,065,600원	1,002,900원	1,122,100원	1,002,900원	1,080,600원	1,002,900원	5월 4일 (일)	
1,023,000원	981,900원	998,100원	1,023,000원	983,900원	983,900원	1,035,600원	5월 5일 ✓ (월)	
1,023,000원	977,500원	898,400원	916,877원	916,877원	924,500원	977,500원	5월 6일 ✓ (화)	
1,023,000원	981,900원	898,400원	898,400원	983,900원	983,900원	1,002,900원	5월 7일 ✓ (수)	
1,023,000원	862,400원	898,400원	916,877원	916,877원	924,500원	977,500원	5월 8일 ✓ (목)	
1,023,000원	981,900원	1,002,900원	1,023,000원	1,002,900원	1,087,900원	1,002,900원	5월 9일 ✓ (금)	
1,063,800원	907,400원	1,063,800원	943,400원	1,028,900원	1,087,900원	1,180,500원	5월 10일 ✓ (토)	

예를 들어 4월 16일 출발, 5월 8일 귀국하는 일정의 요금 916,877원을 클릭한 후 그 중 최저요금인 에티하드 항공편을 선택하면 한 두 단계를 거쳐 다음 화면으로 이어지며, 최종적으로는 에티하드항공사 또는 eDreams 홈페이지로 연결된다.

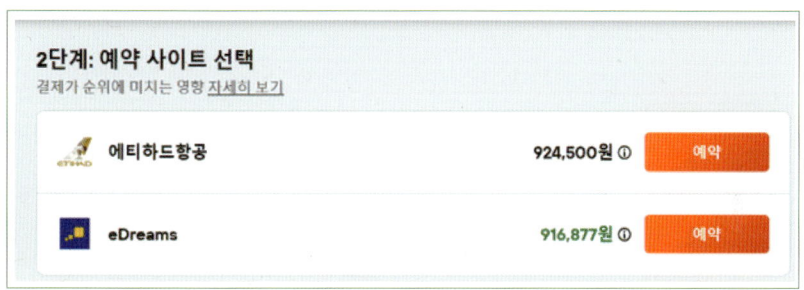

Skyscanner

Skyscanner 역시 항공권, 호텔, 렌터카 등 여행 상품을 비교하고 검색할 수 있는 메타서치 플랫폼이다. 주요 특징으로는 가격 예측 및 알림 기능, '어디든지' 검색 옵션, 유연한 날짜 검색 등이 있다.

특히 여기서는 출발일에 따른 가격대를 한눈에 보여준다. 파란색은 가격이 저렴한 날, 오렌지색은 더 비싼 날, 빨간색은 매우 비싼 날을 의미한다. 이 그림을 통해 상대적으로 저렴한 날을 파악할 수 있다.

다음은 에티하드 항공을 선택한 경우를 보여준다. 표시되는 온라인 여행사 플랫폼이 KAYAK과는 다르며, 플랫폼별로 평점과 리뷰어 수가 함께 표시되는 점도 다르다는 점을 알 수 있다.

Google Flights

최근 들어 관심을 끄는 플랫폼인 Google Flights는 KAYAK이나 Skyscanner 와는 차별화된 기능들을 선보이고 있다.

- 지도 기반 인터페이스 : Google Flights는 전 세계 지도를 활용해 특정 목적지를 정하지 않아도 저렴한 항공권을 한눈에 확인할 수 있다. 이 기능은 여행지 선택이 유동적인 사용자에게 매우 유용하다.

- 유연한 날짜 및 여행 기간 검색 : 사용자는 특정 날짜를 입력하지 않고도 원하는 여행 기간(예 : 1주일)을 설정하면 가장 저렴한 날짜와 목적지를 추천받을 수 있다. 이는 다른 플랫폼에서는 제공되지 않는 독창적인 기능이다.
- 항공사 및 조건 필터링 : 검색 초기 단계부터 특정 항공사나 경유 횟수, 수하물 조건 등을 설정할 수 있어 더욱 세부적인 검색이 가능하

다. 이는 KAYAK이나 Skyscanner에서 모든 결과를 확인한 뒤 필터링해야 하는 불편함을 줄여준다.

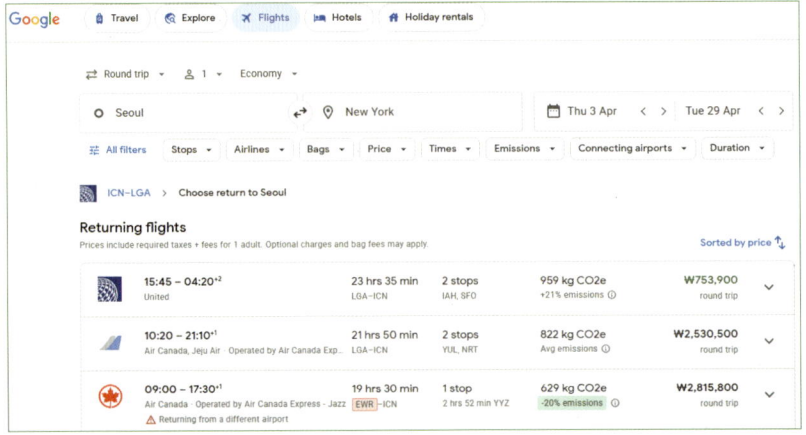

- 항공사 직접 예약 지원 : 온라인 여행사가 아닌 항공사 웹사이트로 직접 연결되므로 마일리지 적립과 일정 변경이 더 용이하다.

항공사 홈페이지

항공사 공식 홈페이지에서 직접 항공권을 구입하면 다음과 같은 이점이 있다.

- 추가 수수료 절감 : 온라인 여행사 플랫폼(OTA)이나 메타서치 플랫폼을 통해 구매하면 일부 경우 서비스 수수료가 포함될 수 있다. 반면 항공사 공식 웹사이트에서는 이러한 중개 수수료 없이 최종 가격을 확인하고 결제가 가능하다.
- 예약 변경 및 취소 시 유리 : 일정 변경이나 취소가 필요할 때 더 간편

하게 처리할 수 있다. OTA를 통해 예약한 경우, 변경 또는 취소 시 과다한 추가 수수료가 발생하거나 아예 불가능할 수도 있다. 뿐만 아니라 항공사와 OTA 간 책임 전가 문제가 생겨 적절한 서비스를 받기 어려운 일이 생길 수 있다.

- 최신 운임 및 프로모션 적용 가능 : 항공사 웹사이트에서는 프로모션이나 특별 할인 요금이 제공되는 경우가 많다.
- 추가 서비스 선택 및 좌석 지정이 유리 : 위탁 수하물 추가, 기내식 선택, 좌석 지정 등 다양한 옵션을 직접 선택할 수 있다. 반면 OTA에서 예약할 경우, 추가 서비스 선택이 제한되거나 별도 요금이 더해질 수 있다.
- 항공사 고객 지원에 유리 : 항공권에 문제가 발생했을 때, 항공사에서 직접 예약한 경우 빠른 해결이 가능하다. OTA를 통해 예약하면 고객센터를 통해 복잡한 절차를 거쳐야 하며, 환불 및 변경이 지연될 수 있다.

결론적으로, 메타서치나 OTA에서 가격을 비교한 후, 항공사 공식 홈페이지에서 최종적으로 구매하는 것이 가장 유리한 전략이다.

플랫폼 이용 시 참고 사항

온라인 여행사 플랫폼에서 항공권 예약이 완료되면, 예약번호와 e-Ticket 번호가 포함된 예약확인서를 이메일로 발송한다.

- 예약번호(PNR : Passenger Name Record) : 6자리 영숫자로 구성되며 Reservation Number 또는 Booking Number로 불린다. 이 때 온라인

여행사 플랫폼의 예약번호와 항공사에서 부여하는 예약번호는 다를 수 있다. 그러므로 궁금한 사항에 대해 문의 시, 상대방이 온라인 여행사인지 항공사인지에 따라 해당 예약번호를 정확히 전달해야 한다.

- e-Ticket 번호 : 총 13자리로, 123-1234567890 형식으로 구성된다. 앞의 3자리는 항공사 코드, 나머지 10자리는 고유번호이다. 예약확인서에 e-Ticket 번호가 명시되어 있어야 최종적으로 예약이 완료된 상태로 간주할 수 있다.
- 예약번호만 있고 e-Ticket 번호가 없는 이메일을 받는 경우가 있다. 이러한 상황은 예약이 완료되었지만 항공권이 아직 발급되지 않았거나, 여행사나 항공사 시스템에 오류가 발생했을 가능성이 있는 경우이다.
- 반드시 나중에 e-Ticket 번호가 포함된 예약확인서를 확인해야 예약이 확실히 완료되었는지 알 수 있다.

다구간 항공권 및 스탑오버 활용

다구간 항공권

왕복 항공권만 고려하는 대신, 다구간 항공권이나 도착/귀국 도시를 다르게 설정하는 방법도 생각해볼 수 있다. 특히 여러 도시를 여행할 계획이라면 이 방법으로 비용을 절약할 수 있다.

예를 들어, 스페인의 마드리드와 바르셀로나를 여행한다면, 아래와 같은 옵션을 비교해볼 수 있다.

- 단순 왕복 항공권 : 인천 ⇔ 마드리드 또는 인천 ⇔ 바르셀로나
- 다구간 항공권 : 인천 ⇒ 마드리드(스탑오버), 마드리드 ⇒ 바르셀로

나, 바르셀로나 ⇒ 인천

- In/Out 도시를 다르게 설정 : 인천 ⇒ 마드리드, 바르셀로나 ⇒ 인천

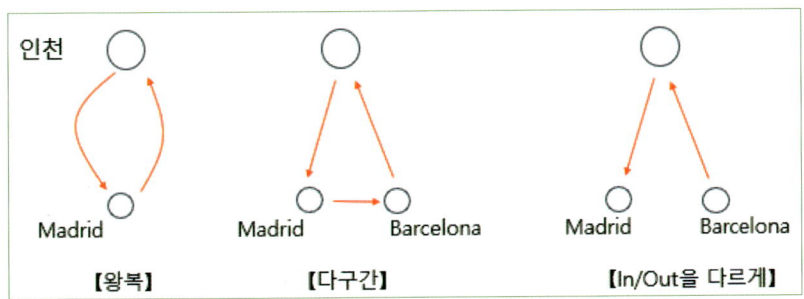

다구간 항공권은 단순 왕복 항공권보다 복잡해 보일 수 있지만, 일정에 따라 더 많은 여행지를 탐험할 수 있는 기회를 제공한다.

> **필자의 경험 : 코카서스 3국 여행**
>
> 2024년 4월, 필자는 코카서스 3국 중 하나인 조지아를 여행하며 다구간 항공권의 진가를 체험한 적이 있다.
> - 가는 길 : 카자흐스탄 알마티에서 1박
> - 귀국 길 : 우즈베키스탄에서 4박
>
> 이 과정에서 실크로드의 고도인 알마티, 타슈켄트, 부하라, 사마르칸트를 방문할 수 있었다. 항공권 가격 대비 만족도도 매우 높았다.

스탑오버 활용

비행기 환승에는 여러 가지 유형이 있고, 이를 잘 활용하면 여행 계획에 새로운 경험을 추가할 수 있다.

- 스탑오버Stopover : 경유지에서 24시간 이상 체류 후 다음 비행기를 타는 방식이다. 입국 심사를 거쳐 공항 밖으로 나갈 수 있고, 수하물을 찾아야 한다.
- 레이오버Layover : 경유지에서 24시간 이내로 머무는 방식이다. 스탑오버와 비슷하지만 체류 시간이 더 짧다.
- 트랜스퍼Transfer : 공항 내부에서 비행기를 갈아타는 방식을 말한다. 입국심사를 받지 않으며, 가장 일반적인 환승 방식이다.
- 트랜짓Transit : 경유지 공항에 잠시 머문 뒤 같은 비행기로 다음 목적지로 이동하는 방식이다.

이처럼 스탑오버와 레이오버는 여행 도중 새로운 도시를 경험할 수 있는 기회를 제공한다. 핀에어(헬싱키), 터키항공(이스탄불), 에티하드(아부다비) 등이 무료 스탑오버 프로그램을 제공하는 것으로 알려진 대표적인 항공사들이다

저가항공사(LCC) 이용 검토

저가항공사(LCC : Low-Cost Carrier)는 항공권을 저렴하게 구매하려는 여행자들에게 상당히 매력적인 옵션이다. 이들은 대형항공사(FSC : Full-Service Carrier)와 비교해 안전과 관련된 사항은 유지하면서 대부분의 무료 서비스를 유료화한다. 기본 서비스를 저렴하게 제공하되, 필요한 추가 서비스는 별도의 비용을 지불하도록 하는 것이 운영의 기본 원칙이다.

이들 LCC는 초기에는 단거리 위주로 운항했지만, 최근에는 장거리 노선으로 사업 영역을 확장하고 있다.

저가항공사의 비용 절감 방식

- 무료 서비스 최소화 : 대부분의 기내 서비스를 유료화
- 단일 기종 운항 : 운항 기종을 단일화해 유지/관리 비용을 절감
- 외곽공항 이용 : 도심에서 떨어진 공항 이용, 공항 사용료 절감
- 직항 노선 집중 : 환승보다 직항 노선 운영으로 효율성 강화
- 비인기 시간대 운항 : 사람들이 선호하지 않는 시간대에 운항
- 셀프 체크인 유도 : 공항 카운터 이용 시 높은 수수료 부과
- 추가요금 부과 : 수하물, 기내식 등 부가 서비스에 추가 요금

LCC의 특징과 이용 시 주의점

- LCC는 대형항공사보다 저렴한 가격으로 항공권을 제공하지만, 출발일이 가까워질수록 가격이 급격히 상승한다.
- 외곽 공항을 이용하므로 교통이 불편할 수 있고, 출발 및 도착 시간이 비인기 시간대에 배치되는 경우가 많다.
- 수하물 요금은 LCC의 주요 수익원 중 하나로, 공항에서 결제할 경우 요금이 더 비싸다.

따라서 LCC를 이용할 때는 항공권 구매 시기, 공항 위치, 추가 요금 등을 꼼꼼히 확인해야 한다.

가격 알림 설정 및 프로모션 활용

- 가격 알림(Alert) 설정 : 대부분의 플랫폼에서는 특정 노선의 가격이 변동될 때 알림을 받을 수 있는 기능이 있다.

- 항공사 프로모션 및 마일리지 활용 : 정기적으로 항공사 이벤트를 확인하고, 마일리지를 활용하면 추가 할인이 가능하다. 항공사 뉴스레터를 구독하면 프로모션 정보를 빠르게 확인할 수 있다.
- 신용카드 혜택 활용 : 여행 특화 신용카드를 사용하면 항공권 할인 및 적립 혜택을 받을 수도 있다.

발권 전 최종 확인

항공권 발권 전 다음 핵심 사항들을 꼼꼼히 점검해야 한다.

여행 지역과 기간의 적절성

- 선택한 여행지가 여행 목적에 부합하는지 확인
- 계절, 현지 행사 등을 고려해 여행 시기가 적절한지 검토
- 체류 기간이 여행 계획을 실행하기에 충분한지 점검

항공 루트와 가격의 타당성

- 선택한 항공 루트가 효율적이고 경제적인지 평가
- 직항과 경유 옵션을 비교하여 시간과 비용 측면에서 최적의 선택인지 확인
- 항공권 가격이 시장 평균과 비교해 합리적인 수준인지 검토

도착 및 귀국 도시의 적절성

- 도착 도시가 여행 일정의 시작점으로 적합한지 확인
- 귀국 도시가 전체 여행 루트를 고려했을 때 효율적인지 점검
- 공항에서 도심으로의 이동 편의성 고려

여행 경비의 현실성

- 항공권, 숙박, 식비 등 전체 여행비가 감당할 수준인지 여부
- 개인 재정 상황을 고려해 여행 경비가 적정 수준인지 평가
- 예상치 못한 지출에 대비한 비상금도 감안했는지 확인

이러한 항목들을 꼼꼼히 점검함으로써 여행의 질을 높이고 불필요한 문제가 생기는 것을 사전에 방지할 수 있다. 특히 항공권은 여행의 시작과 끝을 결정짓는 중요한 요소이므로 신중한 선택이 필요하다.

메인구간 항공권 vs 로컬구간 이동 교통수단

로컬 구간 이동을 위한 교통수단은 메인구간 항공권 선택과 완전히 독립적일까? 그렇지 않다. 사실은 「**Step 6**. 로컬 교통편 티켓팅」 단계에 앞서, 메인 구간 항공권 발권 단계에서 '어느 정도는' 로컬 구간 교통편에 대한 개략적인 스터디가 필요하다. 다시 말해 나중에 있을 도시 간 이동도 어느 정도 감안해서 메인 구간 항공권을 결정하면 훨씬 더 효과적이다.

항공권 발권

확정된 일정에 따라 신용카드로 항공권을 구매하면, 입력한 이메일로 전

자항공권(e-Ticket)이 발송된다. 항공권 발권 시 주의해야 할 점은 다음과 같다.

정확한 정보 입력의 중요성

- 발권 시 모든 정보를 꼼꼼히 확인해야 한다. 발권 후에 잘못된 곳을 발견하여 바로잡으려면 수정이 불가능하거나 예상치 않은 비용이 발생한다.
- 출발/도착 일시 변경뿐만 아니라 이름 철자 오류 수정도 추가 비용을 내야 할 수도 있다. 항공사는 이름 변경을 여행자 변경으로 간주하기 때문이다.
- 가능하면 다른 사람의 도움을 받아 정확한 정보를 입력하는지 확인하는 것이 좋은 방법이다.

결제 전 필수 확인 사항

- 항공편명
- 출발 일시
- 귀국 일시 : 출발 시각인지 도착 시각인지 재확인
- 여행자 개인 정보 : 영문 성과 이름(순서 주의), 생년월일, 여권번호, 국적(대한민국 또는 Republic of Korea 정확히 선택)
- 수하물 별도 구입 여부, 예상치 못한 추가요금 발생 여부

해외 원화결제(DCC) 차단

DCC(Dynamic Currency Conversion)는 해외에서 자국 통화 대신 원화(KRW)로 결제할 수 있게 해주는 서비스다. 하지만 이 서비스는 여행자에게 불리한 점이 많다. 사실 도움이 되는 경우는 매우 드물다.

- DCC의 문제점
  - 불리한 환율 적용 : 신용카드사 환율이 아닌 DCC 자체 환율 적용
  - 추가 수수료 부과 : 환전 과정에서 별도의 수수료 발생
  - 높은 비용 : 현지통화 결제 대비 3~8% 추가 비용 발생
- 대응 방법
  - 카드사에 연락하여 DCC 차단 요청
  - 카드사 앱을 통해 DCC 차단 설정

발권에 이어 추가로 할 일

Step 2에서 가장 중요한 일은 메인 구간의 항공권을 찾는 것이지만 이와 더불어 여행지의 호텔비를 대략적으로 조사하고 이를 바탕으로 전체 여행 경비를 추산하는 작업도 필요하다.

개략적인 호텔비 조사

여행지의 호텔비 수준을 파악하는 과정은 전체 여행 경비 추산에 중요하다. 대도시의 호텔비는 예상보다 높을 수 있으며, 특히 대규모 국제행사 기간에는 가격이 크게 상승한다.

호텔비 특성

- 대도시 호텔비는 일반적으로 높은 편. 예컨대 뉴욕 맨해튼 지역 3성급 호텔의 경우 2인 1실에 $200 이상
- 국제행사 기간 중에는 가격이 급등하며, 올림픽이나 월드컵 기간 등 특별 이벤트 기간의 호텔비는 매우 높음

조사 방법

- 일반적인 수준의 호텔비를 파악
- AI 활용 예시 : "[뉴질랜드 오클랜드] 시내 2/3/4성급 호텔의 성수기와 비수기 2인 1박 평균 요금이 얼마나 되는지 표로 보여줘"

지역	2☆ 성수기	2☆ 비수기	3☆ 성수기	3☆ 비수기	4☆ 성수기	4☆ 비수기
오클랜드	100	60	195	82	244	115

(단위 : NZ$, 2024.10 기준, Perplexity)

이러한 방식으로 개략적인 호텔비를 조사하여 전체 여행 비용을 추산할 수 있다. 이 정보는 후에 실제 호텔 예약 시 예산 설정에 도움이 된다.

여행경비의 추산

메인구간 항공권 탐색과 개략적인 호텔비 조사를 마치면 여행경비를 어느 정도 추산할 수 있다. 여행비의 주요 항목을 계산하고 일비를 추가하여 전체 비용을 산출한다. 주요 비용 항목은 다음과 같다.

- 항공료 : 메인 구간 항공료
- 호텔비 : 1박 평균 비용 × 숙박 일수로 2인 여행 시 1박 비용의 절반으로 계산
- 일비(Daily Expenses) : 식비, 입장료, 시내교통비 등의 비용이다. 필자의 경우 유럽/미주 지역은 하루 100유로, 기타 지역은 하루 100달러 정도로 잡는다. 당연히 각자의 사정과 형편에 따라 가감이 필요하다.

도시 간 이동 항공료, 렌터카 비용 등 지역 간 이동 비용도 고려해야 하는데, 산출 불가능할 경우 일비에 포함하고 사전 산출이 가능한 경우에는 별도 항목으로 계산한다.

예시: 7박 8일 대만 여행경비 추산

항목	단가(us$)	Qty	계(us$)	KRW
항공료				₩500,000
호텔비	$40	7	$280	₩406,000
일비	$100	7	$700	₩1,015,000
예비비			$50	₩72,500
합계				₩1,993,500

예약확인서, 바우처, 티켓

예약확인서와 바우처(Voucher), 티켓은 비슷한 성격이지만 그 의미와 용도에 약간의 차이가 있다.

구분	예약확인서	바우처	티켓
의미	예약 완료를 증명하는 문서	서비스 이용권	입장 또는 이용권
용도	예약 정보 확인, 변경, 취소 시 사용	호텔, 렌터카, 투어 이용 시 제시	항공, 기차, 공연, 관광지 입장 시 사용
특징	예약번호 포함, 결제 완료 여부와 무관할 수 있음	결제가 완료된 상태로 출력이 필요한 경우 있음	QR코드, 좌석번호 포함, 신분증 필요할 수도 있음

예를 들어 호텔 예약 시에는 예약확인서를 받지만, 만약 바우처를 사용하여 예약을 했다면 체크인할 때 이를 요구할 수도 있다.

항공권은 일종의 티켓으로, 예약 후 확인용으로 예약확인서를 받는데, 최종적으론 체크인을 통해 보딩패스를 받아야 항공기 탑승이 가능하다.

투어를 예약하는 경우 결제가 완료되면 바우처를 받아야 투어에 참여 가능한데, 장소에 따라 체크인을 해야 하는 경우도 있다.

체크리스트

☐ 메인 구간 항공권은 발권이 완료되었는가?

☐ 이메일로 전송된 e-Ticket을 받았는가?

☐ 항공편명, 출발/귀국 일시, 여행자 정보 등이 정확한가?

☐ 여행할 도시의 호텔비를 조사했는가?

☐ 대략적인 여행 경비를 계산해 보았는가?

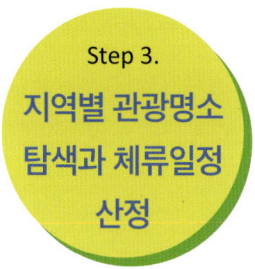

메인구간 항공권을 발권하고 여행경비를 추산했으면 그 다음에는 지역별 관광명소를 조사하고 지역별 체류 일정을 확정하는 것이 필요하다.

관광명소 조사 및 저장

각 지역의 주요 관광명소를 조사한 후, 구글 지도에 저장하고 목록을 엑셀로 정리한다. 검색창에 'Things to do', 'Attractions', '관광명소' 등을 입력하여 평점과 리뷰 수를 참고해 선정한다. 또한, 명소별 소요 시간과 입장료 등을 함께 기록하면 유용하다.

전적으로 구글 지도에만 의존할 경우 내 눈에 들어오지 않는 명소는 놓칠 가능성이 있다. 따라서 조사 시 다음 자료를 활용하면 효율적이다.

- 국가별/도시별 여행 가이드북 및 개인 여행기
- 블로그 및 카페의 여행 후기
- 트립어드바이저 인기 명소
- 대형 여행사의 패키지 투어 상품
- 현지 로컬 여행사의 투어 상품

수집한 명소를 지도에 저장하면 분포를 한눈에 파악할 수 있다. 너무 먼 곳이나 소요 시간이 과도한 명소는 제외하여 동선을 최적화한다. (⇨ 구글 지도 활용법은 「부록 03. 구글 지도 100% 활용하기」를 참고하기 바란다.)

방문할 관광명소 목록 작성 및 선별

시간, 비용, 거리 등을 고려하여 방문할 명소와 제외할 명소를 구분한 뒤, 이를 바탕으로 지역별 체류 기간을 정한다. 이 과정에서 이미 결정한 지역의 체류 기간을 조정해야 할 수도 있다.

이 작업은 주요 관광명소를 빠뜨리지 않으면서도 지역 간 균형을 고려해야 하므로 신중해야 한다. 최종적으로, 각 지역에서 머물 일수를 확정하면 기본적인 여행 일정이 완성된다.

남섬 Attractions

순서	지역	명칭	평점	리뷰어	소요시간	이용료	포함여부
1	Milford Sound	Gertrude Saddle Track	5.0	82	04:00		y
2	Milford Sound	Lake Marian Track	5.0	25	01:30		y
3	빙하지대	Franz Josef Glacier	5.0	2	01:45		y
4	Milford Sound	Cruise Milford	4.9	483	01:45	₩127,000	y
5	Mt. Cook	Sealy Tarns	4.9	115	01:30		y
6	Lake Pukaki	Mt. Cook Viewpoint	4.9	57			y
7	Mt. Cook	Muller Hut Route	4.9	36	03:00		y
8	Mt. Cook	Hooker Valley Track	4.8	4,015	02:30		y
9	Lake Pukaki	Lake Pukaki Viewpoint	4.8	843			y
10	Milford Sound	Key Summit Trail	4.8	140	03:00		y
11	Mt. Cook	Kea Point	4.7	362	00:35		y
12	Milford Sound	The Chasm Viewing Bridge	4.6	453	00:30		y
13	빙하지대	Lake Matheson	4.6	427	01:00		y
14	Lake Pukaki	Mt. Cook Alpine Salmon Shop	4.5	2,595			y
15	Lake Tekapo	Tekapo Hot Springs	4.4	3,971		₩31,000	y
16	밀포드 가는 길	Mirror Lakes	4.4	1,699			y
17	빙하지대	Fox Glacier Valley Walk	4.1	148	01:00		
18	Mt. Cook	Blue Lake & Tasman Glacier Walk	4.8	1,116	01:00		
19	Queenstown	Lake Wakatipu Viewpoint	4.8	307			
20	Milford Sound	Hollyford Valley Lookout	4.7	137			
21	Lake Tekapo	Mt. John Observatory Viewpoint	4.7	106			
22	Lake Tekapo	Good Shepherd Church	4.6	4,984			
23	Te Anau	Te Anau Glowworm Caves	4.6	711		₩91,000	
24	Te Anau	Te Anau Trout Observatory	4.0	102			

앞의 표는 뉴질랜드 남섬의 주요 관광명소들 목록인데 엑셀을 이용하여 평점과 리뷰어 숫자를 기준으로 순서정렬하면 활용하기에 편하다. 최종적으로 <포함여부> 항목에 마크를 해서 다시 순서정렬을 하면 이번 여행에서 반드시 방문하고자 하는 곳의 목록이 만들어진다.

관광명소 조사 Tip

관광명소 조사에 너무 많은 시간을 할애하면 지역 간 이동 계획 수립이나 로컬 교통편 예약 등 다른 준비가 지연될 수 있다. 따라서 명소 선별을 신속히 마치고, 지역별 체류 기간을 우선 확정한 후 여유가 생기면 추가 검토하는 것이 효율적이다.

지역별 체류 기간 산정

지금까지 정리된 자료를 바탕으로 지역별 체류 기간을 정한다. 선별된 관광명소의 목록을 활용하여 소요시간, 다른 지역과의 배분의 적정성, 입장료 등을 고려하여 체류 일정을 결정한다.

이러한 과정을 통해 만들어진 지역별 체류 기간은 최종적인 것은 아니며, 나중에 지역 간 이동을 위한 로컬 교통편을 탐색하는 과정에서 변경될 수도 있다.

지역별 체류 일수

남북섬	지역	체류일수
북섬 (5)	오클랜드	3
	로토루아	1
	통가리로 알파인 크로싱	1
	와이토모 동굴	0.5
남섬 (10)	크라이스트처치	2
	빙하지대	1
	퀸스타운	1
	밀포드사운드	1
	Te Anau	1
	마운트쿡	2
	푸카키호수	1

체크리스트

☐ 지역별 관광명소에 대한 조사를 완료했는가?

☐ 구글 지도 외에도 다른 출처를 통해 정보를 검토했는가?

☐ 구글 지도에 관광명소를 저장했는가?

☐ 엑셀을 이용해 관광명소 목록을 작성했는가?

☐ 관광명소가 적절히 선별되었는지 확인했는가?

☐ 지역별 체류 일정이 확정되었는가?

Step 4. 지역 간 이동계획 수립

여행 경비에서 항공료는 큰 비중을 차지하는 항목이다. 따라서 비행기를 타는 김에 주변 지역까지 함께 둘러보고 싶어지는 것은 자연스러운 일이다. 이런 상황에서 중요한 과제 중 하나는 지역 간 이동을 어떻게 설계할 것인가이다. 이는 자유여행 준비 과정에서 가장 복잡하고 까다로운 부분 중 하나다.

지금까지 여행 지역과 기간을 확정하고 메인 구간의 항공권을 예약했으며, 지역별 관광명소를 조사해 체류 일정을 잠정 결정했다. 이제는 각 지역 간 이동 방법을 구체적으로 검토할 단계다. 이 단계에서 수행해야 할 작업은 크게 세 가지로 나뉜다.

- 지역 간 이동계획 수립 : 이동수단과 시간계획을 마련한다.
- 이동계획 최적화 : 이동계획을 체류 일정과 결합해 상호 조정하며 최적의 여행일정을 만든다.
- 시각화 : 이동계획을 한눈에 알아볼 수 있게 그림으로 정리한다.

최종 산출물은 파워포인트로 작성된 이동계획이지만, 이 과정은 순차적으로 이루어지기보다는 반복적인 피드백과 조정을 통해 진행된다. 이동계획과 체류 일정 간의 조화로운 연결이 이루어지지 않으면 다시 수정하고,

이동계획을 시각적으로 표현하면서 발견되는 문제점 역시 보완해야 한다.

다음 단계인 「Step 5. 세부 일정 확정 및 일정표 작성」에서 여행일정이 확정되면 로컬 구간 교통편에 대한 티켓팅을 진행하게 된다.

현재 우리가 갖고 있는 자료는 각 지역별 체류일정이다. 여기서 해야 할 일은 두 지역 간 이동 방식을 결정하는 것이다. 이를 위해 Rome2Rio라는 웹사이트(또는 앱)를 활용하면 매우 유용하다.

Rome2Rio는 전 세계의 다양한 교통수단을 연결해 제공하는 서비스로, 이름은 이탈리아 로마Rome에서 브라질 리우데자네이루Rio de Janeiro까지의 이동 경로를 의미한다. 이 사이트를 이용하면 두 지역 간 이동수단(비행기, 기차, 버스, 차량 등)을 비교하여 가장 효율적인 방법을 찾을 수 있다.

교통수단별 이동계획 검토

조지아의 트빌리시에서 메스티아로 이동하는 교통수단을 알아보자. 두 지점을 Rome2Rio에 입력하면 다양한 교통수단을 제시해 주기 때문에 관련 링크를 통해 티켓을 바로 구매할 수 있다. 항공편은 물론, 기차, 버스, 선박, 택시 등 다양한 교통수단의 소요 시간과 요금을 확인할 수 있으며, 운행 시간까지도 상세히 제공된다.

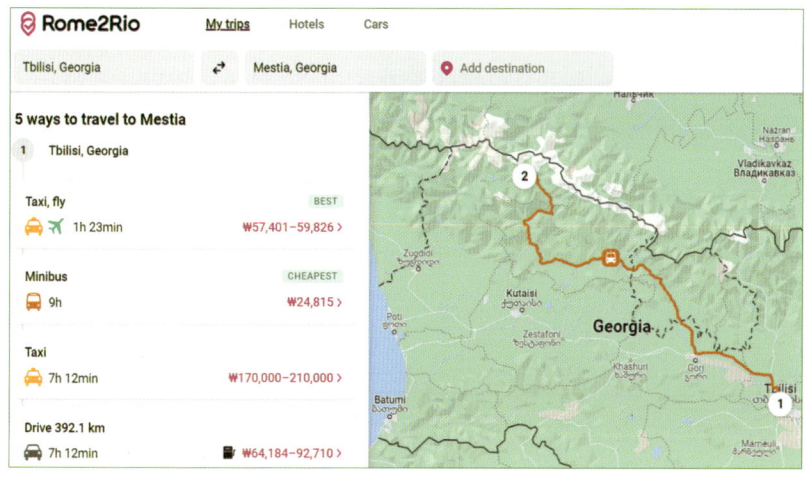

택시와 항공편을 이용하면 1시간 23분 만에 도착하지만, 미니버스를 타면 9시간이 걸리는 험난한 여정이다. 미니버스를 선택하면 출발지와 도착지가 지도에 표시되며, 지도를 확대해 정확한 승하차 위치를 확인할 수 있다.

이처럼 Rome2Rio를 활용하면 지역 간 교통수단을 찾는 일이 매우 간편해진다. 소요 시간, 비용, 여행 인원 등을 종합적으로 고려해 적절한 교통수단을 선택하면 된다.

지역 간 이동 계획을 세울 때는 국경 통과 여부에 따라 접근 방식이 크게 달라질 수 있다. 유럽 대부분의 국가는 쉥겐협약에 가입되어 있어 국경 통과에 제약이 없는 경우가 많다. 이는 이동 시간을 크게 단축시킬 수 있는 장점이다. 반면, 유럽연합에 속하지 않은 국가를 여행할 경우, 국경 통과에 상당한 시간이 소요될 수 있다. 이를 미리 이해하고 계획을 세우면 이동 중 겪을 수 있는 어려움을 줄일 수 있다. 참고로, 국경을 통과하는 기차나 버스는 이러한 시간을 고려해 도착 예정 시간을 표시한다.

쉥겐협약, 유럽연합, 유로화 사용 국가 등의 용어는 혼동하기 쉽지만, 실제로 각각 다른 개념이다. 예를 들어, 스위스는 유럽연합에 속하지 않지만 쉥겐협약 가입국이며, 유로화를 사용하지 않는다. 반면, 영국은 유럽연합과 쉥겐협약 모두에 가입하지 않았으며, 유로화 역시 사용하지 않는다. 덴마크와 스웨덴은 유럽연합 가입국은 아니지만, 쉥겐협약 가입국이자 유로화를 사용하는 국가다.

쉥겐협약(Schengen Agreement)

쉥겐협약은 유럽 29개 국가가 여행과 통행의 편의를 위해 체결한 협약으로, 룩셈부르크의 쉥겐이라는 도시에서 체결되었다. 이 협약에 가입한 국가를 여행할 경우, 국경 검문 없이 마치 한 국가처럼 자유롭게 이동할 수 있다.

- 가입국 : 그리스, 네덜란드, 노르웨이, 덴마크, 독일, 라트비아, 루마니아, 룩셈부르크, 리투아니아, 리히텐슈타인, 몰타, 벨기에, 불가리아, 스위스, 스웨덴, 스페인, 슬로바키아, 슬로베니아, 아이슬란드, 에스토니아, 오스트리아, 이탈리아, 체코, 크로아티아, 포르투갈, 폴란드, 프랑스, 핀란드, 헝가리

항공편

우리는 Step 2에서 이미 주요 구간의 항공권 구입은 완료한 상태다. 여기서는 로컬 구간 항공권에 대해 다룬다.

수많은 항공 경로와 시간대 중에서 저렴하면서도 효율적인 항공편을 고르는 일은 쉽지 않다. 공항은 보통 도심이 아닌 외곽에 위치해 있어, 항공편을 이용할 때는 공항 위치와 시내 간 교통편, 출발 및 도착 시간 등 여러 변수를 고려해야 한다. 예를 들어, 늦은 밤 도착하거나 이른 아침 출발하는 항공편은 일반적으로 가격이 저렴하지만 대중교통 이용이 어려울 수 있으며, 공항과 시내 간 이동에 추가 비용이 발생할 가능성이 크다.

밤늦게 공항에 도착해 대중교통이 끊겼다면 Uber 같은 호출 택시가 이용 가능한지 확인해 두는 것이 좋다. 일반 택시는 호출 택시에 비해 요금이 비싼데, 특히 늦은 밤에는 요금이 더 높아진다. 렌터카를 이용할 계획이라면 도착 시간이 렌터카 사무실의 영업시간과 맞는지 확인해야 한다. 아침 일찍 반납할 경우 사무실 개장 시간도 미리 확인해 두는 것이 중요하다.

아침 일찍 출발하는 항공편의 경우 공항 근처에서 숙박을 하는 것도 고려할 수 있다. 이때 호텔에서 셔틀버스를 제공하는지 미리 확인하는 것이 중요하다. 셔틀버스가 없다면 예상보다 많은 택시비가 들 수 있다. 이런 경우, 비용과 편의를 고려해 더 늦게 출발하는 항공편을 선택하는 것도 하나의 방법이다.

「부록 01. 항공권 가격에 영향을 미치는 요인들」을 참고하면 비용 절약에 도움이 될 것이다. 하지만 단순히 저렴한 티켓만 찾기보다는 전체 일정을 고려해 최적의 항공편을 선택하는 것이 중요하다.

항공편 선택 시 고려사항

- 시내에서 멀리 떨어진 공항을 이용하는 항공편은 신중하게 선택한다.
- 아침 일찍 출발하거나 저녁 늦게 도착하는 항공편을 선택할 경우, 시내까지의 이동 수단을 미리 확보한다.
- 대중교통 이용 가능 여부와 Uber나 Lyft 같은 호출 택시 운행 여부를 확인한다.
- 체크인, 보안검색, 수하물 찾기 등 필요한 시간을 충분히 고려한다.
- 국제선의 경우 출국 및 입국 심사에 소요되는 시간을 반드시 감안한다.
- 항공편의 연발착 가능성도 고려한다. 예를 들어, 유럽의 저가 항공사인 RyanAir는 연발착이 잦지만, 그럼에도 불구하고 저렴한 요금으로 인해 수많은 승객이 이용한다.

Rome2Rio를 활용하면 항공편 검색 시 요일별 운항 일정과 노선별 소요 시간을 확인할 수 있어 유용하다. 예를 들어, 두 지역 간 주 2회만 운항하는 항공편이 있을 경우, 운행 주기를 정확히 몰라 놓치기 쉽지만, Rome2Rio를 사용하면 필요한 정보를 손쉽게 얻을 수 있다.

기차

기차는 넓은 좌석에서 차창 너머 펼쳐지는 전원 풍경을 감상하며 이동할 수 있어 낭만적이고 쾌적하다. 또한, 빠르고 안전하며 비교적 저렴한 교통

수단으로 인기를 끌고 있다. 비행기처럼 불편한 보안검색 절차를 거치지 않아도 되고, 화장실 시설이 잘 갖춰져 있으며, 야간 열차를 이용하면 침대칸에서 편안히 자며 시간을 효율적으로 활용할 수 있다. 특히 대부분의 기차역은 시내 중심에 위치해 있어 접근성이 뛰어나다.

따라서 기차 노선이 있는 구간이라면 다른 교통수단에 비해 상당히 경쟁력 있는 선택이 될 수 있다. Rome2Rio를 이용하면 각 나라의 철도회사 홈페이지를 따로 검색할 필요 없이 링크를 따라가기만 하면 바로 연결된다. 이 과정을 직접 경험해보지 않은 사람은 이러한 번거로움을 줄이는 것이 얼마나 큰 장점인지 실감하기 어려울 것이다.

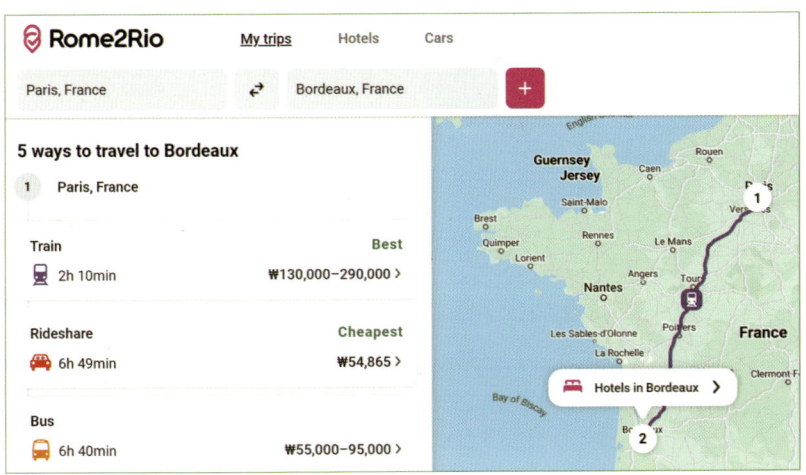

위 그림은 파리에서 보르도로 이동하는 교통편의 예시다. 기차는 2시간 10분, 버스는 6시간 40분이 소요된다. 기차를 선택하면 다음 그림과 같이 파리 몽빠르나스 역에서 보르도 생장 역까지의 열차 시간표가 표시된다. 원하는 출발 시간을 선택하면 철도회사 홈페이지로 연결되어 예약을 진행할 수 있다.

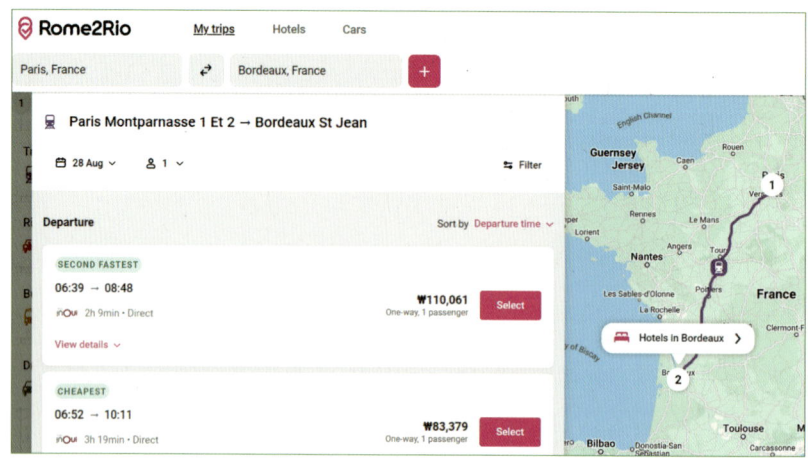

야간열차의 장점

야간 열차는 밤 시간에 잠을 자며 이동할 수 있어 시간을 효율적으로 활용할 수 있다. 침대칸, 1등석, 2등석 중에서 경제적 상황과 선호도에 따라 선택할 수 있으며, 침대칸은 보통 2인실, 4인실, 6인실로 나뉘어 있다. 침대는 접이식으로 의자와 침대로 전환할 수 있는 구조다.

국경을 통과하는 야간 열차의 경우 차장에게 여권을 맡기는데, 도착지에 가까워지면 차장이 깨워주면서 여권을 돌려준다. 대부분의 경우 승객이 직접 출입국 심사를 거쳐야 하지만, 일부 국가는 차장이 대신 심사를 처리해주기도 한다. 야간 열차의 주요 장점은 다음과 같다.

- 시간 절약 : 이동 시간을 수면 시간으로 활용해 낮 시간을 여행과 관광에 집중할 수 있다.
- 편안한 휴식 : 침대칸은 좌석보다 편안하며, 열차의 흔들림 속에서 푹 쉬고 피로를 풀 수 있다. 물론, 그렇다고 해서 호텔만큼 편한 것은 아

니다.

- 비용 절감 : 숙박비를 아낄 수 있어 예산 절약에 도움이 된다. 하지만 선진국에선 침대칸 요금에 숙박비도 반영되어 생각보다 비싼 곳도 있다.
- 낭만적인 경험 : 밤하늘과 풍경을 감상하며 이동 자체를 특별한 추억으로 만들 수 있다.

유레일패스 Eurail Pass

유레일패스는 유럽 내 약 33개국을 여행하는 외국인 관광객들에게 유럽 국가 간 기차를 저렴한 비용으로 무제한 이용할 수 있도록 제공하는 기차 여행 패스다. 특정 기간 동안 자유롭게 기차를 탈 수 있는 이 패스는 유럽 여러 나라를 짧은 기간 내에 여행하려는 사람들에게 특히 유용하다. 사용법이 간편하며, 계획을 잘 세우면 다양한 할인 혜택뿐만 아니라 선박 무료 이용 등 추가적인 혜택도 누릴 수 있다.

유레일패스는 크게 두 가지로 나뉜다.

① 글로벌 패스(Eurail Global Pass) : 여러 유럽 국가를 자유롭게 이동

② 원 컨트리 패스(One Country Pass) : 한 국가에서만 사용 가능

패스는 3~15일 중 다양한 기간으로 구매할 수 있으며, 연속적인 일정으로 사용할 수 있는 패스와 원하는 날짜에만 사용할 수 있는 Flexible 패스도 제공된다.

- 예약 및 추가 비용

일부 국가의 고속열차나 야간 열차는 좌석 예약이 필수다. 예약 비용은 비교적 저렴하지만 유레일패스에 포함되지 않으므로 별도로 지불해야 한다.

- 가격 및 할인

유레일패스의 가격은 여행 기간, 방문 국가 수, 그리고 연령(성인/청소년/시니어)에 따라 다르다. 또한, 할인 프로모션을 통해 더 저렴하게 구매할 수 있는 기회가 있으므로 미리 확인하는 것이 좋다.

철도 여행 Tip

유럽과 일본은 철도망이 잘 구축되어 있어 빠르고 편리한 여행이 가능하다. 그러나 비용이 높은 편이므로, 이용 횟수가 많다면 유레일패스나 JR패스를 활용해 할인 혜택을 받는 것이 좋다.

장거리 버스

항공편이나 기차 이용이 어려운 경우, 장거리 버스는 훌륭한 대안이 될 수 있다. 장거리 버스의 가장 큰 장점은 비용이 저렴하다는 점이며, 공항이나 철도 노선이 닿지 않는 지역까지도 편리하게 이동할 수 있다.

아래 그림은 구겐하임 미술관으로 유명한 스페인 북부의 도시 빌바오에서 미식美食의 도시 산세바스티안으로 가는 교통편을 보여주는 Rome2Rio 화면이다.

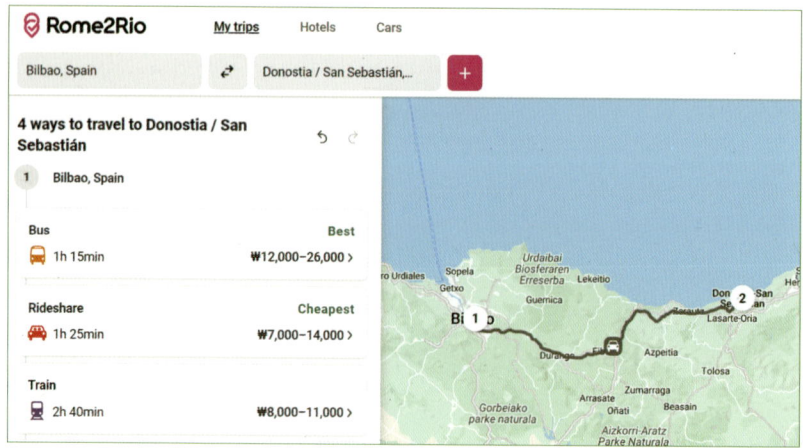

버스를 이용하면 약 1시간 15분이 소요되는 반면, 기차는 2시간 40분이 걸린다. 출발지와 도착지를 확대하면, 승하차에 필요한 정확한 지점을 쉽게 확인할 수 있다.

야간 침대버스

야간 침대버스는 시간과 비용을 모두 절약할 수 있는 실용적인 선택지다. 보통 2층 구조로 되어 있으며, 좌석은 창가 쪽에 한 줄씩, 가운데에 한 줄이 추가로 배치된 형태다. 승차 시 신발은 비닐봉지에 넣어 소지하도록 안내받는 경우가 많다.

야간에 운행되는 만큼 안전 문제로 주행속도는 비교적 느리다. 특히 2층 좌석의 경우 차체 흔들림이 심해 승차감이 떨어질 수 있다. 쾌적함 면에서 기차와 비교하기는 어렵지만, 저렴한 요금에 누워서 이동할 수 있다는 점은 여전히 매력적이다.

선박

섬 지역 여행 시 선박은 매우 유용한 교통수단이다. 선박 이용 시 주의할 점은 다음과 같다.

- 티켓 예약 후 승선에 앞서 반드시 체크인이 필요하다. 항구 사무실의 체크인 카운터에서 예약 확인서를 제시하고 탑승권을 수령한 후 승선 가능하다.
- 체크인은 출발 최소 30분 전까지 완료

항공편 체크인과 유사한 방식이므로 충분한 시간 여유를 두고 도착하는 것이 중요하다. 아래 그림은 그리스의 휴양지 미코노스섬에서 산토리니로 가는 교통편을 보여주는 Rome2Rio 화면이다.

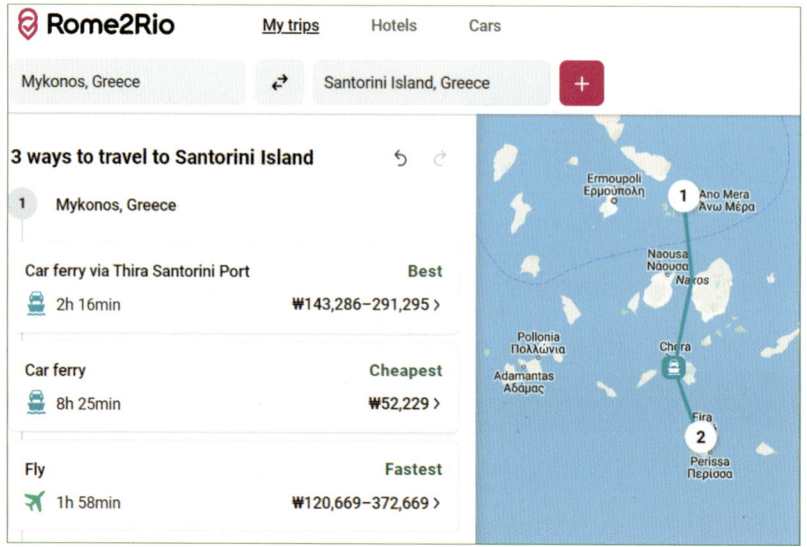

Car Ferry는 차량 운반이 가능한 선박을 말한다. 원하는 교통수단을 클릭하면 해당 노선 운항 회사로 연결되어 시간 확인 및 티켓 예매가 가능하다. 자세한 운항 시간표는 인터넷에서 '출발항구 - 도착항구 Ferry'와 같은 키워드로 쉽게 검색할 수 있다. 항구 도시는 시내와 떨어진 곳도 많으므로, 시내와 항구를 오가는 교통편을 미리 확인하는 것이 좋다.

렌터카

렌터카는 다른 교통수단에 비해 기동성이 뛰어나 이동이 편리하고 일정이 자유롭다는 장점이 있다. 원하는 곳을 자유롭게 갈 수 있지만, 일부 국가에서는 국경을 넘는 것이 제한되거나 추가 비용을 요구하는 렌터카 회사도 있으므로 예약 단계에서 이를 정확히 확인해야 한다.

반면, 렌터카 여행의 단점도 있다.

- 비용 부담이 크다.
- 장시간 운전으로 인한 피로 누적
- 사고 발생 시 보험처리와 책임 문제로 여행이 복잡해질 우려
- 대도시의 주차 공간 부족과 높은 주차요금
- 주차위반 또는 속도위반 시 불쾌한 경험

모든 옵션에는 장단점이 있으며, 렌터카도 예외는 아니다. (⇨ 자세한 내용은 「부록 04. 렌터카의 예약과 운행」을 참고)

캠핑카

미국, 캐나다, 유럽, 호주, 뉴질랜드 여행 시 캠핑카는 상당히 매력적인 선택지다. 우리나라 여행자들에게는 생소할 수 있지만, 한 번 도전해볼 만한 가치가 충분히 있는 옵션이다.

장점

- 숙소와 차량이 일체화되어 이동 중 휴식이 용이하고 별도 숙소 예약이 불필요하다.
- 자연 속에서 자유로운 여행이 가능하다.
- 차내 조리 시설로 식비 절약과 개인 취향에 맞는 식사가 가능하다.

단점

- 차량 크기로 인한 운전의 어려움과 도심에서의 불편함
- 차량 내 설비 취급법 숙지 필요
- 주차 공간 확보의 어려움과 추가 비용 발생
- 일반 렌터카 대비 높은 렌트비, 연료비, 유지관리비

캠핑카와 RV, 캠퍼밴

'캠핑카'는 한국과 일본에서만 사용되는 용어다. 정확한 영어 표현은 다음과 같다.
- 미국, 캐나다, 유럽 : RV(Recreational Vehicle)
- 호주, 뉴질랜드 : 캠퍼밴(Camper Van)

이는 침대, 요리 시설, 화장실, 샤워 시설 등을 갖춘 레저용 자동차를 지칭한다. 본문에서는 독자의 이해를 돕고자 '캠핑카'라는 용어를 사용했음을 밝힌다.

캠핑카 여행은 일반 여행과 비교할 수 없는 특별한 추억을 만들어준다. 4인 이상 여행 시에는 렌터카와 호텔비를 합한 비용보다 경제적일 수 있다. (필자의 저서인 『캠핑카로 떠나는 캐나다 로키 여행』(2023.5 출간)에서 차량 선택부터 운행, 캠핑카와 캠핑장 예약, 실제 여행 경험까지 다양하고 깊이 있는 내용을 다루고 있으니 참고하면 도움이 될 것이다.)

그림으로 이동 일정 표시

지역 간 이동을 위한 교통수단 조사를 마친 후 해야 할 일은 지역별 체류 일정과 결합하여 이동계획을 결정하는 것이다. 일정계획을 그림으로 표시

하면 이동계획의 적절성을 쉽고 철저하게 검증할 수 있다. 이 작업이 완료되면 여행의 전반적인 일정이 구체화된다. 수집한 정보를 바탕으로 최적의 이동수단을 선택하고, 출발과 도착 일시, 두 지점 간의 거리와 소요 시간 등을 포함하여 지역 간 이동 계획을 아래와 같이 다이어그램으로 작성한다.

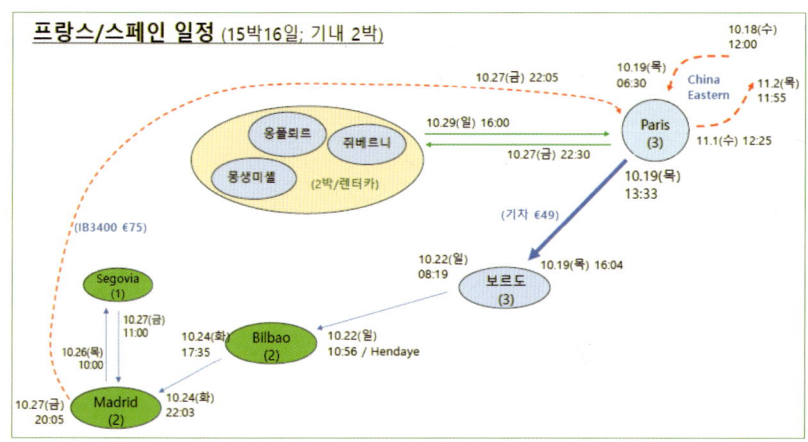

이 그림에는 다음 요소들이 포함되어야 한다.
- 지역별 출발/도착 일시
- 이동 수단(색상과 선 종류로 구분)
- 지역 간 거리와 소요 시간

이동수단에 따라 다음과 같이 색상, 선의 종류, 두께 등을 달리하면 가독성이 높아진다.
- 빨간색 굵은 점선 : 메인 항공 구간
- 빨간색 가는 점선 : 로컬 항공 구간
- 녹색 : 렌터카 구간

- 파란색 굵은 실선 : 기차 구간
- 파란색 가는 실선 : 장거리 버스 구간

그런데, 이처럼 이동 계획을 지역 중심의 다이어그램 형식으로 표현하면 공간적 이동 경로는 명확하게 드러나지만, 시간적 이동 계획은 상대적으로 부각되지 않는 경향이 있다. 따라서 Step 5에서 다룰 전체 일정표와 함께 활용하는 것이 효과적이다.

운전 구간이 많은 경우, 지역 간 이동 거리와 소요 시간을 별도의 표로 만들면 유용하다. 이 과정에서 지금까지 수집하고 준비한 자료들을 종합적으로 검토한다. 모든 계획이 적절하고 조화롭게 수립되었는지, 오류는 없는지 철저히 확인한다.

특히 렌터카나 캠핑카를 이용하는 경우, 운전거리와 소요시간을 파악하기 위해 추가로 표를 만들면 유용하다. 이러한 시각적 표현을 통해 전체 여행 일정을 한눈에 파악하고, 필요한 경우 효율적으로 조정할 수 있다.

Driving Distances

Day	From	To	거리(Km)	시간
1	Christchurch	Arthur's Pass	140	1:50
	Arthur's Pass	Franz Josef Glacier	247	3:10
2	Franz Josef Glacier	Fox Glacier	24	0:27
3	Fox Glacier	Te Anau	486	6:18
4	Te Anau	Key Summit / Lake Marian	86	1:05
	Key Summit / Lake Marian	Milford Sound	32	0:34
5	Milford Sound	Gertrude Saddle	19	0:20
	Gertrude Saddle	Te Anau	100	1:22
6	Te Anau	Queenstown	172	2:02
7	Queenstown	Mt. Cook	265	3:14
8	Mt. Cook	Lake Tekapo	106	1:13
9	Lake Tekapo	Christchurch	227	2:50

이동 거리와 소요 시간은 구글 지도에서 쉽게 확인할 수 있다. 표에서 빨간색으로 표시한 목적지는 숙박을 할 곳을 나타낸다.

로컬 교통편 티켓팅은 Step 6에서 진행

Step 4에서는 지역 간 이동 계획만 수립하고, 실제 티켓 예매는 Step 6에서 진행한다. 이는 Step 5에서 일정표를 작성하는 과정에서 계획의 타당성을 재검증한 후 티켓을 예매함으로써 실수를 최소화하기 위함이다.

여행 일정이 단순해서 일정표 작성이 큰 의미가 없다면, Step 4와 Step 5를 건너뛰고 바로 「Step 6. 로컬 교통편 티켓팅」으로 넘어가도 무방하다.

체크리스트

☐ 지역 간 이동 계획을 모두 검토했는가?

☐ 공항이나 기차역 등으로 이동할 때 필요한 시간도 고려했는가?

☐ 새벽 또는 밤 늦게 출발/도착하는 경우 적절한 이동 수단을 확보했는가?

☐ 지역 간 일정이 적절히 배분되었는지 확인했는가?

☐ 이동 계획을 파워포인트를 이용해 다이어그램으로 작성했는가?

Step 5. 세부 일정 확정 & 일정표 작성

이전 단계에서 작성한 지역별 체류 기간과 지역 간 이동 계획을 다시 확인해, 일정에 무리가 없는지 점검한다. 계획에 문제가 없다고 판단되면 엑셀 표로 정리한다. 이 과정에서 확인해야 할 사항은 다음과 같은 것들이다.

- 가고 싶은 주요 관광명소나 액티비티가 누락된 곳은 없는가?
- 지역별 체류 기간은 적절히 배분되었는가?
- 이동에 필요한 시간은 충분히 고려되었는가?
- 항공편의 출발 및 도착 시간이 적절한가?
- 공항과 시내 사이의 이동 수단은 충분히 검토되었는가?

일일 일정표 작성

엑셀을 사용해 다음과 같이 하루 단위의 일정표를 작성한다.

	A	B	C	D	E	F	G
1		뉴질랜드 여행 Daily Schedule					
2		Day	From	To	Hours	일정	비고
3		10.29 (화)	12:25	13:30		AKL 도착 (NZ76); 입국 수속	from ICN
4			13:30	14:30	1	렌터카 픽업	
5			14:30	17:30	3	Auckland -> Rotorua 이동	
6			17:30	-		Rotorua 호텔 체크인	
7		10.30 (수)	08:00	15:00	7	Rotorua 시내 투어	
8			15:00	16:00	1	로토루아 -> 타우포 호수 이동	
9			16:00	17:00	1	타우포 호수 휴식	
10			17:00	18:00	1	타우포 -> National Park Village	
11			18:00	-		National Park Village 호텔 체크인	
12		10.31 (목)	08:00	16:00	8	Tongariro Alpine Crossing	20Km
13			16:00	18:00	2	Ketetahi -> Waitomo 이동	
14			18:00	-		Waitomo 호텔 체크인	
15		11.1 (금)	09:00	10:30	1.5	Witomo Cave Tour	nz$75
16			10:30	13:00	2.5	Waitomo -> Auckland 이동	
17			13:00	18:00	5	Babich Winery + City Tour	
18			18:00	-		Auckland 호텔 체크인	
19		11.2 (토)	09:40	10:10	0.5	렌터카 반납	
20			10:10	11:40	1.5	항공편 체크인	
21			11:40	13:10	2	AKL -> CHC (JetStar 231)	
22			13:10	14:10	1	공항 -> 치치 시내 이동; 호텔 체크인	
23			14:10	18:10	4	크라이스트처치 시내 투어	
24			18:10	-		저녁 식사 후 휴식	

작성 시 유의할 점

- 모든 시작 및 종료 시각을 수작업으로 입력하려 하지 않는다. 종료 시각 = 시작 시각 + 소요 시간이다. 다음 활동의 시작 시각 = 이전 활동의 종료 시각이다.

- 엑셀 날짜 함수의 계산법을 활용해 자동화한다. C4 값, 즉 시작 시각 13:30은 수식을 이용해 D3 값으로 설정한다. 종료 시각(D4) = 시작 시각(C4) + 소요 시간(E4) / 24이다. 여기서 24로 나누는 이유는 엑셀 날짜 함수가 하루(24시간)를 1로 계산하기 때문이다.

- 첫 번째 엔트리의 시작 시각과 소요 시간만 지정한 후, 나머지 셀은 아래로 끌어서 복사하면 나머지 시각은 자동으로 계산된다.

추가 팁

- 날짜별 첫 번째 활동의 시작 시각은 직접 입력
- 소요 시간은 1시간 = 1, 30분 = 0.5, 15분 = 0.25로 표시
- 비표준 시간(13:02, 15:07 등)은 수동으로 입력하는 것이 편리

계산식을 활용하면 오류 가능성을 줄이고, 일정 작성 과정에서 계산 실수를 방지할 수 있다.

전체 일정표 작성

작성된 일일 일정표를 요약해 아래와 같이 한 장짜리 전체 일정표를 만든다. 수정과 관리가 쉬운 엑셀을 활용하는 것이 바람직하다.

Daily Schedule

Sun	Mon	Tue	Wed	Thu	Fri	Sat
	10.28	10.29	10.30	10.31	11.1	11.2
		12:25 AKL 도착	08:00 로토루아 시내 투어	08:00 Tongariro Crossing	09:00 Waitomo Cave 투어	09:40 앤티거 반납
		14:00 렌터카 픽업	15:00 타우포 호수로 출발	16:00 와이토모로 출발	13:00 Auckland 도착	11:40 출발 (JQ231)
		14:30 Rotorua로 출발			Babich Winery + City 투어	14:10 CHC 호텔 체크인
21:10 ICN 출발 (nz76)		17:30 호텔 도착	18:00 Nat'l Park Village 도착	18:00 호텔 도착	18:00 호텔 체크인	18:00까지 시내 투어
	기내	로토루아(1)	Nat'l Park Village (1)	Waitomo (1)	오클랜드 (1/3)	크라이스트처치 (1/2)
11.3	11.4	11.5	11.6	11.7	11.8	11.9
11:00 캠퍼밴 픽업	09:00 Franz Joseph Glacier	09:00 Fox Glacier 출발	09:00 Te Anau 출발	09:00 Milford Cruise	09:00 Te Anau 출발	09:00 출발
13:00 Arthur's Pass 도착	Fox Glacier 트래킹	- 6시간 30분 운전 -	Key Summit 산책	11:00 The Chasm 산책	12:00 Queenstown 도착	12:30 Mt. Cook 도착
14:00 점심 후 출발	Matheson Lake 산책	(피곤하면 쉬어 가고)	Lake Marian 트래킹	13:30 Gertrude Saddle 트래킹	시내 / Gondola 투어	14:00 Hooker Valley 트래킹
18:00 Fox Glacier 도착	17:00 캠핑장 도착	18:00 Te Anau 도착	17:30 캠핑장 도착	18:00 캠핑장 도착	18:00 캠핑장 도착	17:00 캠핑장 도착
Franz Joseph Glacier	Fox Glacier	Te Anau (1/2)	Milford Sound	Te Ananu (2/2)	Queenstown	Mt. Cook (1)
	11.10	11.11	11.12	11.13	11.14	
	09:00 Muller Route 트래킹	13:00 Lake Tekapo 출발	07:30 공항으로 출발		08:00 공항으로 출발	
	14:00 Blue Lakes 산책	16:00 CHC 도착	09:40 출발 (JQ232)	- 오클랜드 시내 투어 -	11:30 AKL 출발 (nz75)	
	16:00 Mt. Cook 출발	17:00 캠퍼밴 반납	11:00 AKL 도착			
	18:00 캠핑장 도착	18:00 호텔 체크인	18:00까지 시내산책		19:20 인천 도착	
	Lake Tekapo	크라이스트처치 (2/2)		오클랜드 (2-3/3)		

작성 요령

- 일일 단위로 대표적인 액티비티 4~5개만 선별해 입력한다.
- 지역 간 이동 시간 계획은 가급적 포함한다.

그런데 이동 계획을 이처럼 시간 중심의 표 형식으로 표현하면 시간에 따른 이동 일정은 명확하게 드러나지만, 공간적 이동 경로는 상대적으로 부각되지 않는 경우가 많다. 따라서 Step 4에서 설명한 지역 간 이동 계획과 함께 활용하면 더욱 효과적이다.

*****

이쯤에서 한 가지 의문이 들 수 있다. 앞서 자유여행의 장점으로 '일정이 자유롭다'는 점을 강조했는데, 그렇다면 하루 일정을 시간 단위로, 심지어 분 단위로까지 세세하게 계획하는 일이 그 취지에 어긋나는 건 아닐까?

충분히 그렇게 느낄 수 있다. 하지만 이는 사전 준비가 불필요하다는 뜻은 아니다. 현실적인 조건을 들여다보면, 이 질문은 자연스럽게 해소된다.

우선 항공권을 보자. 항공요금은 수요, 남은 좌석 수, 예약 시점 등에 따라 실시간으로 변동되며, 일반적으로 출발일이 가까워질수록 가격이 오르는 경향이 있다. 호텔 역시 예외는 아니다. 물론 간혹 막판에 할인된 '땡처리' 항공권이나 '라스트 미닛' 호텔 딜이 나오기도 하지만, 이는 예외적인 경우일 뿐이다. 대부분의 상황에서는 사전에 예약해야 시간과 비용 모두를 절약할 수 있다.

결국 핵심은 선택이다. 효율적인 동선과 비용 절감을 위해 미리 일정을 계획할 것인지, 아니면 자유로움을 최우선으로 두고 어느 정도의 시간 낭비와 비용 부담을 감수할 것인지. 어느 쪽이든 정답은 없다. 여행의 방식은 각자의 스타일과 우선순위에 따라 달라질 뿐이다.

  이동이 없는 날이라면 굳이 세세한 계획이 없어도 된다. 느긋하게 하루를 시작해도 충분하다. 하지만 이동이 많은 날이나 주요 방문지가 있는 경우엔, 비록 현장에서 계획이 바뀔 수 있더라도, 최소한의 일정안은 마련해 두는 것이 꼭 필요하다.

체크리스트

- ☐ 지역 간 이동 계획에 무리가 없는지 확인했는가?
- ☐ 공항이나 기차역 등으로 이동할 때 필요한 시간도 포함했는가?
- ☐ 새벽 또는 밤 늦게 출발/도착하는 경우 적절한 이동 수단을 확인했는가?
- ☐ 지역 간 일정 배분이 적절한지 다시 한 번 검토했는가?
- ☐ 엑셀을 이용해 일일 일정표를 작성했는가?
- ☐ 전체 일정표를 작성했는가?

지역 간 이동 계획이 확정되었다면, 실제로 사용할 교통편의 티켓을 발권해야 한다. 이 단계에서는 전체 일정과 동선을 다시 점검하고, 각 교통수단을 신속하고 정확하게 처리하자.

로컬 교통편 일정 최종 점검

메인 구간 항공권은 이미 발권을 완료했다. 이제는 로컬 구간의 교통편을 처리할 단계다. 이때 엑셀로 작성한 일일 일정표와 파워포인트로 만든 지역 간 이동 계획을 참고해 다음 교통편을 예매한다.

- 로컬 항공권
- 기차
- 버스
- 캠핑카 또는 렌터카(필요 시)

전 단계에서 최종적으로 검토한 지역 간 이동 계획에 따라 필요한 티켓을 예매한다. 로컬 교통편 티켓팅이 완료되면 더 이상 지역별 일정의 수정이 어려우므로, 이번 단계에서 계획의 타당성을 면밀히 점검해야 한다.

로컬 교통편 예매 전에는 다음 사항들이 정확하게 처리되었는지 반드시 확인해야 한다.

- 주요 관광명소가 빠짐없이 포함되었는가?
- 관광명소는 엑셀 시트로 정리되어 있는가?
- 공항/기차역과 시내를 오가는 교통편은 대략적으로 살펴보았는가?
- 항공, 기차, 렌터카 등 지역 간 이동 교통편이 적절히 선택되었는가?
- 지역 간 이동에 필요한 시간이 충분히 반영되었는가?

전체 일정표를 참조해 일정에 무리가 없는지 확인한다. 큰 문제가 없다면, 일일 일정표와 비교해 계획의 타당성을 최종 점검한다.

로컬 구간 교통편 발권

검토가 끝난 후, 작성된 계획을 바탕으로 발권을 진행한다. 가격 변동이 큰 항목부터 먼저 예약하는 것이 효율적이다.

① 항공편
② 기차
③ 버스
④ 선박

유의 사항

- 날짜와 시간은 정확히 입력되었는가?
- 이름, 생년월일, 여권번호에 오탈자는 없는가?
- 요금이 초기 검색 가격과 동일한가?

발권 후 다음과 같이 엑셀 표로 정리한다.

항공권

구간	출발일	출발	도착	편명	예약번호	KRW
김포 -> 카오슝	2025-02-12	20:35	22:40	IT663 (TigerAir)	Q2MQKL	₩971,101
쑹산 -> 김포	2025-02-19	14:05	17:30	TW668 (T'way)	CQ8D2K	₩1,029,040
					4명 합계	₩2,000,141

기차표

예약일시	구간	출발 일시	예약 Site	금액(₩)
2025-01-15 4:31	Tainan -> Taichung 고속철	2025-02-14 16:48	Klook	₩24,300
2025-01-15 5:43	Tainan -> Taichung 고속철	2025-02-14 16:48	Klook	₩24,300
2025-01-17 7:00	Taichung -> Taipei 일반열차	2025-02-16 9:01	TRA	₩67,213

렌터카

예약일자	회사	픽업장소	픽업 일시	반납 일시	금액	KRW
2023-09-08	Budget	쌩장	2023-10-19 16:00	2023-10-22 19:30	€ 115.61	₩167,635
2023-09-10	Budget	ORY 공항	2023-10-27 22:00	2023-10-29 22:00	€ 107.76	₩156,252

체크리스트

☐ 로컬 구간 교통편의 티켓팅이 완료되었는가?

☐ 출발/도착 지역과 시간 등에 오류가 없는지 확인했는가?

☐ 여행자 개인정보에 오류가 없는지 확인했는가?

☐ e-Ticket이나 예약확인서가 이메일로 도착했는가?

☐ 예약확인서는 바우처인지, 바로 사용 가능한 티켓인지 확인했는가?

☐ 렌터카 예약이 완료되었는가?(해당 시)

☐ 캠핑카 예약이 완료되었는가?(해당 시)

Step 7.
호텔 예약

여행은 하루 동안 수많은 순간들로 채워진다. 그 하루를 마무리하는 곳이 바로 예약한 숙소다. 낯선 도시에서 하루의 피로를 풀고, 다음 날을 위한 에너지를 충전하는 곳. 때로는 창밖 풍경에 감탄하고, 때로는 침대의 푹신함에 고마워하며 잠든다. 이렇게 작은 순간들이 쌓여 여행 전체의 인상이 만들어진다.

그렇지만 숙소 선택이 잘못되면 상황은 완전히 달라진다. 낡고 불편한 방, 싸구려 방향제 냄새가 진동하는 실내, 하수구에서 올라오는 참기 어려운 고약한 악취, 시끄러운 거리 소음, 약속과 다른 시설, 무성의한 서비스… 피로가 풀리기는커녕 쌓여만 가고 좋았던 여행의 기억마저 흐릿해진다.

숙소는 단순한 '잠자리' 이상의 의미를 가진다. 여행 동선의 중심이 되어 일정과 이동 경로를 결정짓는 거점이 되기도 하고, 충분한 휴식과 쾌적함을 제공해 여행의 피로도를 줄여주는 역할을 하기도 한다. 또한 숙소에 대한 만족도는 여행 후기를 좌우할 만큼 강한 인상을 남긴다. 좋은 숙소에서의 경험은 여행 전체를 빛나게 하고, 불편했던 숙소는 아무리 멋진 여행지라도 아쉬움으로 남게 만든다.

이렇듯 호텔 선택은 여행의 하루하루를 정성껏 준비하는 과정이자 전체 여행의 품질을 좌우하는 결정적 요소다. 이제는 단순히 가격이나 사진만 보고 숙소를 고르지 말자. 여행이 소중하다면 호텔 예약에 더 많은 시간과 주의를 기울일 필요가 있다.

이제 우리는 호텔 예약과 관련해서 흔히 저지르는 실수들을 살펴보고 본격적으로 '나에게 맞는 숙소'를 찾는 방법을 배울 것이다. 어떤 기준으로 호텔을 고를지, 어디서 검색하고 어떻게 비교할지, 언제 예약해야 가장 효율적인지를 단계별로 짚어보고, 목적 설정부터 트러블 대처까지 숙소 예약의 전 과정을 하나씩 차근히 안내한다. 단계를 따라가다 보면 여행의 방향에 꼭 맞는 숙소를 스스로 선택할 수 있는 자신감도 생길 것이다. (⇨ 호텔비에 영향을 미치는 요인들에 대해서는 부록 02를 참고하기 바란다.)

실패로 배우는 호텔 예약의 함정

호텔 예약은 얼핏 쉬워 보이지만 무심코 예약하면 여행 전체를 망칠 수도 있다. 숙소를 잘 못 골라 밤새 소음이나 불쾌한 냄새에 시달리고, 외곽에 묵느라 교통에 불편을 겪으면 하루 일과 전체가 엉망이 된다. 예약한 방이 사진과 전혀 다르게 제공되면 실망과 분노는 물론 여행에 대한 기대감까지 무너진다. 이런 무너짐의 한가운데에는 호텔 선택의 실패가 있다. 실제 사례를 보자.

내가 아무리 최선을 다해도 피하기 어려운 경우들

호텔 예약은 늘 신중하게 하지만 때로는 현장에 도착해야만 드러나는 불편이 있다. 평점과 사진, 심지어 리뷰까지 꼼꼼히 살폈는데도 피해 갈 수 없는 문제들이다. 다음은 여행자들이 자주 겪는 대표적인 사례다.

- 청결 문제 : 사진상으로는 깔끔해 보였지만, 막상 도착해보니 침구에 얼룩이 있거나 욕실에서 곰팡이 냄새가 나고 개미 같은 벌레가 나오기도 한다 겉보기와 다르게 관리가 허술한 숙소는 도착과 동시에 피로가 쌓인다.
- 냄새 문제 : 담배 냄새, 하수구 악취, 저렴한 방향제의 역한 향 등은 객실 만족도를 심각하게 떨어뜨린다. 특히 환기가 안 되는 구조라면 답이 없다.
- 심한 소음 : 벽이 얇아 옆방 대화나 TV 소리가 들리거나, 근처 유흥가에서 들려오는 음악 소리에 잠을 잘 수가 없는 경우도 있다. 공사 중인 건물이 인근에 있으면 아침부터 소음이 여행을 망친다.
- 시설 고장 및 노후 : 냉난방이 제대로 작동하지 않거나, 샤워실 배수가 안 되고, 침대 매트리스가 꺼져 있는 등 객실의 기본적인 설비가 엉망인 경우도 많다. 이런 문제는 도착 전에는 알기가 어렵다.
- 직원의 불친절 : 문제 해결을 요청했을 때 불성실하게 대응하거나, 영어가 전혀 통하지 않아 소통이 어려운 경우도 있다. 이럴 때는 스트레스가 배가된다.
- 우범 지역에 위치한 숙소 : 낮에는 괜찮아 보여도 해가 지면 분위기가 급변하는 지역도 있다. 거리 분위기가 위협적이면 외출 자체가 부담스럽다.
- 인터넷 연결 문제 : 와이파이 속도가 극도로 느리거나 아예 연결이 되지 않는 경우도 있다. 특히 해외에서는 길 찾기나 일정 변경에 필수인 만큼, 당혹감이 크다.

예약할 때 좀 더 확인했더라면 : 나의 부주의로 생기는 불편들

도착 후 "이건 미리 확인했어야 했는데"라고 후회하는 순간들이 있다. 대부분의 경우 예약 전에 정보를 조금 더 꼼꼼히 살폈다면 대체로 피할 수 있는 문제들이다.

- 대중교통 접근성 부족 : 지도상 위치는 시내 근처인데 실제로는 언덕 위에 있거나 대중교통과 동떨어져 이동에 불편함을 겪는 경우가 있다.
- 사진과 실물의 차이 : 실제보다 넓고 밝게 보이도록 사진이 보정된 경우가 많다. 과거 사진을 그대로 쓰는 경우도 있어 도착 후 당황할 수 있다.
- 창문 없는 방 : 지하층이거나 환기가 되지 않는 구조인 경우가 있다. 짧은 숙박은 괜찮지만 장기 투숙 시 심리적으로 큰 부담이 된다.
- 침대 유형 오인 : 트윈침대 두 개로 생각했는데 더블침대 한 개가 놓여 있거나, 성인 2명이 자기엔 작은 사이즈인 경우도 있다. 'Bed type' 표기를 반드시 확인하자.
- 조식 포함 여부 혼동 : '조식 포함'이라고 착각해 아침에 식당에 갔다가 현장에서 요금을 내는 경우도 있다.
- 체크인/체크아웃 시간 미확인 : 체크인이 오후 3시인데 새벽에 도착한다거나, 체크아웃이 오전 10시로 너무 이른 경우도 있다. 항공 스케줄과 맞지 않으면 이동이 꼬이게 된다.

실패한 사람들은 하나같이 "당시에는 괜찮아 보였다"고 말한다. 하지만 좋은 호텔 선택은 '괜찮아 보이느냐'가 아니라 '나의 여행 목적과 조건에 맞느냐'를 기준으로 판단해야 한다. 실패 사례를 돌아보는 이유는 단 하나다. 같은 실수를 반복하지 않기 위해서다.

여행 목적과 예산 설정

좋은 숙소를 고르기 위해서는 호텔 정보를 무작정 검색하기 전에, 먼저 자신의 여행 목적과 예산을 명확히 설정하는 것이 가장 중요하다.

여행의 스타일이 달라지면 필요한 숙소의 조건도 달라진다. 예를 들어, 하루 종일 도시를 누비며 관광을 즐기는 여행이라면 위치와 교통 접근성이 핵심이 되고, 조용한 리조트에서 휴식을 중시한다면 시설과 쾌적함이 더 중요해진다. 업무 중심의 출장이나 복합형 여행이라면 이 두 가지 요소를 균형 있게 고려해야 한다.

예산 역시 호텔 선택의 큰 틀을 결정짓는다. 아무리 좋은 호텔이라도 예산을 초과하면 오히려 부담만 커진다. 현실적인 예산 범위 내에서 가장 만족스러운 선택을 하려면, 1박당 숙박비 목표를 미리 정해두는 것이 필요하다. 여행지별 평균 숙박비를 미리 조사하고, 전체 여행 일정과 예상 경비를 고려해 총 숙박비를 계산하면 계획에 도움이 된다.

여행 목적과 예산을 명확히 설정하지 않으면 결국 '좋아 보이는 호텔'을 감에 의존해 고르다가 실망하거나 후회할 수 있다. 아래와 같은 질문을 스스로에게 던지며, 자신에게 꼭 맞는 숙소의 기준을 정리하는 것이 현명한 호텔 예약의 출발점이다.

- 이번 여행의 핵심 목적은 무엇인가?(관광, 휴양, 업무, 복합)
- 숙소에서 가장 중요하게 생각하는 요소는 무엇인가?(위치, 시설, 서비

스 등)

- 1박당 숙박비 목표와 전체 숙박 예산은 얼마인가?
- 숙박비가 전체 여행 경비에서 차지하는 비중은 어느 정도인가?

이 과정을 거치면 여행 스타일과 예산에 꼭 맞는 숙소를 훨씬 효율적으로 찾을 수 있다. 목적과 예산 설정이 곧 성공적인 호텔 예약의 첫걸음이다.

숙소의 유형과 기준 설정

호텔을 고를 때 '좋아 보인다'는 인상만으로 선택하는 실수를 흔히 저지른다. 하지만 모든 숙소가 모든 여행자에게 적합한 것은 아니다. 화려한 5성급 호텔도 바깥 활동이 많은 여행자에게는 과한 선택이 될 수 있고, 비용을 아끼려 선택한 저렴한 숙소도 휴식을 중시하는 이에게는 불편함을 줄 수 있다. 핵심은 '내게 맞는 숙소'를 찾는 일이다.

숙박 시설은 제공 서비스와 운영 주체에 따라 호텔뿐만 아니라 다양한 종류가 존재하며, 각각 장단점이 있다.

숙박시설의 유형

호텔(Hotel)

- 여러 객실과 편의시설을 갖춘 전문 숙박시설
- 일반적으로 고급스러운 인테리어와 다양한 서비스 제공
- 가격이 상대적으로 높음

호스텔(Hostel)

- 저렴한 숙박비로 다인실 제공
- 공용 욕실 사용, 사생활이 제한적
- 주로 젊은 여행객이나 저예산 여행객이 선호

게스트하우스(Guesthouse)

- 소규모로 운영되며 가정적인 분위기 제공
- 개인 방 위주, 일부 아침식사 포함

B&B(Bed and Breakfast)

- 가정의 일부를 임대하며 아침식사 제공
- 소규모로 개인화된 서비스 제공

아파트(Apartment)

- 주방, 세탁기 등이 포함된 장기 체류용 숙소
- 가족 여행객이나 현지 체류에 적합

한인 민박

- 교포가 운영하며 한식 제공 가능
- 정보 교류에 유리하지만 시설 수준은 다양

에어비앤비(Airbnb)

- 전 세계적으로 잘 알려진 숙박 공유 플랫폼
- 전통적인 숙박시설이 아닌 개인 소유 공간(주택, 아파트, 방 등)을 임대하는 서비스를 제공

에어비앤비 이용 관련 참고 사항

에어비앤비는 여행자에게 다양한 선택지를 제공하고, 호스트에게는 수익 창출 기회를 제공하는 혁신적인 서비스다. 다만, 규제 문제와 사회적 영향 등 논란이 있는 만큼 주의사항을 철저히 숙지하고 이용하는 것이 중요하다.

장점

- 아파트, 개인 주택, 별장, 사용하지 않는 방 등 다양한 숙박 옵션을 제공한다.
- 비슷한 조건의 호텔에 비해 저렴한 경우가 많으며, 특히 대규모 그룹이나 장기 체류 시 비용 절감 효과가 크다.
- 현지인의 집에 머물며 더 진정한 현지 문화를 체험할 수 있다.
- 일부 숙소는 주방, 세탁기 등 편의시설을 갖추고 있어 장기 체류나 특정 요구 사항이 있는 여행자에게 적합하다.

단점 및 문제점

- 개인 소유 숙소이므로 서비스 품질이 일정하지 않을 수 있다.
- 숙소 상태가 온라인 사진과 다를 가능성이 있으며, 소음 문제나 이웃

과의 갈등 같은 위험 요소가 있을 수 있다.
- 호스트와의 소통 문제, 예약 취소 등의 상황이 발생할 수 있다.
- 환불 과정이 복잡하거나 전액 환불이 불가능한 경우가 있다.
- 일부 도시는 Airbnb로 인해 주택 임대료 상승, 주택 공급 부족 문제가 발생한다는 비판을 받고 있으며, 이에 따라 Airbnb를 규제하거나 금지하는 법률을 제정하기도 한다.

이용 시 주의사항

- 리뷰 확인 : 숙소를 예약하기 전, 다른 이용자들의 리뷰를 꼼꼼히 읽어 숙소 상태, 위치, 호스트의 신뢰성을 파악한다.
- 사진 확인 : 침실이나 침대 사진이 없는 숙소는 피하는 게 좋다.
- 소통 : 도착 시간, 체크인 방법 등 세부사항을 사전에 호스트와 충분히 조율한다.
- 취소 정책 확인 : 예약 전 숙소의 취소 정책을 확인하고, 예약 취소 시 환불 가능 여부를 반드시 확인한다.
- 규제 준수 : 숙소가 위치한 도시나 국가의 규제를 준수하는지 확인한다. 일부 지역에서는 Airbnb 이용이 제한될 수 있다.
- 보험 및 안전 : 귀중품 소지나 장기 체류 시 보험 가입 등 안전 대비가 필요하다.

호텔 등급

호텔 등급은 청결, 품질, 서비스 수준, 편의시설 등을 기준으로 평가하며,

별 하나에서 다섯 개까지로 나뉜다. 별이 많을수록 등급이 높은 호텔을 의미한다. 일부 호텔은 별점 제도를 거부해 등급이 없는 경우도 있는데, 등급이 없다고 해서 반드시 수준이 낮은 것은 아니다. 별점이 부여된 곳은 대체로 안전 면에서 신뢰할 수 있다. 호텔 등급은 ① 편의시설 ② 객실 ③ 서비스 ④ 위치 등 네 가지 항목을 기준으로 소개된다.

1성급 호텔

① 최소한의 필수 시설 제공
② 기본 침대와 가구
③ 제한적 서비스 제공(예 : 일일 청소 서비스 미포함)
④ 주요 관광지와 멀거나 교통 불편

2성급 호텔

① TV, 전화, 책상 등 추가 편의시설
② 더 나은 가구와 인테리어, 일일 청소 서비스 포함
③ 기본 프런트 데스크 서비스, 간단한 조식 제공 가능
④ 주요 도로나 대중교통과 가까움

3성급 호텔

① 레스토랑, 바, 피트니스 센터 등
② 넓고 편안한 침대, 고급스러운 인테리어
③ 24시간 프런트 데스크, 룸 서비스, 세탁 서비스

④ 주요 관광지나 비즈니스 지구와 가까움

4성급 호텔

① 고급 레스토랑, 스파, 수영장 등
② 고급 침구, 넓은 욕실, 미니바 등 제공
③ 컨시어지 서비스, 발렛 파킹, 룸 서비스
④ 주요 관광지나 도심 중심

5성급 호텔

① 미슐랭 스타 레스토랑, 최고급 스파 및 풀
② 최고급 침구, 개인 컨시어지 서비스 제공
③ 24시간 룸 서비스, 고급 세탁 서비스 등 최고 수준
④ 도심 최고의 위치와 전망 제공

객실 조건

- 방의 유형(Room Type) : 싱글, 트윈, 더블 등
- 침대 크기와 개수
- 전망(오션뷰, 마운틴뷰, 시티뷰 등)
- 욕실 형태(전용, 공용 등)

침대 및 인원 기준에 따른 방의 유형

- Single Room : 하나의 Twin~Queen 사이즈 침대가 있는 1인실. 혼자

여행하는 이에게 적합

- **Twin Room** : 두 개의 침대가 설치된 2인실. 침대는 Twin~Queen 사이즈로, 침대를 따로 쓰고 싶은 두 명에게 적합
- **Double Room** : 하나의 Double~King 사이즈 침대가 설치된 2인실. 두 명이 한 침대를 공유
- **Family Room** : 4인 이상이 머무를 수 있는 방으로, 취사시설이 포함된 넓은 공간을 제공

고급화 수준에 따른 방의 유형

- **Standard Room** : 기본 욕실, TV, 책상, 의자를 갖춘 실용적이고 경제적인 객실
- **Deluxe Room** : 스탠다드 룸보다 넓으며 추가 편의시설과 고급스러운 인테리어를 제공
- **Suite Room** : 거실과 침실이 분리된 넓은 공간, 고급스러운 시설 포함
- **Executive Suite Room** : 스위트 룸보다 고급스러운 객실로, 회의 공간 및 비즈니스 작업 공간 포함

침대의 크기

- **Twin Bed** : 약 100cm x 190cm(39인치 x 75인치)로 1인용 침대
- **Double Bed** : 약 140cm x 190cm(54인치 x 75인치)로 1인이 넉넉하게 사용할 수 있으나 2인용으로는 협소
- **Queen Bed** : 약 150cm x 203cm(60인치 x 80인치)로 2인이 사용하기

에 충분한 크기
- King Bed : 약 200cm x 203cm(76인치 x 80인치)로 2인이 매우 넉넉하게 사용할 수 있는 크기
- Sofa Bed : 접으면 소파, 펼치면 2인용 침대가 되는 구조로, 일부는 한 사람이 누울 수 있는 크기의 소파를 의미하기도 함

나에게 맞는 기준 세우기

호텔을 결정할 때 중요한 요소들을 선정하고 우선순위를 정하는 것이 좋다.

입지(Location)

- 교통 접근성(지하철역, 버스 정류장 등)
- 위험 지역 회피
- 시내/관광지와의 거리
- 주변 편의시설(마트, 식당 등)

호텔 등급과 객실 조건

- 여행 목적에 맞는 호텔 등급과 객실 조건
- 여행지의 호텔비 수준에 따라 상향 또는 하향 고려
- 특가 호텔이 있는 경우 고려

기타 비용 요소

- 조식 포함 여부

- 취소 및 환불 정책
- 예약 채널별 가격 차이(직접 예약 vs OTA)
- 멤버십 및 포인트 혜택

호텔 검색 및 비교 분석

검색 플랫폼 선택하기

호텔을 찾기 위한 첫 단계는 신뢰할 수 있는 검색 채널을 정하는 것이다. 각각의 플랫폼은 강점과 약점이 다르므로, 목적에 따라 적절히 활용하는 것이 중요하다.

구글 지도(Google Maps)

- 위치 중심 검색이 가능하며, 시각적으로 호텔 위치 파악 용이
- 다양한 예약 사이트의 가격 비교 및 바로 이동 기능
- 리뷰와 사진을 통해 객관적 정보 확인 가능

다음은 구글 지도에서 검색한 호텔이다.

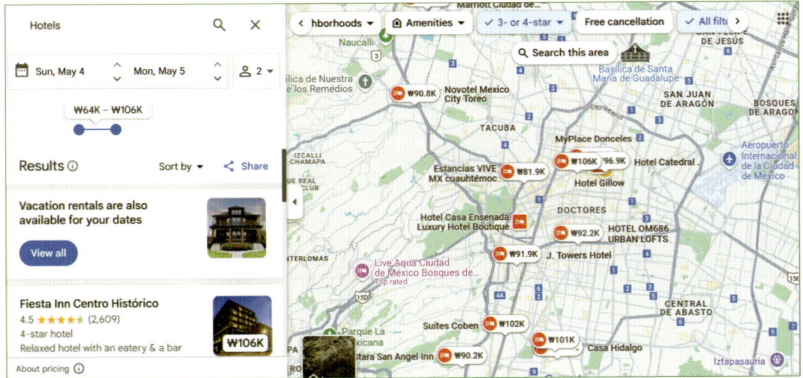

OTA(Online Travel Agency) : Booking.com, Agoda 등

- 폭넓은 숙소 정보와 다양한 필터 제공
- 특가 요금, 멤버십 혜택, 무료 취소 등 선택의 폭이 넓음
- 리뷰 기반 추천이 강점

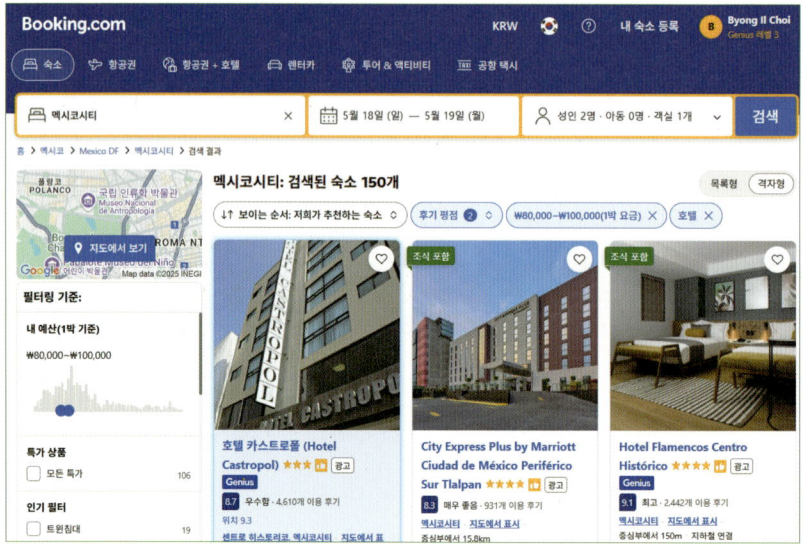

* Booking.com 검색 예

호텔 공식 홈페이지

- OTA보다 더 나은 조건(업그레이드, 무료 조식 등) 제공 가능
- 신뢰도가 높고 취소/변경 유연한 경우 많음
- 다만 기본 요금이 비싼 경우도 있음

검색 전략과 필터 활용

검색 플랫폼을 정했다면 본격적인 후보 추출 단계로 들어간다. 이 단계에

서 필요한 것은 체계적인 필터링 전략이다.

지역 중심 검색

- 관광지, 대중교통 접근성, 안전한 지역을 우선 고려
- 지도에서 거리와 위치 관계를 직관적으로 확인

필터링 기준 설정

- 가격, 평점, 부대시설, 조식 포함 여부, 무료 취소 가능 등
- 조건을 하나씩 추가해가며 후보군을 좁혀가는 방식이 효과적

핵심 비교 요소 정리

후보 숙소가 어느 정도 정리됐다면 중요한 비교 기준을 통해 본격적인 분석에 들어간다.

- 가격 : 세금, Resort Fee, 추가요금 포함 여부 확인
- 위치 : 관광 동선과 교통편과의 거리 고려
- 객실 조건 : 침대, 욕실, 주방, 와이파이 등
- 후기 : 평점과 리뷰 수, 최근 후기 중심 분석
- 부가 조건 : 조식 포함 여부, 주차 가능 여부, 취소 규정 등

리뷰 분석 요령

단순한 평점이나 후기 수로 판단하지 말고, 다음과 같은 기준을 통해 신뢰할 수 있는 리뷰를 분석한다.

리뷰 분석 팁

- 최근 3~6개월 내 후기 우선 확인
- 사진이 첨부된 실제 투숙객 후기 활용
- 자신과 유사한 여행 유형(가족, 커플 등)의 리뷰 중심 확인
- 낮은 평점 리뷰부터 정렬해 네거티브 요소를 파악

평점 해석 팁

- 4.5 이상 : 매우 우수 / 4.0~4.4 : 일반적 만족 / 3.9 이하 : 가급적 배제
- 리뷰 수가 많을수록 신뢰도 상승 (대수의 법칙 적용)
- 악평은 가급적 내용을 읽어보고, 일시적 문제인지 구조적 문제인지 판단
- 평점, 리뷰 수 외에 악평의 비율을 반드시 분석

직접 비교표 만들기

마음에 드는 호텔을 쉽게 고르기 어렵다면 최종 후보 3~5개를 정한 다음 비교표를 만들어 장단점을 한눈에 정리한다.

호텔명	위치	가격	평점	조식	무료 취소	특이사항
A호텔	중심가 도보 5분	₩130,000	4.5	포함	가능	좋은 위치
B호텔	역 도보 10분	₩115,000	4.2	미포함	불가	후기 많음
C호텔	외곽 (차 필요)	₩100,000	4.3	포함	가능	주차 무료

숙소를 고를 때 기억해야 할 실전 전략 몇 가지

- 예약은 대체로 일찍 할수록 유리하다.
- 무료 취소 옵션을 활용해 더 나은 조건으로 변경 가능
- 렌터카 사용 시 외곽 숙소도 고려
- 침실 사진 부족, 리뷰 적은 호텔은 피하기
- 여러 날 예약이 불가할 경우 날짜를 분리해 다르게 예약하는 것도 방법

최적의 예약 타이밍과 예약 진행

좋은 숙소를 찾았다면 이제 남은 문제는 '언제 예약할 것인가'이다. 호텔 예약은 타이밍이 절반이다. 같은 방, 같은 조건이어도 예약 시점에 따라 가격이 크게 차이가 날 수 있다. 너무 서둘러도 가격이 비쌀 수 있고, 너무 늦추면 원하는 방이 모두 빠져나갈 수 있다. 때로는 숙소가 아예 매진되기도 한다.

예약 절차별 흐름 이해하기

예약은 단순히 클릭 한 번으로 끝나는 과정이 아니다. ① 예약 사이트에서

객실을 선택하고 ② 예약 조건(무료 취소, 선결제/현장결제, 취소 수수료 등)을 꼼꼼히 확인한 뒤 ③ 결제 단계로 넘어가게 된다.

숙소 예약 시기별 가격 차이 이해하기

성수기, 비수기, 현지 이벤트 등 시기별로 가격이 크게 달라질 수 있다. 조기 예약은 선택의 폭이 넓고 가격이 안정적이지만, 막바지 특가는 운이 좋으면 큰 할인을 받을 수 있다. 각자의 여행 일정과 우선순위에 따라 전략적으로 판단하는 것이 중요하다.

결제 방식의 차이 이해하기

결제 방식은 선결제, 현장결제, 보증결제 등으로 나뉜다. 각 방식마다 환불 정책과 취소 수수료가 다르므로 반드시 확인해야 한다.

- 선결제 : 예약 시 바로 결제가 이루어지는 방식
- 현장결제 : 체크인 시 결제하는 방법
- 보증결제 : 카드 정보를 미리 등록하지만 실제 결제는 나중에, 대체로 체크인 며칠 전에 이루어진다.

예약 타이밍 전략

최적의 예약 시점을 결정하려면 여러 요소를 고려해야 한다.

- 여행 시즌 : 성수기에는 조기 예약이 필수다. 반면, 비수기에는 막판 특가를 노려볼 수도 있다.
- 숙소 유형 : 호텔, 리조트, 에어비앤비 등 유형에 따라 예약 시기가 다

르다. 에어비앤비나 인기 부티크 호텔은 미리 예약해야 하고, 대형 호텔은 막판 특가가 나올 수 있다.
- 지역 특성 : 인기 관광지, 대형 이벤트, 축제 기간 등은 조기 매진 위험이 높으니 미리 예약해야 한다.
- 무료 취소 옵션 : 불확실한 일정이라면 무료 취소가 가능한 상품을 먼저 예약해두고, 이후 더 좋은 조건이 나오면 변경하는 전략도 활용할 수 있다.
- 알림 설정 및 가격 추적 도구 : 주요 예약 플랫폼에서 알림 기능이나 가격 추적 서비스를 활용하면 가격 변동을 실시간으로 체크할 수 있다.

예약할 때 체크해야 할 필수 사항

예약을 진행할 때는 다음 사항을 반드시 확인해야 한다.
- 무료 취소 가능 여부 : 취소 규정(무료 취소, 부분 환불, 환불 불가 등)을 꼼꼼히 확인한다.
- 세금 및 추가 요금 : 표시된 금액에 세금, Resort Fee, 서비스 요금 등이 포함되어 있는지 체크한다.
- 객실 옵션 : 침대 타입, 전망, 흡연/금연 여부 등 원하는 조건을 정확히 확인한다.

결제 시 주의사항

결제 단계에서도 실수하지 않도록 주의가 필요하다.

- 통화 설정 : 해외 사이트에서는 가급적 원화(KRW) 결제를 피하고 현지화나 USD로 결제한다.
- 예약 확인 메일 : 결제 후에는 예약 확인 메일이 즉시 도착하는지, 예약 내역이 정확한지 바로 점검해야 한다.

예약 정보 관리

예약을 완료했다고 해서 모든 준비가 끝난 것은 아니다. 여기서부터는 '예약 정보 관리'가 시작된다. 여행 중 가장 흔히 발생하는 실수는 '언제, 어디에, 어떤 조건으로 예약했는지'를 헷갈리거나 잊어버리는 것이다. 숙소에 도착해서야 예약 조건을 확인하거나, 체크인 직전에 주소와 연락처를 찾느라 당황하는 일도 일어난다.

호텔 예약 역시 하나의 '계약'이다. 이 계약이 원활하게 이행되려면 정확하고 체계적인 정보 관리가 필수적이다.

예약 정보 필수 항목 정리

다음과 같은 예약 정보를 반드시 정리해 두어야 한다.
- 숙소 이름
- 예약 플랫폼(예 : Booking.com, Agoda 등)
- 체크인/체크아웃 날짜와 시간
- 금액 및 결제 조건(선결제/현장결제, 잔금 여부)
- 취소 가능 날짜 및 조건
- 조식 포함 여부, 특별 요청사항

스페인/포르투갈 호텔 예약

예약일	체크인	체크아웃	체류	호텔	예약Site	Price(€)	KRW	카드	취소 시한	비고
2025-05-28	08-19	08-20	1	nH MAD Principe de Vergara	nH	79.95 €	₩124,722	우리7067	08-12	
2025-05-27	08-20	08-22	2	Admera Pension Boutique	Booking	170.00 €	₩265,200	우리7067	08-17	
2025-05-29	08-22	08-25	3	Origami Porto Resdencia	Booking	177.00 €	₩275,042	우리7067	불가	조식
2025-05-28	08-25	08-28	3	Hotel Dom Carlos Liberty	Agoda	253.00 €	₩392,228	우리7067	불가	조식
2025-05-29	08-28	08-29	1	U-Sense Sevilla Centro	홈피	77.81 €	₩121,424	우리7067	불가	

이러한 정보들은 하나의 폴더 안에 항공권, 기차표 등과 함께 통합해 관리하는 것이 좋다. 구글 드라이브, 호텔예약 앱, PDF 파일 등 자신에게 가장 편리한 방식으로 정리하면 된다. 전체 여행 일정표와 연동해 엑셀 표에서 링크를 걸어 확인할 수 있도록 하면 더욱 효율적이다.

오프라인 백업 준비

여행 중 인터넷이 되지 않거나, 체크인 과정에서 문제가 생길 수 있으므로 예약 확인서, 바우처, 주소, 연락처 등은 PDF, 이미지 캡처, 출력물 등 오프라인으로도 백업해 두는 것이 좋다.

숙소 트러블 대처

숙소에서 문제가 발생하는 일은 생각보다 흔하다. 중요한 것은 '문제가 생겼을 때 어떻게 대응하느냐'이다. 호텔 예약을 아무리 꼼꼼히 해도, 현장에서는 예상치 못한 돌발 상황이 생길 수 있다. 예를 들어 △ 예약이 누락되었거나 △ 배정받은 방이 너무 시끄럽거나 △ 에어컨이 고장 났는데 대응이 느리거나 △ 이중 결제, 위생 문제 등 다양한 문제가 발생할 수 있다. 이런 상황에서 가장 중요한 것은 침착함이다. 그리고 그 다음은 신속한 기록과 소통이다.

트러블 발생 시 대처 순서

① 현장 프런트 데스크에 문제 제기 : 문제가 발생하면 즉시 프런트 데스크에 상황을 알리고, 가능한 한 사진이나 영상 등 증거를 남긴다.

② 예약 플랫폼 고객센터에 연락 : 현장에서 문제가 해결되지 않으면, 예약 플랫폼(Booking.com, Agoda 등)의 고객센터를 통해 중재를 요청한다. 그런데 해외 여행 중에 고객센터와 통화를 하는 것은 여러 이유로 사실상 매우 어렵다. 직접 연결이 불가능하더라도 "내가 고객센터에 이러이러한 문제가 있음을 서면 또는 온라인으로 통지했다"는 증거를 남기는 것이 중요하다.

③ 가능한한 모든 커뮤니케이션은 서면(앱 메시지, 이메일 등)으로 : 향후 분쟁에 대비해 모든 대화 내용을 기록으로 보관한다.

문제가 해결되지 않을 때의 추가 대안

- 숙소 변경 요청 : 운이 좋으면 현지에서 즉시 예약 플랫폼을 통해 숙소 변경을 요청하거나, 대체 숙소를 안내받을 수 있다.
- 여행자 보험 활용 : 여행자 보험에 가입했다면, 위생 문제나 체크인 거부 등으로 인한 피해에 대해 보상을 청구할 수 있는지 확인해 본다.
- 증거 확보 : 문제 해결을 위해 취한 조치, 상대방의 반응 등을 서면으로 기록해두는 것이 대단히 중요하다.

*****

지금까지 호텔 예약과 관련된 다양한 이슈들에 대해 소개했다. 독자 여러분들은 어떻게 생각하실지 사뭇 궁금하다. 호텔 방 하나 잡는 것 가지고 뭘 그리 중언부언, 난리법석을 피우느냐고 생각하시는 분도 계실 것이다. 선택은 어디까지나 독자들의 몫이다. 그런데 호텔 예약의 중요성을 간과하는 분들이 계시다면 잘못된 호텔 선택으로 인해 후회할 날이 곧 오지 않을까 조금 걱정된다.

체크리스트

- ☐ 필요한 호텔의 예약이 완료되었는가?
- ☐ 예약확인서는 PDF 형태로 저장해 두었는가?
- ☐ 예약한 호텔은 구글 지도에 저장했는가?
- ☐ 장거리 이동 시 호텔과 공항/역으로의 이동방안은 검토되었는가?
- ☐ 각 예약의 결제 시점을 확인했는가?
- ☐ 각 호텔별 조식 제공 여부는 확인했는가?
- ☐ 캠핑장의 예약이 완료되었는가?(해당 시)
- ☐ 엑셀 수식을 이용해 예약 현황표를 작성했는가?
- ☐ 공항 셔틀을 이용할 계획이라면 필요한 사항을 확인했는가?

Step 8.
시내교통 스터디

낯선 도시를 자유롭게 누비려면 교통부터 이해해야 한다. 어디로 가든, 어떤 도시든 여행은 늘 '이동'에서 시작된다. 버스에서 바라보는 일상, 지하철 플랫폼의 분주함, 구불구불한 골목을 걷는 순간까지, 이 모든 이동은 도시를 가장 가까이에서 체험할 수 있는 방법이자, 여행의 또 다른 무대다.

이제부터는 도시별 교통 수단을 하나하나 살펴보며, 그 도시를 내 방식대로 움직일 수 있도록 준비해보자.

도시 교통 시스템 파악하기

도시의 교통 체계를 파악하려면 먼저 큰 그림을 이해하는 것이 좋다. 지하철, 버스, 트램이 각각 어떻게 운영되는지, 요금은 어떻게 부과되는지 확인하자. '도시명 + 대중교통'으로 검색하거나, ChatGPT에게 "○○ 대중교통 체계에 대해 알려줘"라고 질문하면 실용적인 정보를 빠르게 얻을 수 있다.

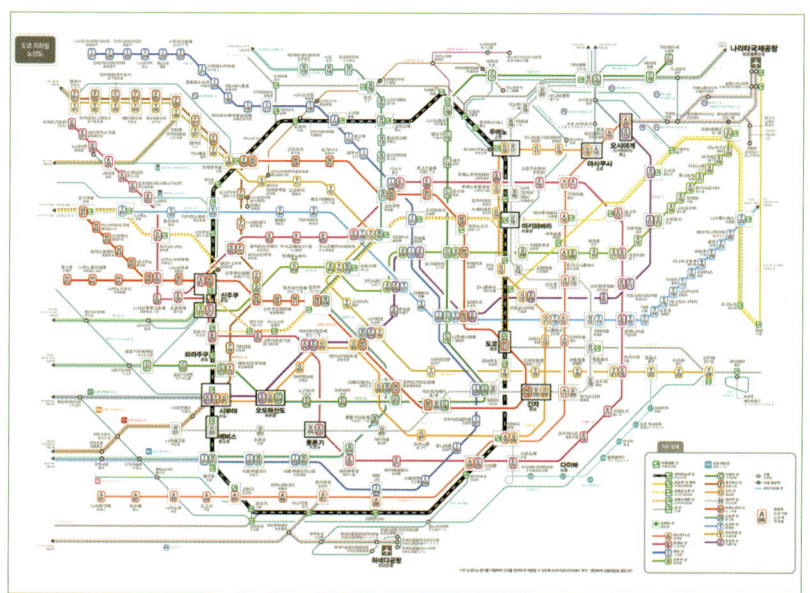

Tokyo의 복잡한 지하철 노선도

대중교통의 이해와 활용

지하철

대부분의 대도시는 촘촘한 지하철망을 갖추고 있다. 다음 사항을 미리 숙지해두면 낯선 도시에서도 당황하지 않고 이용할 수 있다.

- 노선도 확보 : PDF 형식의 노선도는 확대해도 선명해서 유용하다. 영어판과 현지어판을 함께 준비해두면 더 좋다.
- 탑승 방향 확인 : 승강장 벽에 표시된 종점 방향을 확인해 내가 가려는 방향이 맞는지 점검하자.
- 환승 방법 : 대부분 색상과 기호로 명확히 안내되어 있어 한 번만 익히면 어렵지 않다.

버스

버스는 지하철이 닿지 않는 지역까지 연결되는 경우가 많아 짧은 거리나 외곽 지역 이동에 유용하다.

- 노선 확인 : 구글 지도에서 정류장을 클릭하면 해당 정류장을 지나는 노선을 확인할 수 있다.
- 탑승 방식 : 앞문 탑승 후 뒷문 하차, 승차 전 개찰 여부 등 도시마다 방식이 다르므로 사전에 확인하자.
- 교통패스 적용 여부 : 일부 패스는 버스에 적용되지 않을 수 있으므로, 호환 여부를 미리 파악해두자.

트램

트램은 주로 유럽 도시에서 볼 수 있으며, 도시 중심과 외곽을 부드럽게 연결해주는 수단이다. 탑승 방식이나 노선도는 버스와 유사하므로 기본 원리만 익히면 쉽게 이용할 수 있다.

호출택시와 일반택시 이용

우버Uber, 리프트Lyft, 그랩Grab, 얀덱스Yandex 등 앱 기반 호출 서비스는 바가지 요금을 피할 수 있어 안전하고 편리하다.

- 앱 설치 및 인증 : 출국 전 앱 설치와 계정 인증을 완료하자. 도착 후 현지 전화번호를 확보할 수 있으면 더욱 편리하다.
- 승차 장소 지정 : 공항이나 복잡한 곳에서는 탑승 위치를 명확히 설정하고, 차량 모델과 번호판으로 도착 차량을 반드시 확인하자.
- 요금 결제 방식 : 앱에 등록된 카드로 자동 결제되며, 현금 이용 시에는 잔돈 문제를 고려해 소액 지폐를 준비하자.

일반택시는 공식 택시 승차장을 이용하고, 반드시 미터기를 켜는지 확인하자. 요금 협상이 필요한 지역에서는 목적지까지의 예상 요금을 미리 파악해 두는 것이 좋다.

도보 이동과 길 찾기

낯선 도시를 가장 생생하게 느끼는 방법은 '걷는 것'이다. 특히 유럽의 구시가지, 일본의 골목길, 동남아의 야시장처럼 명소가 모여 있는 지역에서는 도보 이동이 오히려 가장 빠르고 효율적이다. 버스나 지하철로는 스쳐 지나갈 수밖에 없는 거리의 풍경, 냄새, 소리까지 온전히 경험할 수 있다.

도보 여행의 핵심은 '길을 잃지 않는 것'이지만, 최근에는 다양한 디지털 도구들이 이를 든든히 도와준다.

- 구글 지도(Google Maps) : 가장 기본적이면서도 강력한 도구다. 현재 위치를 기준으로 도보 경로를 실시간으로 안내해주고, 소요 시간과 고도 차이까지 알려준다. 카페나 약국 등 주변 편의시설을 찾을 때도 유용하다.

- **Maps.me** : 인터넷이 안 되는 환경에서도 유용하게 쓸 수 있는 오프라인 지도 앱이다. 여행 전에 방문할 도시의 지도를 미리 다운로드해두면, 와이파이나 데이터 없이도 위치 확인과 길 찾기가 가능하다.
- **도보 내비게이션 활용법** : 구글 지도에서는 도보 모드를 선택한 뒤 '시작' 버튼을 누르면 보행자용 경로로 실시간 안내를 받을 수 있다. 단, 건물 안에서 GPS 정확도가 떨어질 수 있으니, 큰 길로 나와서 경로를 다시 잡는 것이 좋다.

도보 이동 시에는 다음과 같은 안전 수칙도 함께 기억하자.

- **밤길과 외진 골목은 피하자** : 아무리 거리가 가까워 보여도 인적이 드문 골목이나 조명이 없는 밤길은 위험할 수 있다. 가능하면 낮 시간에 이동하고, 사람이 많은 거리 위주로 동선을 짜는 것이 좋다.
- **복장과 신발 선택** : 오래 걷게 되는 경우가 많으므로, 편안한 운동화나 워킹화는 필수다. 도시의 분위기나 문화적 특성에 따라 지나치게 노출이 심한 복장은 피하는 것이 좋다.
- **도보 이동 중 스마트폰 사용 주의** : 스마트폰을 계속 들여다보며 걷는 습관은 소매치기의 표적이 되기 쉽다. 길을 확인할 때는 잠시 멈춰 서서 확인하고, 다시 주위를 살피며 걷는 것이 안전하다.

도시를 걷는다는 것은 단순한 이동이 아니라, 그 도시의 리듬을 체험하는 일이다. 디지털 도구의 도움으로 길을 잃지 않으면서도, 때로는 일부러 길을 잃어보는 것도 도보 여행의 묘미다. 관광지가 아닌 평범한 거리에서 마주치는 일상과 사람들 속에서, 당신만의 여행의 순간을 경험할지도 모른다.

교통수단 이용 팁

교통패스와 교통비 절약 전략

대중교통 요금이 비싼 도시에서는 교통패스를 적극 활용하자.

- 기간형 패스 : 1일권, 3일권 등은 자정까지 유효, 24시간/48시간권은 개시 시점부터 계산된다.
- 권역 제한 확인 : 시외 지역을 방문할 예정이라면, 해당 일정은 패스가 적용되지 않는 날로 잡고 개별 티켓을 구입하자.
- 시티패스와 통합패스 : 교통과 관광지를 함께 묶은 통합패스를 활용하면 여행 경비를 크게 줄일 수 있다.

교통 정보를 찾는 방법

- 검색 키워드 : '도시명 + 지하철 노선도', '도시명 + 교통패스 가격', 'how to use public transport in + 도시명' 등
- AI 도구 활용 : ChatGPT에게 "○○ 공항에서 시내까지 가는 법 알려줘"처럼 직접 질문하면 요약된 답변을 받을 수 있다.
- 현지 앱 : Moovit 같은 앱은 실시간 교통 정보도 제공한다.

교통 수단을 여행 계획에 반영

- 동선의 흐름에 맞는 이동 수단 선정하기 : 하루에 방문할 명소들이 동일 노선에 몰려 있다면 지하철을, 중간 중간 경치가 중요한 지역은 버스를 이용하자.

- 시간대 고려 : 러시아워 시간대에는 버스를 피하고, 지하철이나 도보를 고려하자.
- 대체 경로 확보 : 도시에 대규모 행사가 있는 경우 노선 운행이 중단될 수도 있으므로 이럴 때는 'Plan B'(예비안)를 준비해두는 것이 좋다.

*****

도시의 교통을 이해하고 준비하는 일은 단순한 이동을 넘어, 그 도시를 더 깊이 이해하고 체험하는 첫걸음이다. 미리 파악하고, 현장에서 유연하게 대처한다면 어느 도시에서도 길 잃을 걱정 없이 여행의 주도권을 온전히 당신이 쥘 수 있다.

체크리스트

☐ 도시별 대중교통에 대한 조사가 완료되었는가?

☐ 1/2/3일권 또는 24/36/72시간권 티켓이 필요한지 확인했는가?

☐ 지하철 노선도를 PDF 형식으로 확보했는가?

☐ 호텔과 인근 지하철역과의 거리를 확인했는가?

☐ 체크아웃 후 짐 보관 계획을 준비했는가?

☐ 공항/기차역을 오가는 교통편을 확인했는가?

☐ 호출택시를 이용할 준비가 되었는가?

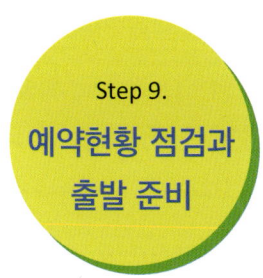

Step 9. 예약현황 점검과 출발 준비

사람들에게는 자신이 다녀온 여행을 기록으로 남기고, 다른 사람들과 공유하고 싶어 하는 심리가 있다. 블로그나 유튜브에는 맛집 소개를 포함한 세계 여러 도시의 여행기가 넘쳐난다. 그러나 이런 자료들은 대부분 일방적인 정보 전달 방식으로 구성되어 있어 신뢰성에 문제가 있을 수 있다.

따라서 각자가 정보를 철저히 검증해야 한다. 취사선택과 검증은 각자의 몫이다. 여행 관련 인터넷 카페는 특정 여행지에 관심 있는 사람들이 모이는 공간으로, 최신 정보와 생생한 경험담이 많다. 대개 이러한 정보들은 회원들 간의 자체 검증을 거치기 때문에 신뢰할 만하다.

특히 수집해야 할 정보는 다음과 같다.

- 요금 할인, 일시적 운영 중단 등 관광명소 이용 팁
- 공항과 시내를 오가는 방법
- 시내 교통 이용 관련 팁
- 경유지에서 환승하는 방법
- 렌터카, 캠핑카 관련 팁
- SIM 카드 선택 및 구입 팁
- 맛집 정보

여행을 통해 얻고자 하는 것들은 사람마다 다르다. 어떤 이는 지역의 역사와 문화를 중요하게 여기고, 또 어떤 이는 건축 양식이나 박물관, 미술관을 주로 찾는다. 필자의 경우, 여행에서 빼놓을 수 없는 즐거움 중 하나는 현지 음식을 경험하고 오래된 맛집을 찾아가는 일이다.

맛집 정보는 블로그나 유튜브에서 미리 확인하거나 구글 지도를 활용해 현지에서 평점이 높고 리뷰가 많은 곳을 선택하는 것이 좋다. 다만, 인터넷 블로그에서 추천하는 맛집은 여러 사람이 추천한 곳이라도 평점과 리뷰 수를 반드시 확인해야 한다. 미슐랭 스타 레스토랑이라면 신뢰할 만하지만, 가격이 부담스러울 수 있다. 그러나 점심 메뉴를 이용하면 저렴하게 즐길 수 있으니 한 끼 정도는 특별한 경험을 해보는 것도 좋겠다.

'세계를 간다', '걸어서 세계 속으로', '세계테마기행' 같은 여행 프로그램도 유용한 자료다. 출발 전에 이러한 방송을 통해 생생한 정보를 얻는 것도 좋은 방법이다.

입장권 및 액티비티 예약

여행지에서의 문화, 스포츠 행사나 관광명소 입장권은 사전에 예약하는 것이 좋다. Groupon, Viator, Klook, Trip.com, 마이리얼트립 등의 사이트를 활용하면 할인된 가격으로 구매할 수 있다. 예약 확인서는 이메일로 잘 관리하도록 한다.

예약현황 점검

항공권, 호텔, 렌터카, 기차표 등 예약 현황을 정리하고 점검하는 과정이다. 엑셀 시트로 예약 내용을 정리한 후 누락된 부분이 없는지 확인한다. 점검해야 할 항목은 다음과 같다.

- 항공권(메인/로컬 전구간)
- 호텔 예약 확인서
- 렌터카 예약 확인서
- 기차/버스/페리 예약
- 관광명소 입장권 예약
- 음악회/스포츠 행사 티켓
- 미술관/박물관 예약
- 식당 예약
- 시내 교통권(메트로 등)
- 여행자 보험

예약 현황

예약일	시행일	내용	현지화	금액	카드
2023-09-09	2023-10-21	Ch. d'Yquem 2인 투어 w/ Tasting	168.00 €	₩245,189	알파 카드
2023-09-25	2023-10-31	하나투어 바토무슈 2인 탑승권	-	₩14,700	우리 Visa
2023-10-02	2023-10-25	Tablao Torres Bermejas 플라멩코	50.00 €	₩73,009	알파 카드
2023-10-02	2023-10-30	Privia 파리 빅버스 2인 탑승권	-	₩89,133	현대카드
2023-10-03	2023-10-25	Madrid 씨티투어버스 2인 탑승권	19.80 €	₩28,912	알파 카드
2023-10-03	2023-10-25	Madrid 왕궁 2인 입장권 @ 2pm	12.00 €	₩17,522	알파 카드
2023-10-03	2023-10-27	프라도미술관 2인 입장권 @ 3pm	15.00 €	₩21,903	알파 카드
2023-10-03	2023-10-24	구겐하임미술관 2인 입장권 @ 10am	13.00 €	₩18,982	알파 카드
2023-10-06	2023-10-17	유럽 유심 30일/10GB 2개	-	₩30,000	우리 Visa

휴대폰에 자료 저장

필자가 처음 해외여행을 시작한 1980년대 후반에는 휴대폰이 없었다. 종이 티켓을 집에서 받아보고, 중요한 교차로 지도를 프린트해 사용하는 등 불편함이 많았다. 그러나 오늘날에는 여행에 필요한 거의 모든 것이 휴대폰 안에 저장 가능하다.

  준비한 모든 자료를 휴대폰 폴더에 저장하거나 구글 드라이브, 마이크로소프트 OneDrive와 같은 클라우드 서비스에 백업해두면 분실 시에도 걱정이 없다. (⇨ 「부록 05. 여행의 스마트한 동반자, 휴대폰 활용법」 참고)

출발 준비 및 점검

필수 서류와 물품은 다음과 같다.

- 유효기간 6개월 이상의 여권
- 비자 또는 전자여행허가서 : 비자 필요 여부는 외교부 홈페이지(www.mofa.go.kr)에서 확인 가능하다. 미국/캐나다/호주/뉴질랜드 여행 시 필요한 전자여행허가증은 대체로 $20~$70 정도이며, 신청 후 2~3일 내로 발급된다
- 운전면허증 : 운전면허증으로 해외에서 운전할 수 있는 국가 역시 외교부 홈페이지에서 확인 가능하다. 국제 운전면허증 사용 시 국내 운전면허증을 반드시 소지해야 한다.
- 환전 : 해외 여행 체크카드 발급 시 환전 수수료를 절약할 수 있다. 현금 소지를 최소화하고 트래블카드를 이용하면 약 40여 개국에서 편리하게 결제 가능하다. 국제적으로 통용 빈도가 낮은 화폐는 미국 달러로 환전 후 현지 화폐로 교환하는 것이 경제적이다.
- 휴대물품 체크리스트 작성 : 그룹별로 분류하여 엑셀표로 정리하면 관리가 쉽다.

My Packing List / 조지아+중앙아 2개국 / 21일

필수품
여권
운전면허증/ 국제운전면허증
USD 2,000
비상금 (EUR 500, USD1,000)
KB / 우리 카드

전자제품류
휴대폰 (Quantum 3)
구형 휴대폰 (A8)
휴대폰 거치대; Cigar Jack 충전기
고속 충전기 + 케이블
USB + Micro SD 컨버터
심카드 Bay Open Pin

의류
보라색 Brooks Brothers
Helly Hensen 노란색 Jumper
Eider 패딩 점퍼
얇은 패딩
긴 바지 3
긴 소매 티 3
실내용 반바지 1 + 면 티 2
팬티 / 런닝 / 양말 각 4
손수건 2
두꺼운 양말 2
수영복
내복 바지
Buff

카메라 가방
캐논 6D Set
캐논 M2 Set

기타
시계
아침약
운전용 안경
Sunglasses
볼펜
손톱깎이, 족집게
Mask 2
칫솔/ 치약/ 치실/ 빗
1회용 면도기 2개
Lotion / Sun Cream
Columbia 등산화
베네통 보조가방
지르텍
얇은 장갑
Tilley Hat
소형 Carrier
코이카 배낭
Wine Opener
슬리퍼
우산

모바일 네트워크 접속

낯선 지역에서는 원활한 통신이 필수적이다. 특히, 실시간으로 여행 정보를 확인해야 하는 상황에서는 휴대폰이 안정적으로 모바일 네트워크에 연결되어 있어야 한다.

휴대폰 연결을 유지하려면 기존 번호로 로밍 서비스를 이용하는 것이 가장 간편하다. 별도의 설정 없이 즉시 연결되며, SIM 카드를 교체할 필요도 없다. 다만 요금이 상대적으로 비싸서 부담이 될 수 있다.

대안으로는 현지 도착 후 SIM 카드를 구매하는 방법이 있다. 비용이 저렴하고 현지 번호를 사용할 수 있어 호출 택시 등록이나 예약이 편리하다. 그러나 SIM을 교체해야 하며, 한국에서 오는 전화나 문자를 받으려면 두대의 휴대폰이 필요할 수도 있다. 또한, 일본과 같은 일부 국가에서는 여행자가 음성 통화가 가능한 상품을 구하기 어려운 경우도 있어 주의가 필요하다.

최신 기종, 특히 갤럭시 S23 이후 모델이라면 eSIM을 고려해볼 만하다. QR 코드 스캔만으로 간편하게 설치할 수 있고, 두 대의 휴대폰을 갖고 다닐 필요가 없어 매우 편리하다. 다만, 대부분의 eSIM은 별도의 음성 통화를 제공하지 않아 맛집 예약 등 통화가 필요한 경우 약간의 불편함이 있을 수 있다. 이럴 때는 유료 인터넷 전화 서비스를 이용하면 된다.

필자는 비싼 요금 때문에 로밍 방식을 사용한 적이 없으며, 주로 현지 SIM 카드를 사용해 왔다. 하지만 최근 새 휴대폰으로 교체하면서 eSIM을 사용 중인데, 가끔 음성 통화가 필요할 때 약간의 불편함을 느끼기도 하지만 대체로 매우 만족스럽게 이용하고 있다.

해외로밍 완전 차단

여행 중 로밍을 사용할 계획이 없다면, 해외로밍을 완전히 차단해 두는 것이 좋다. 로밍 패키지 상품을 사전에 구입하지 않고 사용량에 따라 요금을 내는 방식을 선택하면 예상치 못한 요금이 부과될 수 있기 때문이다.

로밍 차단은 각 통신사의 앱에서 손쉽게 처리할 수 있다.

항공편 온라인 체크인

온라인 체크인은 항공편 체크인을 모바일이나 웹에서 진행하는 것을 의미한다. 대형 항공사는 일반적으로 출발 24~72시간 전부터, 저비용항공사(LCC)는 보통 출발 24시간 전부터 온라인 체크인을 오픈한다. 이 과정에서 예약번호와 여권번호를 입력해 좌석을 배정받고 보딩패스를 발급받을 수 있다.

체크인 시 좌석을 지정할 수 있는데, 선호도가 높은 좌석은 유료로 제공된다. 예를 들어, 비상구 좌석, Extra Legroom 좌석(앞뒤 간격이 넓은 좌석), 기내 앞쪽 좌석 등은 추가 요금이 부과된다. 이러한 요금 체계는 항공권 가격 세분화 수준에 버금갈 정도로 다양하다.

저비용항공사는 대부분 좌석 지정에 추가 요금을 부과한다. 예를 들어, RyanAir는 모든 좌석 지정이 유료이며, 특히 통로 쪽 좌석(Aisle Seat)은 창가 좌석(Window Seat)보다 먼저 판매되는 경향이 있다. 대형 항공사도 선호 좌석은 대부분 유료로 판매하지만 일반 좌석은 예매 또는 체크인 시 선착순으로 제공된다.

모바일 보딩패스는 휴대폰에 저장하여 사용할 수 있으며, 웹에서 받은 경우 출력해 공항에 가져가야 할 수도 있다. 일부 항공사는 공항 체크인 카운터에서 보딩패스를 다시 발급받아야 하는 경우도 있으므로 사전에 확인하는 것이 좋다.

온라인 체크인을 완료하더라도 위탁 수하물이 있는 경우 공항 창구에서 추가 절차가 필요하다. 이때 일반 체크인 줄 대신 Bag Drop(수하물 위탁) 전용 라인을 이용하면 대기 시간을 줄일 수 있다.

체크리스트

- ☐ 여권의 유효기간이 6개월 이상 남아 있는지 확인했는가?
- ☐ 여행할 국가의 비자 요구사항을 확인했는가?
- ☐ 온라인으로 Arrival Card를 작성했는가?(필요 시)
- ☐ 입장권 및 액티비티 예약이 적절히 완료되었는지 확인했는가?
- ☐ 모든 예약에 대한 현황표를 엑셀로 작성했는가?
- ☐ 예약 확인서를 쉽게 열어볼 수 있게 저장했는가?
- ☐ 중요 자료를 적절하게 백업했는가?
- ☐ 맛집 정보를 충분히 수집했는가?
- ☐ 식당 예약이 완료되었는가?(해당 시)
- ☐ 여행에 필요한 물품 목록을 준비했는가?
- ☐ SIM 카드는 준비했는가?
- ☐ 필요한 환전을 완료했는가?
- ☐ 가져갈 신용카드와 체크카드를 확인했는가?
- ☐ 운전면허증과 국제운전허가증이 준비되었는가?
- ☐ 여행자보험에 가입했는가?
- ☐ 도착 후 모바일 데이터 사용 계획을 점검했는가?
- ☐ 신용카드의 원화결제 기능을 차단했는가?
- ☐ 만약의 경우에 대비해서 USD/EUR 비상금을 준비했는가?

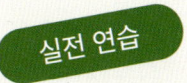

내 생애 첫 자유여행 설계

- 여행지 : 도쿄
- 여행 기간 : 3박 4일
- 추천 숙소 : APA Hotel
- 여행 컨셉 : 생애 첫 자유여행, 혼자 떠나는 여행

도쿄는 일본 자유여행을 처음 시도하는 사람에게, 특히 3박 4일 일정으로 혼자 여행을 떠나려는 이들에게 가장 적합한 도시다. 도쿄를 첫 자유여행지로 추천하는 이유는 다음과 같다.

설계와 준비가 쉬운 도시

자유여행에서 가장 까다로운 준비 요소는 ① 호텔 예약 ② 도시 간 이동 설계 ③ 메인 구간 항공권 발권이다. 그러나 도쿄 여행의 경우, 이 세 가지가 대부분 단순화되어 있다.

- 숙소는 후보가 이미 충분히 압축되어 있어 고민이 적고,
- 이동은 한 도시 내에서만 이루어지므로 지역 간 이동 계획이 필요 없으며,
- 항공권도 직항만 고려하면 되므로 탐색이 간편하다.

이처럼 복잡한 요소들이 대부분 해결되어 있으니 나머지 준비는 훨씬 쉽다. 도쿄 시내는 교통패스 하나로 대부분의 이동이 가능하기 때문에, 현지에서의 동선 고민도 덜 수 있다.

초심자에게 이상적인 조건

- 접근성과 안전성 : 인천에서 약 2시간 비행이면 도착하고, 공항에서 도심까지의 이동도 간편하다. 치안이 잘 유지되어 있어 혼자 여행하더라도 안전에 대한 걱정이 적다.
- 친절한 교통 시스템 : 대중교통이 잘 발달되어 있으며, 지하철과 버스, 공항 리무진 등 주요 교통수단에는 영어와 한글 안내도 풍부하다.
- 볼거리와 먹거리 : 아사쿠사, 도쿄타워, 긴자, 시부야 등 다채로운 명소가 밀집해 있고, 초밥, 라멘, 오코노미야키, 타코야키 등 일본 대표 음식을 저렴하게 즐길 수 있다.
- 여행자 친화적 환경 : 한국인 여행자가 많아 한국어 안내와 블로그 정보가 풍부하며, 일본인들의 친절한 응대 덕분에 혼자 여행해도 불편함이 적다.

이처럼 도쿄는 혼자서도 안전하고 즐겁게 여행할 수 있는 이상적인 도시다. 3박 4일 동안 부담 없이 일본의 매력을 체험하며, 자유여행의 첫걸음을 내딛기에 최적의 선택지라 할 수 있다. 물론, 첫 여행인 만큼 자기 자신을 챙기기도 벅찰 수 있다. 그래서 이번만큼은 동행 없이 홀로 떠나볼 것을 권한다.

APA Hotel은 일본을 대표하는 비즈니스 호텔 체인으로, 합리적인 가격에 깔끔한 객실을 제공하며 대부분 지하철역 근처에 위치해 이동이 매우 편리하다. 혼자 숙박하기에도 안성맞춤이다.

이제 실전이다! 3박 4일 도쿄 자유여행 준비 따라 하기

1 단계. 목적지 및 여행 시기와 기간 결정

- 지금부터 3개월 후, 도쿄행 항공권을 검색해보자. KAYAK 등 메타서치를 이용하면 좋다.
- 인천 출발, 나리타 도착 왕복 항공권을 기준으로 한다.
- 출발은 오전, 도착은 오후 시간대로 설정한다.

2 단계. 메인 구간 항공권 발권과 여행경비 추산

- 앞에서 검색한 항공권을 기준으로 발권했다고 가정한다.
- ChatGPT에게 2025년 9월 도쿄 시내 APA Hotel 1인실의 평균 요금을 물어보자.
- 일비는 하루 엔화 기준 ¥10,000, 총 예산은 약 400,000원으로 설정한다.
- 항공료 + 호텔비 + 일비를 합산해 총 여행 경비를 계산해보자.

3 단계. 지역별 관광명소 탐색

- 도서관에서 도쿄 여행 가이드북을 빌려 읽고, 가고 싶은 명소를 메모한다.
- 구글 지도를 활용해 평점 4.0 이상인 관광지를 확인한다.
- ChatGPT에게 "도쿄의 대표 관광명소 10곳을 알려주세요"라고 요청해 보자.
- 수집한 정보를 바탕으로 엑셀을 활용해 관광 명소 목록표를 작성한다.

4 단계. 지역간 이동계획 수립

- 여러 도시를 여행할 경우에만 필요하다.
- 여기서는 도쿄에만 머무를 예정이므로 지역 간 이동계획은 생략한다.

5 단계. 세부 일정 확정, 일정표 작성

- 도착 시간, 귀국 시간, 방문 예정 관광지를 ChatGPT에게 알려주고 하루 일정을 짜달라고 요청한다.
- 표 형식으로 보여달라고 요청하면 한눈에 보기 쉽다.

6 단계. 로컬 교통편 탐색

- 나리타 공항에서 도쿄 시내로 가는 교통수단에 대해 조사하자.
- 요금, 소요 시간, 운행 간격, 예매 방법 등을 정리한다.
- 블로그 또는 AI 의 도움을 받아 정보를 확보하자.

7 단계. 호텔 예약

- 구글 지도에서 'APA Hotel'을 검색해 위치를 확인한다.
- 여행 기간을 설정하고, 지하철역과 가까운 숙소를 선택한다.
- 시내에서 가까울수록 요금이 비싸고, 외곽일수록 저렴하다.
- 첫 여행이므로 너무 외곽이 아닌 중심부 위주로 고른다.

8 단계. 시내교통 스터디

- ChatGPT에게 "도쿄의 시내 교통 시스템에 대해 알려주세요"라고 요청해 개요를 파악한다.
- 인터넷 검색으로 PDF 형식의 지하철 노선도를 확보한다.
- JR과의 연계나 환승 정보 등도 함께 조사한다.
- '도쿄 메트로 72시간권'에 대한 정보도 챙기자.

9 단계. 예약 현황 점검 및 출발 준비

- 지금까지 조사하고 수집한 자료를 정리한다.
- 책의 각 Step 마지막에 있는 체크리스트를 활용해 누락된 준비사항이 없는지 확인한다.

이렇게 하면 도쿄 3박 4일 자유여행을 위한 준비가 대부분 완료된다. 출국에서 귀국까지의 절차 역시 이 책을 참고하고, 필요한 경우 AI의 도움이나 인터넷 검색을 통해 차근차근 보완해 나가면 된다.
어떤가? 이제 여러분도 혼자서 충분히 해낼 수 있지 않은가?

PART Ⅱ

여행의 출발부터

귀국까지

Chapter 3

공항 이용

여행의 첫걸음은 공항으로 향하는 순간부터 시작된다. 설레는 마음과는 달리 출발 당일은 예상보다 분주하고 정신이 없다. 작은 실수로 당황하지 않으려면 미리 꼼꼼히 준비해두자.

출발 전 확인 사항

- 유효한 여권은 챙겼는가?
- 입국 비자 문제는 확인되었는가?
- 공항으로 가는 교통편은 확인했는가?
- 탑승 시간과 터미널 위치는 사전에 확인했는가?
- 기내 반입 금지 품목을 휴대용 수하물에 넣지 않았는가?
- 100ml를 초과하는 액체류를 휴대하지 않았는가?
- 입국하는 나라의 반입 금지 품목을 소지하지 않았는가?
- 현금과 신용카드는 챙겼는가?
- 휴대폰과 지갑은 챙겼는가?

공항 도착 시간

국제선은 출국심사를 거쳐야 하므로 국내선보다 출국 수속에 상대적으로 시간이 더 소요된다. 인천공항처럼 큰 공항은 출발 3시간 전에, 작은 공항이라도 최소 2시간 전에는 도착해야 한다. 국내선의 경우 1시간 전에 도착하면 여유롭지는 않지만 허둥대지는 않을 것이다.

공항으로 이동 시 지하철이나 기차는 소요 시간이 일정하지만, 버스나 택시는 교통 상황에 따라 시간이 지연될 수 있다. 가능하다면 지하철이나 기차를 이용하는 것이 좋다.

만약 새벽 시간대에 대중교통이 운행하지 않을 경우, 출발 전날 호텔 리셉션에 택시 예약 여부를 문의하거나 예약해 두는 것이 안전하다. 공항 근처의 무료 셔틀버스를 운영하는 호텔을 이용하는 것도 좋은 방법이다.

대부분의 공항은 건물의 맨 위층이 출국장, 1층이 입국장이다. 단층 구조라면 좌우로 공간이 구분된다. 출국장에 도착하면 전광판을 보고 이용할 항공사의 체크인 카운터를 찾는다. 출국 절차는 다음과 같다.

① 체크인 및 수하물 위탁
② 보안검색
③ 출국심사
④ 탑승구로 이동

체크인 및 수하물 위탁

체크인은 여권을 제시하고 예약된 항공권을 확인한 뒤 탑승권(보딩패스)을 발급받는 과정이다. 이때, 비자 소유 여부를 확인할 수도 있으며, 수하물이 있다면 위탁 절차도 함께 진행된다. 예약 확인서는 항공사에서 이미 보유하고 있으므로, 별도로 제시할 필요 없이 여권으로 확인하면 된다.

체크인은 체크인 카운터나 모바일, 키오스크를 통해 진행할 수 있다. 항공사 카운터에서 체크인을 하려면 공항에 도착해서 여러 전광판 중 '체크인 카운터'라고 쓰인, 탑승수속을 안내하는 전광판을 찾아야 한다.

전광판의 맨 오른쪽 열에 체크인 카운터 번호가 표시된다. 아래 그림에서 20:50에 출발 예정인 San Francisco행 아시아나항공 OZ212편의 체크인 카운터는 A03~C34 임을 알 수 있다.

Time	New	Flight	Codeshare	To	Counter
20:40	EVA AIR	BR 171	OZ 6875	KAOHSIUNG	D28-D34
20:45	JEJUair	7C 4409	H1 9966	HOL-PANGLAO Int. AIRPOF	L13-L36
20:50		OZ 212	SQ 5712	SAN FRANCISCO	A03-C34
20:50		MU 2922		NANJING	J11-J18

만약 위탁수하물이 없고 모바일 보딩패스를 받았다면 굳이 체크인 카운터를 방문할 필요가 없다. 최근에는 항공사의 비용 절감 및 효율성을 높이기 위해 셀프 체크인(키오스크 체크인)이 늘어나는 추세다.

체크인 방법별 특징

- 카운터 체크인 : 직원이 직접 체크인 절차를 도와주지만, 대기 시간이 길어질 수 있다.
- 키오스크 체크인 : 여권을 스캔하고 필요한 정보를 입력하면 보딩패스와 수하물 탁송표를 출력할 수 있다. 탁송표는 직접 수하물 손잡이에 부착한 후 컨베이어 벨트에 수하물을 올려두면 된다.
- 모바일 체크인 : 항공사 모바일 앱이나 웹사이트를 통해 체크인할 수 있으며, 보딩패스를 스마트폰에 저장해 사용할 수 있다. 모바일 탑승권이 있더라도 체크인할 수하물이 있으면 위탁(Bag Drop)을 해야 한다.

수하물 관련 사항

- 위탁수하물(Check-in Baggage)과 기내수하물(Carry-on Baggage)의 허용 기준은 항공사마다 다르다.
- 일반적으로 위탁수하물은 23~30kg, 기내수하물은 7~8kg까지 한 개씩 허용된다.
- 저가항공사의 경우 기내수하물 1개만 무료이며, 위탁수하물은 별도로 비용을 지불해야 하는 경우가 많다. 심지어 어떤 항공사는 기내용 수하물에 요금을 부과하기도 한다.
- 일부 항공사는 키오스크에서 체크인 후 승객이 직접 수하물표(Baggage Tag)를 출력해 부착하고 컨베이어 벨트에 올리도록 한다. 수하물표의 한쪽은 보딩패스 뒷면에 부착해 보관하는 것이 좋다. 분실 시 수하물을 찾는 데 필요하므로 반드시 잘 보관해 둬야 한다.

기타 체크인 관련 사항

- 연결 항공편의 보딩패스는 일반적으로 출발지 공항에서 발급되며, 환승 공항에서는 전광판을 통해 탑승구(보딩게이트 Boarding Gate)를 확인해야 한다.
- 탑승 마감 시간은 보통 국제선은 출발 45분 전, 국내선은 30분 전까지다.
- 체크인 카운터는 퍼스트, 비즈니스, 이코노미 클래스별로 운영되며, 이코노미 클래스 카운터는 대기 인원이 많아 줄이 길어질 수 있다.
- 사전에 모바일이나 웹 체크인을 완료한 경우, 수하물이 있다면 Bag

Drop 전용 카운터에서 빠르게 위탁할 수 있다. 일반 체크인 줄보다 대기 시간이 짧아 효율적이다.

체크인 Check-in

체크인은 특정 장소나 서비스를 이용하기 위해 도착을 공식적으로 알리고 등록하는 과정이다. 이는 서비스 이용의 시작점으로, 체크인을 통해 이용자의 도착과 서비스 이용이 공식적으로 기록된다.

체크인 시 이용자는 신분증이나 예약 정보를 제공하며, 서비스 제공자는 좌석 번호나 객실 번호 등 관련 정보를 안내한다. 이 과정은 항공편이나 호텔뿐만 아니라 페리, 병원, 행사장 등 다양한 장소에서 이루어진다. 대면 체크인 외에도 키오스크나 온라인을 통한 셀프 체크인 형태로 진행되기도 한다.

체크인은 단순히 도착을 알리는 절차를 넘어, 서비스 이용을 준비하는 중요한 과정이다. 이를 통해 서비스 제공자는 이용자를 효과적으로 관리할 수 있고, 이용자는 원활한 서비스를 받을 수 있다.

보안검색대로 이동

보안검색은 국내선과 국제선이 분리되며, 국제선이 더 엄격하다. 체크인을 마친 후 Domestic Departure(국내선 출발) 또는 International Departure(국제선 출발) 표지를 따라 이동하면 보안검색대에 도착한다.

보안검색대 입구에서는 대부분의 경우 보딩패스 소지 여부를 검사한다. 탑승권을 가진 사람만 그 지점을 통과할 수 있으며 이후로는 일방통행이다. 한 번 들어서면 돌아 나올 수가 없다.

국내선에는 출국심사대가 없지만, 국제선에는 Passport Control 또는

Immigration으로 표시된 출국심사대가 있다.

보안검색 절차

보안검색은 소지품 검사와 X-Ray 투시를 거친다. 이 구역에서는 사진 촬영이 금지되어 있다. 공항 규모에 따라 보안검색 소요 시간이 다르며, 대체로 최소 30분이 필요하다. 국제선은 대기 시간이 더 길 수 있다.

보안검색 과정에서도 본인 확인을 위해 여권과 보딩패스를 확인하는 경우가 많다.

출국 심사

출국 심사는 공식적으로는 그 나라를 떠나는 기록을 남기는 절차, 형식상으로는 여권에 출국 도장을 찍는 절차이다. 한 번에 한 사람씩 출국심사관 앞으로 가서 심사를 받는다. 최근에는 출국심사가 자동화되어 심사관을 거치지 않고 통과하는 곳도 많다.

정해진 체류기한을 넘긴 경우 이 단계에서 적발되어 벌금을 부과받을 수 있다.

내국인 vs 외국인 심사

대부분의 국가에서는 내국인과 외국인을 구분하여 심사하지만, 일부 국가에서는 동일한 절차를 적용한다. 우리나라와 여러 선진국은 내국인의 출국심사를 자동화해 여권 스캔만으로 처리 가능하다. 반면, 외국인은 대부분의 국가에서 출국심사 공무원과 대면 심사를 거쳐야 한다.

미국과 캐나다의 출국심사

미국과 캐나다는 출국심사 제도가 없다. 항공사는 출발 전에 승객의 여권 정보와 탑승 기록을 정부 기관에 전달하며, 이를 통해 출국 사실을 확인하고 기록한다. 체류 기한을 초과한 경우, 벌금이 부과될 수 있다.

보딩게이트 찾기

출국심사를 마치면 면세구역으로 이동하며, 항공사의 비즈니스 라운지도 이곳에 위치한다.

출국심사를 마친 이후에는 이후 전광판을 확인해 보딩게이트Boarding Gate를 찾아야 한다. 아래 그림에서 08:55에 상하이로 출발하는 MU 5052편의 보딩게이트는 130번임을 알 수 있다.

예정	편명	도착지	변경	탑승구
08:55	MU 5052	상하이/ 푸동		130 ←
08:55	CZ 510	상하이/ 푸동		130 ←
08:55	FM 5052	상하이/ 푸동		130 ←
08:55	KE 5879	상하이/ 푸동		130 ←

게이트 정보 확인

보딩패스에 게이트 정보가 적혀 있지만, 공항 상황에 따라 변경되는 경우도 발생하므로 최종적으로 전광판을 확인해야 한다. 여러 항공편이 같은 게이트를 이용하는 경우, 이는 공동운항(Code Share) 때문일 수 있다.

터미널 이동

터미널이 여러 개인 공항에서는 보딩게이트로 가기 위해 셔틀 버스나 기차를 이용해야 할 수도 있다.

라운지 이용

보딩게이트 탑승 전 라운지를 이용할 수 있는 경우도 있는데, 라운지는 항공사 전용 라운지와 사설 라운지로 구분된다.

- 항공사 라운지 : 비즈니스/1등석 승객만 이용 가능
- 사설 라운지 : 회원제로 운영되거나, 비용을 지불하면 이용이 가능하다. 신용카드 혜택으로 제공되는 라운지는 모두 사설 라운지이다.

탑승

탑승(보딩Boarding)은 좌석 등급 순서로 진행된다. 먼저 퍼스트 클래스와 비즈니스 클래스 승객이 탑승하며, 이후 이코노미 클래스 승객이 탑승한다. 이코노미 클래스 내에서도 좌석 위치에 따라 그룹으로 나뉘어 순서대로 진행된다.

  탑승 순서가 되면 자신의 좌석 번호를 확인하고 정해진 그룹에 맞춰 줄을 서서 기다렸다가 탑승하면 된다.

목적지까지 직항 항공편이 아닌 경우, 중간 공항을 경유하며 환승(Transfer)을 해야 한다. 이는 비행기를 갈아타는 과정으로, 특히 장거리 노선에서 흔히 발생한다. 이런 노선은 대체로 대형 항공사가 운행하며, 주로 허브 공항에서 환승이 이루어진다.

규모가 큰 공항에서는 터미널이 여러 개인 경우가 있다. 환승 시 터미널이 변경되면 걸어서 이동하거나, 공항 내에서 운행되는 버스나 기차를 이용해야 할 수도 있다. 티켓이나 보딩패스에 환승 터미널 정보가 명시되어 있으므로 이를 확인하고 해당 터미널로 이동하면 된다.

환승 자체는 특별히 어려운 과정이 아니지만, 처음 경험하는 사람에게는 쉽지 않을 수 있다. 특히 초보 여행자들은 환승의 복잡함이 혼자 여행하기를 주저하게 만드는 이유 중 하나라고 느낄 수도 있다.

환승게이트 찾기

비행기에서 내려 'Connections' 또는 'Transfer'라는 표지판을 따라 이동하면 환승 구역에 도착한다. 이곳에는 환승 정보를 표시하는 전광판이 설치되어 있어 쉽게 확인할 수 있다. 전광판은 공항 곳곳에 배치되어 있으며, 여기에서 항공편 번호, 목적지, 출발 시각을 확인하면 오른쪽 열에 보딩 게이트 정보가 표시된다.

출발지에서 받은 보딩패스에 환승게이트가 적혀 있을 수도 있지만, 게이트 번호는 변경될 가능성이 있으므로 전광판을 통해 계속 확인해야 한다. 게이트 번호를 확인했다면 공항 안내도를 참고해 해당 게이트로 이동하면 된다. 이동 중 추가적인 보안검색대를 통과해야 할 수도 있다.

환승 시 참고사항

대부분의 경우 환승 시에는 출입국심사를 거치지 않는다. 그러나 미국은 예외적으로 환승 과정에서 입국심사를 진행한다. 이 경우, 위탁 수하물을 찾아 보안검색대를 다시 통과한 후 입국심사를 받아야 한다. 이는 항공기 안전 및 보안을 강화하고, 마약 밀수 및 테러를 방지하기 위한 조치라고 한다. 예를 들어, 테러리스트가 환승 항공편으로 짐을 부치고 중간에 하차해 사라지는 경우를 방지하려는 목적이 있다. 참고로, 미국을 포함한 대부분의 공항에서는 연결 항공편 승객이 탑승하지 않으면 그 승객의 짐을 내린 후 비행기가 출발하도록 되어 있다.

미국 이외의 국가에서는 환승 구역에서 보안검색대만 거치면 되며, 만약 'Passport Control'이나 'Immigration' 표지판을 마주쳤다면 잘못된 경로로 진입했을 가능성이 크다. 공항은 출국 및 입국 승객의 동선이 겹치지 않도록 설계되어 있지만, 간혹 길을 잘못 들면 이런 상황이 발생할 수 있다. 이 경우, 왔던 길을 따라 환승 구역으로 되돌아가야 한다.

입국

입국 시 가장 먼저 진행하는 절차는 검역이다. 검역을 마친 후 입국심사, 수하물 찾기, 세관 검사를 거쳐 최종적으로 입국장으로 진입하게 된다.

CIQ(Customs, Immigration and Quarantine) Line

CIQ는 공항이나 항만을 통해 출입국할 때 반드시 거치는 세 가지 필수 절차를 의미한다.
- 세관(Customs) : 휴대 물품의 과세 관련 업무 처리
- 출입국 관리(Immigration) : 사람의 입출국 확인
- 검역(Quarantine) : 질병이나 생태계 교란 요인 차단

비행기에서 내리면 가장 먼저 검역을 거치고, 이어서 입국수속, 마지막으로 세관 검사를 진행한다. 이 절차는 국가마다 약간의 차이가 있을 수 있지만, 국제공항과 항만에서는 표준화된 방식으로 운영된다.

표준적인 입국 절차는 다음과 같다.

① 검역

② 입국심사

③ 수하물 찾기

④ 세관 검사

⑤ 입국장 진입

검역

검역(Quarantine)은 비행기에서 내려 입국심사를 받으러 가는 도중에 이루어진다. 일반적으로 코로나와 같은 비상 상황이 아닌 경우, 당사자가 특별히 의식하지 않아도 검역 절차는 자연스럽게 진행된다.

검역 담당자는 열감지 카메라로 체온이 높은 사람을 선별해 별도로 확인하며, 해당되지 않는 사람들은 그대로 통과한다. 전염병이 유행하는 시기에는 건강상태 질문서를 제출해야 하는 경우도 있다.

검역을 통과한 후에는 많은 여행자가 긴장하게 되는 입국심사로 이어진다.

입국 심사

입국 심사는 공항에서 가장 시간이 많이 걸리는 절차 중 하나로, 대부분 줄이 길게 늘어서 있다. 공항에서는 자국민과 외국인을 구분하여 심사를 진행하며, 외국인 여행자들은 대개 'Foreign Passports' 또는 'Other Country Citizens'라고 표시된 곳에 줄을 서야 한다.

입국 심사관은 대체로 관료적인 태도를 보이며, 친절하지 않은 경우가 많다. 고압적인 태도로 불쾌감을 줄 수도 있지만, 불만을 드러내거나 부정적인 태도를 보이면 심사가 지연될 수 있으니 주의해야 한다. 심지어 트집을 잡아 별도의 확인 절차를 요구받을 수도 있다.

줄을 기다리다 자신의 차례가 되면 여권을 제시하고, 사진 촬영이나 지문 스캔 절차를 거친다. 대부분의 경우 일행과 함께 입국했더라도 심사는 한 사람씩 따로 진행된다.

입국심사 시 주로 묻는 질문

입국심사관은 다음과 같은 질문을 주로 한다.
- "What is the purpose of your visit?" (방문 목적이 무엇입니까?)
- "How long are you planning to stay?" (얼마나 체류할 예정입니까?)
- "Do you have a return ticket?" (귀국 티켓이 있습니까?)
- "Where are you going to stay?" (어디에 머물 예정입니까?)
- "Do you have a hotel reservation?" (호텔 예약이 돼 있습니까?)
- "What is your occupation?" (직업이 무엇입니까?)
- "Is this your first visit?" (첫 방문입니까?)
- "Do you have a Visa?" (비자가 있습니까?)

이러한 질문들은 여행자의 방문 목적, 체류 기간, 숙박 계획, 직업 등을 확인하여 입국 적격 여부를 판단하기 위한 것이다. 입국심사를 원활히 통과하기 위해서는 이에 대한 간단하고 명확한 답변을 준비하는 것이 좋다.

일부 국가에서는 공항에서 비자를 발급받는 도착비자(Visa on Arrival) 제도를 운영하기도 한다. 이 경우 심사 전에 줄을 서서 비자를 구매해야 한다.

또한, 몇몇 공항에서는 출발지에서 미리 입국 심사를 진행하는 제도를 운영하고 있다. 예를 들어, 미국과 캐나다 간에는 U.S. Preclearance 제도를 통해 출발 전에 상대국의 입국 심사를 받을 수 있다. 이는 뉴욕 JFK, 토론토 피어슨 국제공항(YYZ), 벤쿠버 국제공항(YVR) 등 지정된 공항에서만 가능하며, 이를 통해 입국 시 소요 시간을 줄일 수 있다. 한국과 일본 간에도 유사한 제도를 도입하는 방안을 논의 중이나, 구체적인 시행 일정이나 공항은 아직 확정되지 않았다.

특별한 문제가 없으면 입국 심사관이 여권에 스탬프를 찍어주며, 이후 수하물 수령 절차로 이어진다.

수하물 찾기

수하물을 찾는 위치는 다음과 같은 방법으로 확인할 수 있다.

- 비행기 착륙 전 기내방송
- 검역소로 가는 중간에 있는 전광판
- 수하물 찾는 곳에 설치된 전광판

입국심사를 마친 후 'Baggage Claim' 표지판을 따라가면 된다. 전광판에서 해당 항공편의 수하물을 찾는 컨베이어 벨트(Baggage Claim Carrousel) 번호를 확인할 수 있다. 예를 들어, 오른쪽 그림에서 뮌헨에서 온 SQ 327편의 경우 43번이다.

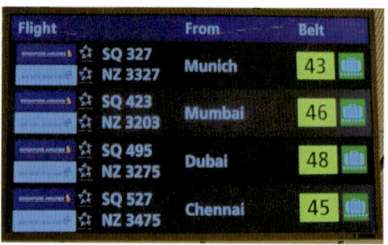

주의사항

수하물에 빨간색 또는 노란색 특별 딱지가 붙어있다면, X-Ray 스캔 과정에서 의심스러운 물건이 발견되었다는 표시이다. 이 경우 세관 통과 시 반드시 자진 신고해야 한다.

수하물을 찾지 못한 경우

- 'Baggage Claim Office' 또는 'Lost and Found'에 신고한다.
- 수하물의 생김새, 색깔, 크기 등을 설명한다.
- 다음 비행기로 수하물이 도착할 경우에 대비해 배달 받을 주소와 연락처를 남긴다.

짐 운반용 카트 Cart

공항에 따라 무료 또는 유료이며, 유료인 경우 대체로 $2 정도이다.

세관 신고

입국의 마지막 관문인 세관 신고는 다음과 같이 진행된다. 신고할 대상 물품은 비행기에서 나눠주는 세관신고서에 표시되어 있다.

주요 신고 대상

- US$10,000 이상의 현금
- 여행 중 구입한 면세품 합계액이 $800 초과될 경우(한국 기준)

신고 여부에 따른 통로 선택

- 신고할 것이 없다면 : 'Nothing to Declare'
- 자진 신고할 물건이 있다면 : 'Goods to Declare'

주의사항

- 신고 불이행 시 가산세와 벌금 부과될 수 있다.
- 수하물에 특별한 태그가 붙어있다면 반드시 신고해야 하는데, 가방을 열어 보여주고 세관 직원의 지시에 따라 행동하면 된다.

세관을 통과하면 모든 입국 절차가 완료된다. 이후 도착장으로 이동하게 되며, 이곳에서 마중 나온 사람들을 만날 수 있다.

환전과 SIM 카드 구입

환전

공항은 일반적으로 환율이 좋지 않은 곳이다. 가능하다면 시내에 도착한 후 환전하는 것이 유리하다. 하지만 불가피하게 공항에서 환전해야 할 경우, 다음 사항에 주의한다.

- 여러 환전소를 비교해 상대적으로 나은 곳을 선택한다.
- 수수료(Commission) 부과 여부를 꼼꼼히 확인한다. 특히 개발도상국의 일부 환전소는 이를 모호하게 표시하기도 한다.
- 필요한 만큼의 최소 금액만 환전한다.

SIM 카드 구입

국내 휴대폰을 로밍하지 않고 eSIM도 준비하지 않았다면 SIM 카드 구입이 필요할 수 있다. 다음 사항들을 고려하여 적절한 것으로 구입한다.

- 공항보다 시내에서 구입하는 것이 일반적으로 저렴하다.
- 선택 시 고려할 점 : 통신회사, 사용 기간, 데이터 용량, 음성 통화 가능 여부 등
- 일반적인 사용(YouTube 시청 제외)의 경우, 하루 200MB 정도의 데이터 용량이면 충분하다.

각자의 필요에 맞는 상품을 선택하되, 가격 비교를 통해 합리적인 구매를 하는 것이 중요하다.

체계적인 지출 기록

여행지에 입국하면서부터 비용 지출이 발생하기 시작한다. 이때부터 체계적인 지출 기록이 중요하다. 효과적인 방법은 휴대폰의 엑셀 앱을 활용하여 지출이 발생할 때마다 즉시 기록하는 것이다. 이렇게 하면 나중에 정산하기 쉽고, 항목별 분류도 간단하며, 추후 여행일기로도 활용할 수 있다.

기록 시에는 가급적 하루의 지출을 하나의 탭에 모아 기록하는 것이 좋다. 또한, 영수증을 꼼꼼히 보관하는 것도 잊지 말아야 한다. 이는 정확한 기록과 추후 확인을 위해 필수적이다.

여행을 마친 후에는 휴대폰에 기록한 엑셀 파일을 데스크탑이나 노트북으로 옮긴다. 그리고 날짜별로 만들어진 각 탭을 복사하여 하나의 파일로 통합하면 전

시간	항목	금액	결제
7:05	배낭 보관	12.00	Cash
7:15	Metro Ticket	6.10	Cash
8:00	Breakfast: Chamartin	18.00	Cash
10:10	Segovia Bus	4.00	Cash
11:00	Catedral	6.00	Cash
11:16	Cafe / Baño	2.50	Cash
12:10	Alcazar Admission	10.00	Cash
12:48	Melon	1.75	Cash
14:15	Lunch: Candido	63.00	우리V
14:36	Wine & Grocery	26.10	우리V
15:00	Taxi to Parador	6.00	Cash

체 여행 경비를 손쉽게 정리할 수 있다. 이러한 방식으로 지출을 관리하면 여행 경비를 효율적으로 파악할 수 있을 뿐만 아니라, 추후 여행 경험을 돌아보는 데도 유용하게 활용할 수 있다.

시내로 이동

공항에서 시내로 이동할 때는 대중교통이나 호출택시를 이용할 수 있다. 이동 방법을 선택하기 전에 몇 가지 중요한 사항을 고려해야 한다.

먼저, 비행기 출발 전에 도착 터미널을 확인하는 것이 중요하다. 일부 공항에서는 대중교통을 이용하기 위해 다른 터미널로 이동해야 할 수도 있다. 터미널 간 이동이 필요한 경우, 거리에 따라 도보나 무료 환승 버스, 지하철, 기차 등을 이용할 수 있다. 대중교통을 이용할 계획이라면 사전에 노선과 이용 방법을 숙지해야 한다. 이는 원활한 이동을 위해 필수적이다.

호출택시 이용은 간단해 보이지만 실제로는 상당한 경험과 센스가 필요하다. 특히 공항에서는 더욱 그렇다. 경험은 반복을 통해 쌓인다. 여러 번 시도해보는 수밖에 없다.

대기 중인 일반 택시 이용 시에는 더욱 주의가 필요하다. 특히 개발도상국에서 미터요금제로 운행하는 택시는 바가지 요금의 위험이 있으므로 각별히 조심해야 한다.

어떤 이동 수단을 선택하든 출발 전 충분한 조사와 준비가 필요하다. 이를 통해 안전하고 효율적인 시내 이동이 가능할 것이다.

*****

이제 슬슬 카메라를 꺼내 들 시간이 되었다. 먼저 카메라 시간대부터 설정해 두자. (「부록 06. 여행의 순간을 담다 : 디카 마스터하기」에 사진 촬영에 관한 기본적인 상식을 담았으니 참고하기 바란다.)

카메라 시간대 설정

디지털 카메라는 휴대폰과 달리 자동으로 시간대가 조정되지 않는다. 따라서 사용자가 직접 현지 시간대로 설정해야 한다. 이 설정은 여행 사진 관리에 중요한 역할을 한다.

시간대 설정의 중요성

- 정확한 촬영 시각 기록 : 올바른 설정을 하지 않으면 사진의 촬영 시각이 한국 시간으로 표시된다.
- 사진 정리의 용이함 : 휴대폰 사진과 함께 정리할 때, 잘못된 시간 설정은 사진 순서를 뒤죽박죽으로 만들 수 있다.

따라서 여행지에 도착하면 즉시 카메라의 시간대를 현지 시간으로 변경하는 것이 꼭 필요하다. 이는 여행 중 촬영한 사진들을 체계적으로 관리하고, 추후 여행 경험을 시간 순으로 정확히 되돌아볼 수 있게 해준다.

Chapter 4

현지 관광

호텔 이용

호텔에 도착하여 체크아웃할 때까지, 알아두면 도움이 되는 실용적인 호텔 이용 팁을 정리했다. 현장에서 침착하게, 효율적으로 호텔 서비스를 활용해보자.

체크인 : 여행의 시작을 편안하게

호텔 체크인은 여행의 첫인상을 좌우하는 중요한 순간이다. 대부분의 호텔에서는 예약 정보가 시스템에 등록되어 있어, 리셉션에서 여권과 예약자 이름만 제시하면 간단하게 체크인이 가능하다.

- 객실 확인 : 직원은 투숙 기간, 인원, 객실 유형을 확인한 뒤 룸키를 발급한다. 이때 예약한 객실 유형과 실제 배정된 객실이 일치하는지 반드시 확인하자.
- 보증금(Deposit) : 많은 호텔이 신용카드로 일정 금액을 보증금으로 승인받는다. 체크아웃 시 문제가 없으면 자동으로 승인이 취소된다.
- 중요 정보 확인 : 와이파이 접속 방법, 조식 포함 여부와 식당 위치, 운영 시간, 수영장이나 사우나 등 부대시설 이용 가능 여부를 이 시점

에 함께 확인해두면 편리하다.
- 현지 정보 수집 : 리셉션에 문의하면 주변 맛집, 교통편, 관광지 등에 대한 유용한 정보를 얻을 수 있다.
- 기타 옵션 요청 : 조기 체크인이나 레이트 체크아웃이 필요한 경우, 미리 요청하면 유연하게 조정해주는 호텔도 많다.
- 셀프 체크인 : 일부 호텔은 모바일 앱이나 키오스크를 통한 셀프 체크인 서비스를 제공하므로, 보다 빠르고 간편하게 체크인할 수 있다.

신용카드 승인내역과 이용내역

신용카드 사용 시 승인내역과 이용내역은 서로 다른 개념이다. 이 둘의 차이를 이해하는 것은 해외여행 중 금전 관리에 중요하다.

승인내역은 카드사가 거래를 승인한 기록이다. 이는 실제 청구될 금액과 다를 수 있다. 예를 들어, 호텔에서 보증금을 예치하거나 주유소에서 예상 최대금액을 일시적으로 승인받는 경우가 있다.

반면 이용내역은 실제로 카드대금이 청구된 거래의 기록이다. 이는 최종적으로 결제된 금액을 나타낸다. 따라서 승인된 모든 금액이 반드시 청구되는 것은 아니다.

또한, 환율 변동으로 인해 승인내역과 이용내역 간 금액 차이가 발생할 수 있다. 이는 승인 시점과 실제 청구 시점의 환율이 다를 수 있기 때문이다.

여행자는 이러한 차이를 인지하고 카드 사용 내역을 주의 깊게 확인해야 한다. 특히 귀국 후 카드 명세서를 꼼꼼히 검토하여 예상치 못한 청구가 없는지 확인하는 것이 중요하다.

체크아웃 : 깔끔하게 마무리하기

체크아웃은 호텔을 공식적으로 떠나는 절차로, 객실 상태 확인과 요금 정산이 이루어진다.

- 정산 절차 : 룸서비스나 미니바 등 추가 이용 내역이 있을 경우, 체크아웃 시 최종 정산된다.
- 룸키 반납 : 룸키를 반납하면 직원이 객실 상태를 확인한 뒤, "You are all set."이라는 안내와 함께 체크아웃이 완료된다.
- 영수증 수령 : 최종 영수증은 반드시 챙기자. 드물게 청구 오류가 발생하는 경우가 있어 확인용으로 필요하다.

체크아웃 Check-out

체크아웃은 특정 장소나 서비스 이용을 마치고 공식적으로 퇴장 또는 이용 종료를 알리는 과정이다. 이는 서비스나 시설 이용이 끝났음을 공식적으로 확인하는 절차라고 할 수 있다.

호텔이나 일부 서비스의 경우, 체크아웃 과정에는 다음과 같은 절차가 포함될 수 있다.

- 추가 비용 정산
- 객실 키 반환
- 대여 물품 반납

체크아웃이라는 용어는 호텔에만 국한되지 않고 다양한 상황에서 사용된다.

- 도서관 : 책을 대출할 때
- 온라인 쇼핑몰 : 결제를 완료할 때
- 렌터카 : 차량을 반납할 때
- 캠핑장 : 이용을 마치고 떠날 때
- 병원 : 퇴원 절차를 밟을 때

이처럼 체크아웃은 '대출하다', '인수하다', '결제하다', '확인하다' 등의 의미로 폭넓게 사용되며, 공통적으로 어떤 과정의 마무리 단계나 물건을 가져가는 행위를 나타낸다.

체크아웃 후 짐 보관

이동 전 시간이 남는 경우, 체크아웃 후 호텔에 짐을 맡겨두는 것이 일반적이다.

- 대부분의 호텔은 무료 또는 소액으로 짐 보관 서비스를 제공한다.
- 짐을 맡기면 받은 짐표를 잘 보관했다가, 짐을 찾을 때 꼭 제시하자.
- 짐을 찾을 때 직원에게 약 $1 정도의 팁을 주는 것도 좋은 매너다.
- 일부 호텔은 짐 보관에 별도 요금을 부과하므로, 사전에 확인해두는 것이 좋다.

짐을 안전하게 지키고 사기를 예방하는 일은 여행의 자유를 지키는 일이다. 단순한 팁을 넘어서, 여행자의 생존 기술로서 꼭 익혀두자.

안전하고 효율적인 짐 보관

여행 중 짐을 잘 관리하면 이동이 훨씬 수월해진다. 호텔 체크아웃 후 다음 목적지로 이동하기 전이나, 짐이 부담스러울 때는 다음과 같은 보관 옵션을 고려하자.

- 호텔 짐 보관 서비스 : 대부분의 호텔에서는 체크아웃 후에도 무료로 짐을 보관해준다. 이용 가능 여부는 미리 확인하자.
- 기차역 코인락커 : 대형 기차역에 설치된 락커는 편리하지만, 위치를 찾기 어려울 수 있다. 찾기 쉽게 주변 사진을 찍어두거나 정확한 위치를 기록해두자.
- 사설 보관소 : 'Luggage Storage'로 검색하면 근처의 보관소를 확인할 수 있다. 일부는 무인 시스템으로 운영되는데, 문제가 생기면 출발이 지연될 수 있다는 점을 감안하자.

- 식당 짐 보관 : 일부 카페나 한식당 등에서 손님을 대상으로 짐을 맡아주는 경우도 있다.

짐을 맡길 때는 보안 수준을 확인하자. 외형상 허술해 보이는 곳은 피하는 것이 좋다.

분실과 도난을 막고 안전하게 짐을 관리하기 위해서는 평소 다음과 같은 습관을 갖는 것이 필요하다.

- 잠금장치 필수 : 지퍼가 잠기는 가방을 사용하고, TSA 승인 자물쇠나 케이블타이로 추가 보안을 더하자.
- 귀중품은 몸에 지니기 : 여권, 현금 등은 가방이 아닌 복대에, 휴대폰은 안쪽 주머니에 보관하자.
- 비상 연락처 기재 : 짐표나 가방 안쪽에 본인의 연락처를 남겨두면 분실 시 신속한 대응이 가능하다.

사기·도난 예방 : 여행자의 실전 대응법

여행지에서는 사기와 절도 수법이 참으로 다양하다. 미리 파악하고 상황별 대응책을 익혀두자.

도난 수법과 대응법

- 주의 분산형 : '비둘기 똥이 묻었다'며 닦아주는 척 접근하거나, 서명 요청, 기부 권유, 길 안내 요청 등을 빙자해 소지품을 훔친다.
- 혼잡 지역 절도 : 지하철, 버스 등에서 가방을 슬쩍하거나 칼로 가방을 잘라 훔친다.

- 강도·협박형 : 카메라 스트랩이나 목걸이를 강제로 끊거나 위협적인 분위기를 조성해 물건을 빼앗는다.
- 기타 수법 : 수면제를 탄 음료수를 건네거나, 좌석 시비를 유도하거나, 사진 촬영을 부탁하며 접근하는 방식도 있다.

예방 수칙 요약

- 휴대폰은 잠금장치가 있는 옷 주머니에 보관한다.
- 가방은 되도록 앞으로 메고, 지퍼는 반드시 잠근다.
- 현금, 여권, 신용카드는 복대에 보관한다.
- 낯선 사람의 접근에는 항상 경계심을 유지한다.
- 지나치게 친절하거나 수상한 사람과는 거리를 둔다.

환전 사기 예방

관광지나 개발도상국에서는 환전과 관련된 사기도 빈번하다. 대표적인 수법은 다음과 같다.

- 환율을 속이거나 과도한 수수료를 청구
- 지폐 바꿔치기나 고액권 일부 누락
- 위조지폐를 건네거나 고의로 계산을 잘못하는 방식의 사기
- 환전 중 돌연한 태도 변화와 위협

안전한 환전을 위한 4대 수칙

- 환전 전에 XE 앱이나 포털에서 환율을 미리 확인한다.

- 공식 은행이나 인증된 환전소를 이용하고, 길거리 환전은 피한다.
- 환전 직후 금액을 확인하고, 계산기 사용을 요청한다.
- 영수증은 반드시 챙겨둔다.

짐 관리와 사기 예방은 여행의 안전을 지키는 데 꼭 필요한 기본이다. 이러한 기본을 지키고 경계심을 유지한다면 낯선 도시에서도 한층 여유롭고 안전하게 여행할 수 있다.

현지
미식 체험

여행에서의 식사는 단순히 끼니를 해결하는 것을 넘어 '그 지역의 삶'을 맛보는 일이다. 현지 식당과 카페를 탐방하고, 낯선 음식을 주문해보고, 때로는 와인 한 잔의 여유를 즐기는 그 모든 과정이야말로 여행의 참맛을 완성해주는 특별한 경험이다.

현지의 진짜 맛을 만나는 방법

낯선 도시에서 맛집을 찾는 일은 항공권 예매나 호텔 예약처럼 복잡하지 않고, 그날그날의 일정에 따라 유연하게 결정할 수 있다. 중요한 건 '신뢰할 수 있는 정보원'을 얼마나 잘 활용하느냐다.

- 구글 지도 활용 : 구글 지도에서 ★4.0 이상, 리뷰 수가 많은 식당은 실패 확률이 낮다. 지도만 열어도 주변 음식점을 쉽게 찾을 수 있다. 더 깊이 있는 활용법은 「부록 03. 구글 지도 100% 활용하기」에서 자세히 다룬다.
- 현지인 추천 : 택시 기사, 호텔 직원, 시장 상인 등 현지인이 자주 가는 식당은 관광객을 위한 상업적 맛집보다 진짜배기인 경우가 많다.

용기 있게 물어보자.
- 관광 안내 및 커뮤니티 정보 : 지자체의 공식 관광 홈페이지, 여행 블로그, 네이버 카페 같은 온라인 커뮤니티는 최신 정보를 얻기에 유용하다. 검색창에 '00지역 맛집'만 입력해도 꽤 믿을 만한 후기를 찾을 수 있다.
- 시장 탐방 : 전통 시장이나 로컬 재래시장은 현지 식문화를 가장 생생히 느낄 수 있는 곳이다. 음식뿐 아니라 분위기까지 함께 즐길 수 있다.
- **AI**의 추천 : "○○ 지역의 숨은 맛집 알려줘"처럼 물어보면, 요즘 AI는 꽤 실용적인 추천을 해준다. 구글 리뷰까지 확인할 수 있다면 더욱 유용하다.

카페 문화와 디저트 탐방

카페는 단순히 커피를 마시는 곳이 아니라, 그 도시의 일상과 감성, 여유가 자연스럽게 드러나는 공간이다. 여행 중 피로한 몸을 잠시 쉬어갈 수 있는 아늑한 쉼터이자, 도시의 결을 느끼는 감성적 무대다.
- 카페 탐방 : 출발 전 카페 정보를 스터디해두면 현지에서 선택이 한결 수월해진다. 구글 지도에서 평점 4.5 이상을 검색하거나, "○○ 지역의 유명한 카페 세 곳만 추천해줘" 같은 식으로 AI에게 물어보는 것도 효과적이다. 여기에 달콤한 케이크 한 조각이 더해지면, 그날의 여행은 한층 부드럽게 기억된다.
- 디저트와 브런치 : 브런치는 각 도시의 개성을 가장 맛있게 표현한다.

정성껏 만든 디저트와 함께하는 여유로운 한 끼는, 여행의 리듬을 천천히 조율해주는 작은 사치다.

여행자를 위한 실전 조언

- 인기 맛집 공략법 : 웨이팅을 피하려면 오픈 시간에 맞춰 방문하자. 점심이든 저녁이든 혼잡 시간대를 피하는 것이 기본이다. 예약이 가능한 곳이라면 반드시 예약하고 가자.
- 메뉴판 없는 식당 대응법 : 사진이 있는 메뉴판이 없다면, 구글 지도 리뷰 사진을 참고하거나, AI에게 "이 식당 대표 메뉴 알려줘"라고 물어보자. 음식 사진을 AI에게 보여주고 설명을 요청하는 것도 가능하다.

여행지에서의 식사와 카페 경험은 단순한 끼니를 넘어서, 그 도시를 '맛'으로 기억하게 하는 결정적인 순간이다. 구글 지도, 지역 정보, 현지인의 조언, 그리고 열린 마음만 있다면 누구나 미식 여행자가 될 수 있다.

여기에 음식 주문 방법과 테이블 매너에 대한 기본적인 상식까지 갖춘다면, 현지 문화를 더욱 깊이 이해하며 진정한 미식 경험을 누릴 수 있다. 여행 중 현지의 맛을 제대로 즐기는 데 필요한 상식을 「부록 08. 음식의 주문과 테이블 매너」에 담았다.

관광지와 명소는 여행의 핵심이자 하이라이트다. 그러나 단순히 '가는 것'만으로는 만족스러운 경험이 되지 않는다. 명소를 얼마나 효율적으로, 깊이 있게 즐기느냐는 철저한 준비와 현장 판단, 그리고 여행자의 태도에 달려 있다. 아래의 노하우들을 참고해 더 가치 있는 여행을 설계해보자.

사전 예약과 일정 관리

인기 관광지는 사전 예매가 필수다. 온라인 티켓 예매를 통해 장시간 대기나 조기 매진을 피할 수 있고, 때로는 할인 혜택도 받을 수 있다. 특히 성수기, 주말, 공휴일에는 현장 구매가 어려운 경우가 많으니, 일정이 확정되면 바로 예매하는 것이 좋다.

  일정 계획에서는 '욕심'보다는 '우선순위'가 중요하다. 이동 거리, 관람 소요 시간, 여유 시간을 충분히 고려해 무리하지 않는 일정을 세우자. 반드시 가고 싶은 장소 몇 곳에 집중하고, 나머지는 현장에서 유동적으로 조정하는 것이 현명하다.

  관광지마다 방문하기 좋은 시간이 다르니, 일반적으로 오전이나 평일을 선택하면 한산하고 쾌적하게 관람할 수 있다. 무료 개방일에는 방문객이 몰려 혼잡할 수 있으니, 시간 대비 효율을 따져 방문 여부를 결정하자.

　여러 명소를 방문할 예정이라면 동선 설계가 중요하다. 구글 지도 등을 활용해 명소 간 거리와 교통편을 미리 파악하고, 대기 시간이 긴 테마파크나 박물관은 패스트트랙, 모바일 앱의 실시간 정보를 적극 활용해 효율적으로 움직이자.

준비물 챙기기와 정보 수집

명소 관람에는 적절한 준비가 필요하다.

- 기본 준비물 : 편한 신발, 날씨에 맞는 복장, 물, 간단한 간식, 스마트폰 또는 카메라
- 환경 대응 : 자외선이 강한 지역이라면 모자나 선크림, 날씨 변화가 심한 곳이라면 우산이나 얇은 겉옷도 챙기자.

　단순한 '관광'이 아니라 '이해'의 수준으로 여행을 끌어올리고 싶다면 사전 조사는 필수다.

- AI에게 "○○에서 꼭 봐야 할 작품 10가지 알려줘"처럼 질문하거나,
- 공식 홈페이지, 여행 블로그, 현지 가이드 리뷰 등을 참고하자.

　구글 지도를 이용해 명소 위치를 미리 저장해두면 동선 짜기가 훨씬 수월하다.

사진 촬영과 관람 에티켓

사진은 여행의 소중한 기록이지만, 공공장소에서는 촬영 예절이 중요

하다.
- 혼잡한 장소에서는 삼각대나 셀카봉 사용 자제
- 빠르게 촬영한 뒤 자리에서 물러나는 배려도 필요

특히 타인의 얼굴, 종교 시설, 예술작품 등을 찍을 때는 촬영 허용 여부를 반드시 확인하자. 안내문을 주의 깊게 읽고, 촬영 금지 구역에서는 규칙을 꼭 지키는 것이 중요하다.

소지품 관리 및 현지 문화 체험

관광지에서는 분실이나 소매치기 위험이 늘 존재한다. 아래의 기본 원칙을 지키면 안전하게 여행을 즐길 수 있다.
- 가방은 몸 앞으로 매고
- 귀중품은 분산 보관
- 현금은 최소한만 소지
- 고가 물품은 숙소 금고에 보관

특히 미술관이나 박물관에서는 작품 보호를 위해 가방을 앞으로 매도록 안내하는 경우가 있으니, 입장 전 주의사항을 꼭 확인하자. 또한, 비상 상황에 대비해 아래 사항들을 스마트폰과 클라우드에 이중 저장해두는 것이 좋다.
- 현지 긴급 연락처
- 여권 사본
- 여행자 보험 정보

한편, 유명 관광지만 둘러보는 여행은 어디서나 비슷하게 느껴질 수 있으므로, 일정의 일부는 '현지의 삶'을 체험하는 데 할애해보자. 뮤지컬, 오페라, 스포츠 경기, 지역 축제 같은 문화 행사에 참여하거나, 시장, 골목길, 공원, 로컬 카페에서 머무는 시간은 예상치 못한 감동을 줄 수 있다.

또한, 가이드 투어나 오디오 가이드를 활용하면 명소의 역사와 배경을 더 깊이 이해할 수 있다. 요즘 유명 여행지에는 한국어 가이드가 안내하는 투어도 많고, 한국어로 된 오디오 가이드도 많다.

관광지에서의 경험은 단순한 '기록'이 아니라, 여행의 진정한 깊이를 결정짓는 요소다. 철저한 준비와 효율적인 전략, 그리고 현장에 대한 존중과 열린 마음만 있다면, 명소는 단순한 장소를 넘어 '기억의 중심'이 되어줄 것이다.

여행은 낯선 세계로의 문을 여는 일이다. 그러나 그 문 너머에는 예상치 못한 위기 상황이 도사리고 있을 수 있다. 병원에 실려가거나, 지갑을 도난당하거나, 여권을 잃어버리는 일은 누구에게나 일어날 수 있다. 위기는 예고 없이 찾아오는 만큼, 그에 맞선 준비는 철저해야 한다.

여기서는 응급상황에 현명하게 대처하는 법과 더불어, 현지인과의 소통을 통해 여행을 더욱 안전하고 풍요롭게 만드는 방법을 소개한다.

위기에 강한 여행자를 위한 사전 준비

응급 상황에 대한 대비는 출국 전 비상 연락망 정리부터 시작된다. 여행지의 우리나라 대사관 및 영사관 연락처, 여행자 보험사의 24시간 대응 번호를 스마트폰과 클라우드 양쪽에 기록해두자.

여행자 보험은 필수다. 의료 응급, 도난, 사고를 포괄하는 보험에 가입하고, 보험 증서와 번호는 스마트폰과 클라우드에 저장해두자. 인터넷이 되지 않을 상황도 대비해, 오프라인에서도 확인할 수 있도록 준비하는 것이 좋다.

비상 키트도 챙기는 것이 좋다. 해열제, 소화제, 밴드 등 기본 구급약과 복용 중인 약, 보조배터리, 오프라인 지도 등을 준비하자. '사용할 일이 없기를 바라는' 준비물이지만, 막상 필요할 때 없으면 큰일 난다.

침착함이 생명이다

가장 대표적인 응급상황은 의료 응급이다. 사고나 급성 질환이 발생했다면 즉시 응급실을 찾아가고, 동시에 보험사에 연락하자. 병원에서는 진료비 선불을 요구하는 경우가 많으니 신용카드나 현금도 준비해두자. 여권, 복용 약 목록 등을 챙기는 것도 잊지 말자.

 도난이나 범죄 피해를 입었을 경우에는 즉시 경찰에 신고하고, 사건 보고서(Police Report)를 받아야 한다. 이 서류는 보험금 청구, 카드 정지, 대사관 조력 요청 등에 필수다.

 여권 분실 시에는 대사관이나 영사관을 방문해 임시 여권을 발급받고, 귀국 절차를 밟아야 한다. 여권 사본과 여권용 사진을 미리 챙겨두면 절차가 훨씬 수월하다.

언어보다 중요한 태도

비상상황에서는 언어 장벽이 더 크게 느껴진다. 다행히 구글 번역이나 파파고 등 실시간 번역 앱들이 큰 도움이 된다. 다만 인터넷이 되지 않는 상황에 대비해, 자주 쓰는 언어팩은 사전에 다운로드해 두자.

 하지만 언어보다 더 강력한 건 비언어적 표현이다. 손짓, 표정, 그림 등으로도 상황은 충분히 전달된다. 말을 걸 때는 천천히, 또박또박, 간결한 문장으로 설명하면 상대방의 이해를 돕는다.

사람과의 연결 : 안전을 넘은 여행의 깊이

응급상황뿐 아니라, 일상 속에서도 현지인과의 소통은 여행을 더 풍요롭게 만든다. 이를 위해서는 기본적인 문화 예절을 존중하는 태도가 필요하다. 지역별 복장 규정, 인사법, 사진 촬영 금지 여부 등을 미리 파악하고, 무심코 한 행동이 실례가 되지 않도록 하자.

시장, 카페, 길거리 등에서 "Hello!", "Hola!", "Bonjour!" 같은 짧은 인사를 건네보자. 작은 한마디가 현지인과의 거리를 줄이고, 그 도시의 공기를 더 깊게 느끼게 해준다.

마지막으로 문화 차이에 대한 열린 자세를 갖자. 종교, 정치 등의 민감한 주제는 피하고, 지역별 금기 표현이나 제스처는 사전에 숙지하자. 낯설고 불편한 풍경 앞에서도 '다름'을 '틀림'으로 판단하지 않는 태도야말로 여행자가 아닌 진정한 손님이 되는 길이다.

여행의 안전은 위기 상황에 침착하게 대처하는 능력에서 비롯되고, 여행의 깊이는 현지인과 적극적으로 소통하는 경험에서 자란다. 철저한 준비와 열린 마음을 가진 여행자만이 낯선 땅에서도 흔들림 없이, 편한 마음으로 머무를 수 있다.

Chapter 5
여행의 마무리

정산

매일 휴대폰 엑셀에 기록한 지출 내역은 카카오톡이나 이메일을 통해 PC로 쉽게 옮길 수 있다. 이를 통해 키보드가 있는 환경에서 편리하게 작업할 수 있다. PC로 옮긴 후 다음과 같은 절차로 정산을 진행한다.

① 각 날짜별 탭을 하나로 통합한다.
② 날짜열과 항목구분 열을 새로 추가한다.
③ 아래와 같은 형식의 '날짜별 지출 내역' 표를 작성한다.

날짜	시간	지출 구분	지불 형태	내용	TWD
2025-02-12	23:45	교통비	Cash	지하철 (가오슝공항 -> 호텔)	140
2025-02-13	9:12	교통비	신한7067	교통카드 @ 7/11	400
2025-02-13	9:13	교통비	Cash	교통카드충전	1,600
2025-02-13	9:53	교통비	Cash	Ferry (가오슝 -> Cijin)	60
2025-02-13	10:49	간식비	Cash	커피 @ Cijin	240
2025-02-13	11:33	교통비	Cash	Ferry (Cijin -> 가오슝)	60
2025-02-13	11:55	교통비	Cash	택시	110
2025-02-13	12:40	식비	Cash	항원우육면	560
2025-02-13	15:30	교통비	Cash	택시	110

일일 지출 기록에 포함되지 않은 항공권이나 렌터카 비용 등은 수작업으로 추가하여 총 지출을 항목별로 구분한다.

이렇게 정리한 데이터를 바탕으로 다음과 같은 표를 만들 수 있다. 엑셀의 피벗차트 기능을 이용하면 간단한데, 익숙치 않은 사람은 약간의 수작업으로도 작성이 가능하다.

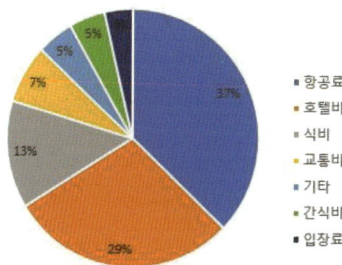

여행 중 비용을 지출할 때마다 휴대폰 엑셀에 기록하고, 여행을 마무리하는 단계에서 이를 정리하여 정산하면 다양한 각도에서 지출을 점검할 수 있다. 이는 향후 여행 계획 수립에도 유용한 자료가 될 수 있다.

여행 사진의 정리

여행 중 휴대폰과 디지털 카메라로 촬영한 사진들은 파일명 형식이 달라서 정리하는 데 어려움이 있을 수 있다.

파일명 형식의 차이

- 안드로이드 휴대폰 : yyyymmdd_hhmmss.jpg(연월일_시분초)
- 디지털 카메라(Canon 카메라의 경우) : IMG_nnnn.jpg

이렇게 형식이 다른 사진들을 한 폴더에 관리할 때는 다음과 같은 방법을 사용하면 효과적이다.

① 사진 정렬 : 컴퓨터 파일관리자의 '찍은 날짜' 항목을 기준으로 사진을 정렬한다.

② 사진 선별 및 관리 : 마음에 드는 사진을 골라 'My Picks'와 같은 별도 폴더에 저장한다.

이러한 방식으로 사진을 정리하면 촬영 시간 순서대로 볼 수 있고, 나중에 원하는 사진을 쉽게 찾을 수 있다.

이름	찍은 날짜	수정한 날짜	유형	크기
20220906_111837.jpg	2022-09-06 오전...	2022-09-07 오전 2:18	JPG 파일	1,561KB
20220906_111843.jpg	2022-09-06 오전...	2022-09-07 오전 2:18	JPG 파일	1,218KB
20220906_125850.jpg	2022-09-06 오후...	2022-09-07 오전 3:58	JPG 파일	1,855KB
IMG_2675.JPG	2022-09-06 오후...	2022-09-06 오후 2:51	JPG 파일	4,591KB
IMG_2679.JPG	2022-09-06 오후...	2022-09-06 오후 2:52	JPG 파일	5,035KB
20220906_202318.jpg	2022-09-06 오후...	2022-09-07 오전 11:23	JPG 파일	2,146KB
20220906_202336.jpg	2022-09-06 오후...	2022-09-07 오전 11:23	JPG 파일	1,611KB
IMG_2747.JPG	2022-09-06 오후...	2022-09-06 오후 8:46	JPG 파일	5,032KB
IMG_2748.JPG	2022-09-06 오후...	2022-09-06 오후 8:46	JPG 파일	4,983KB

또한, PC나 USB로 파일을 복사할 때 '만든 날짜'가 변경되는 문제도 '찍은 날짜' 기준으로 정렬하면 간단히 해결된다.

PART III

실전으로 만나는

자유여행

Chapter 6

멕시코 여행 설계

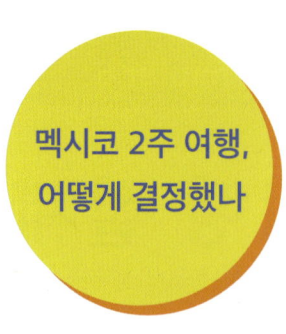

멕시코 2주 여행, 어떻게 결정했나

뉴욕에서 일하는 둘째 딸을 방문하는 것을 계기로 약 2주간의 일정으로 인근 국가들을 여행해 보기로 했다. 마음속에 그려본 여정은 크게 세 가지로 나뉘었다.

첫 번째 시나리오는 카리브해의 햇살 아래 펼쳐진 매혹적인 섬나라들을 누비는 여정이다. 아이티, 도미니카공화국, 푸에르토리코, 자메이카 — 각기 다른 매력을 지닌 이 국가들을 하나하나 경험하며 푸른 바다와 열대의 정취를 만끽하는 그림 같은 일정이다.

두 번째는 미국 본토의 심장부, 그동안 쉽게 다가가지 못했던 중부 도시들을 탐방하는 여정이다. 딸의 집에서 시차 적응도 할 겸 잠시 머문 뒤, 귀국길에 오하이오 주의 신시내티, 인디애나 주의 인디애나폴리스, 미주리 주의 세인트루이스와 캔자스시티를 잇달아 들른다. 이어 유타 주의 아치스 국립공원, 캐니언랜즈 국립공원, 캐피톨리프 국립공원 등 미국 서부의 장대한 자연을 둘러보고, 마지막으로 로스앤젤레스를 거쳐 한국으로 돌아오는 일정이다.

세 번째는 멕시코로의 문화 탐방 여행이다. 유카탄 반도의 찬란한 문명 유적지와 멕시코시티 인근의 고대 도시들을 돌아보는 일정으로, 태양과 전통, 이국적인 정취가 어우러지는 여정이다.

Mexico City와 CDMX / 에스파뇰 발음의 기초

'Ciudad de Mexico(씨우닷 데 메히꼬)'는 멕시코시티의 스페인어 명칭으로, 현지에서는 줄여서 'CDMX'라고 부른다. 택시, 지도, 인터넷 검색에서도 널리 사용된다. 영어 발음은 '멕시코'지만 현지 발음은 '메히꼬'다.

현지 발음 얘기가 나온 김에 에스파뇰 발음의 기초에 대해 알아두자.

- 모음은 영어 발음기호 그대로 발음(a, e, i, o, u)
- 2음절 이상의 모든 단어에는 강세
  - 모음 또는 n, s로 끝나는 단어는 뒤에서 두 번째 음절에 강세
  - 나머지는 마지막 음절에 강세
    * 다만, 1음절이라도 강세 표시가 있는 단어는 표시된 음절에 강세
- p, t는 항상 된소리 발음([쁘], [뜨])
- gue, gui는 [게], [기]로, que, qui는 [께], [끼]로 발음
- z는 [ㅈ]이 아니라 [쓰]에 가까운 발음(일부 지역에서는 [ㅅ] 발음)
- c 다음에 모음 e, i가 오면 [쎄], [씨]로, a, o, u가 오면 [까], [꼬], [꾸]로 발음
- g 다음에 모음 e, i가 오면 [헤], [히]로, a, o, u가 오면 [가], [고], [구]로 발음
- ll은 [y]처럼 발음
- h는 '항상' 묵음으로, 발음하지 않음
- j는 [ㅎ] 발음
- x는 'ㅎ'으로 발음하는 경우도 있음('멕시코' 대신 '메히꼬')

이렇게 세 가지 방안을 놓고 심사숙고에 들어갔다.

우선 카리브해 연안 국가들을 아우르는 첫 번째 안은 항공편 이동이 잦고 동선 짜기가 까다로운 데다, 시간과 비용이 지나치게 많이 든다는 현실적인 벽에 부딪혔다. 매력적인 일정임에는 틀림없지만 다음 기회에 대상

국가를 줄여 보다 여유로운 방식으로 시도해 보는 것이 바람직하겠다.

두 번째 안, 미국 내 도시 여행은 아무래도 '해외 여행'이라는 설렘과는 다소 거리가 있다. 언젠가는 중부의 주요 도시들을 차근차근 돌아볼 날이 오리라 믿으며, 이 역시 다음 기회로 미루기로 했다. 그랜드캐년 인근의 국립공원들도 마찬가지로 마음 한구석에 잠시 접어두었다.

결국 선택은 세 번째 안으로 기울었다. 멕시코의 주요 지역을 중심으로 한 여정이 이번 여행의 방향으로 결정되었다. 우리에게 주어진 전체 일정은 최대 2주 안팎인데, 무엇보다도 2년 만에 만나는 딸과 며칠은 뉴욕에서 함께 시간을 보내야 한다. 여행의 정확한 시기는 항공료를 조사하는 과정에서 자연스럽게 확정될 것이다.

항공권 발권과 예산 짜기

이번 여행의 가장 큰 특징은 출발지와 도착지가 한국이 아니라 미국 뉴욕이라는 점이다. 그에 따라 항공권 설계는 조금 더 유연하면서도 전략적으로 접근해야 했다. 메인 구간의 항공 여정은 △ 뉴욕에서 출발해 멕시코 칸쿤으로 입국(In)한 뒤, 멕시코시티에서 출국(Out)하는 루트 △ 또는 뉴욕 ↔ 칸쿤, 뉴욕 ↔ 멕시코시티를 왕복하는 방식으로 구성될 수 있었다.

노선과 항공 요금을 분석해본 결과 칸쿤 In - 멕시코시티 Out 루트가 가장 경제적이었다. 칸쿤은 세계적인 관광지로 다양한 항공사들이 경쟁적으로 노선을 운영하고 있어 비교적 저렴한 가격에 항공권을 확보할 수 있었다.

최종적으로 선택한 항공편은 4월 8일(화) 12:40에 뉴욕 JFK 공항을 출발해 같은 날 15:40에 칸쿤에 도착하는 아메리칸항공 American Airlines 노선이었다. 물론 더 이른 시각에 출발하는 항공편 중에서 요금이 더 저렴한 것도 있었지만 딸의 집에서 공항까지의 이동 시간과 여행 당일의 여유를 고려하면 이 편이 가장 합리적이라 판단했다.

귀국편은 멕시코의 저가항공사인 'Viva Aerobus'를 이용하기로 했다. 평소라면 좌석 지정에 비용을 들이지 않는 편이지만 이번엔 '통 크게' 비상구 앞 좌석을 구매했다. 탑승 시 짐 요금이 별도로 부과되는 항공사이기 때문에, 기내용 캐리어와 배낭까지도 모두 비용 계산에 포함해야 했다.

한 가지 아쉬운 점은 귀국 항공편의 출발 시각이 오전 7시라는 것. 2시간 전에 공항에 도착하려면 적어도 5시에는 공항에 도착해야 하고, 이를 위해선 호텔이나 숙소에서 새벽 4시쯤 출발해야 한다. 물론 피로를 감수해야 하는 일정이지만 그럼에도 불구하고 이보다 조금 늦은 시간대의 일반 항공사 항공권은 가격 차이가 워낙 컸다. 결국 이 정도 불편은 감수하고 대신 마지막 날 숙소는 공항 근처 호텔로 정해 피로를 최소화하기로 마음먹었다. 이렇게 항공권 발권은 완료되었다.

메인 구간 항공권

구간	출발일	출발	도착	편명	USD	KRW	비고
JFK -> CUN	2025-04-08	12:40	15:40	aa3029	$300.68	₩438,692	가방
MEX -> JFK	2025-04-22	7:00	13:45	vb100	$533.62	₩778,552	좌석+가방

이제 PART I에서 설명한 Step 2의 후반부, 여행 경비 예산을 짜볼 차례다. AI에게 문의해 확인한 결과 4월 기준 멕시코 주요 지역의 3성급 호텔 평균 숙박요금은 1박당 약 10만 원 선이었다. 2인 1실 기준으로 계산했을 때 숙박비는 크게 부담되지 않았다.

AI에게 물어본 지역별 호텔 평균 요금

CDMX	Guadalajara	Guanajuato	Cancun 시내	P. del Carmen	평균
$70	$80	$70	$80	$60	$72

멕시코는 전반적으로 물가가 저렴한 편에 속한다. 현지에서의 항공 이동, 렌터카 이용, 식사, 관광 비용 등을 포함해 하루 1인당 약 100달러 정도면 무난하게 여행을 즐길 수 있으리라 예상된다. 이렇게 산출된 전체 여행 예산은 1인 기준 약 330만 원 정도이다. 항공권, 숙박, 교통, 식비까지 모두 포함한 현실적인 수치다.

여행경비 추산 (1인당)

항목	내역	금액
항공료	메인 구간 항공료	60만
호텔비	5만 x 14일	70만
일비	$100 x 14일	200만
합계		330만

예산은 곧 여행의 윤곽을 결정짓는다. 항상 그렇듯이 무작정 아끼는 것보다는 체험의 질을 높이며 효율적으로 지출하는 것이 요령이다.

어디를 가고, 얼마나 머물까

여행지를 정하는 과정은 늘 설렘과 아쉬움이 뒤섞인 선택의 연속이다. 트립어드바이저, 구글 지도, ChatGPT, 그리고 각종 지역 관광 안내서 등을 참고해 멕시코 전역의 주요 관광지를 조사했다. 이름만 들어도 눈앞에 이국적인 풍경이 펼쳐지는 듯한 도시들이 줄줄이 등장한다.

지역	도시	관광 포인트
Mexico City	Centro	식민지 시대의 문화 유산
	Teotihuacan	고대문명 발상지
Guadalajara	Centro	떼낄라로 유명한 멕시코 제2의 도시
	Talquepaque	아기자기한 느낌의 소도시
Yucatan	Cancun	세계적인 휴양지
	Chichen Itza	Maya 문명 유적지
	Playa del Carmen	Cancun 인근 해변 휴양지
	Tulum	고대 유적지
	Isla Mujeres	Cancun 앞의 휴양 섬
Guanajuato		세계문화유산; 울긋불긋한 색상의 주택들
Acapulco		해변 휴양지
Oaxaca		식민지 시대의 건축물과 역사적 유적지
San Cristobal		식민지 시대 유산인 아름다운 건물
Palenque		Maya 문명 유적지

조사한 지역들을 지도에 표시해보니 그야말로 멕시코 전역에 흩어져 있는 관광 명소들이 한눈에 들어왔다. 마음같아선 모든 도시를 순회하며 완벽한 일주 여행을 하고 싶지만, 현실은 2주라는 시간 안에 압축된 여정을 설계해야 하는 입장이다. 결국 과감한 선택과 집중이 필요했다.

꼭 방문해야 할 지역으로는 과달라하라Guadalajara, 과나후아토Guanajuato, 멕시코시티Mexico City, 그리고 유카탄 반도를 꼽았다. 이 네 지역은 여행의 핵심 축이 될 만큼 매력적이며 시간과 노력을 들일 충분한 가치가 있는 곳들이었다.

반면 아카풀코Acapulco, 산크리스토발San Cristóbal de las Casas, 빨렝께Palenque, 오아하까Oaxaca 등 일부 지역은 그 매력에도 불구하고 이번 일정에서는 제외하기로 했다. 지도상으로 봐도 도시 간 거리가 멀고, 접근성도 좋지 않다. 항공편 연결이 원활하지 않거나 육로 이동 시 시간이 너무 많이 소요되는 점도 고려해야 했다. 아쉽지만 언젠가 더 여유로운 일정으로 다시 멕시코를 찾게 될 때를 기약하며 접어두기로 했다.

이어서 이번에 여행할 지역에 대해 트립어드바이저, 구글 지도, 여행안내서 등을 참고하여 조사한 지역별 관광명소는 아래와 같다.

Yucatan 지역

지역	순서	명칭	평점	리뷰어	소요시간	요금
Chichen Itza	1	El Castillo	4.8	21,850	3	mx$648
	2	Cenote Sagrado	4.5	48		
	3	Templo de Guerreros	4.8	338		
	4	Gran Juego de Pelota	4.9	599		
	5	El Caracol	4.8	718		
Playa del Carmen	1	Avenida Quinta				
	2	Portal Maya	4.7	11,569		
	3	Museo Frida Khalo	4.3	1,417		
	4	Cozumel Island				
Tulum	1	El Castillo	4.8	1,002	3	mx$395
	2	Faro de Tulum	4.7	47		
	3	Playa Pesadores	4.4	5,129		
	4	Gran Cenote	4.3	7,789		mx$600
	5	Cenote Dos Ojos	4.7	7,453		mx$400
	8	Cenote Cristalino	4.6	599		mx$200
	9	Cenote Azul	4.7	12,440		mx$180
Cancun	1	Playa Delfines	4.8	25,343		
	3	Playa Chac Mool	4.6	4,444		
	4	Playa Caracol	4.5	851		Private
	5	Catholic Church	4.8	1,984		
Isla Mujeres	1	Playa Norte	4.8	22,924	1일 코스	
	2	Punta Sur	4.8	11,872		mx$100
	3	Punta Fotografico	4.6	6,811		
	4	Chapel of Guadalupe	4.8	553		
	5	Mirador El Acantilado	4.8	101		
	6	Golf Cart Rent				mx$1,500
	7	Motorcycle Rent				mx$800
	8	Bicycle Rent				mx$250

Guadalajara

지역	순서	명칭	평점	리뷰어	소요시간
Centro	1	Catedral	4.8	42,980	
	2	Plaza de la Liberacion	4.7	14,290	
	3	Palacio de Gobierno	4.7	540	
	4	Rotonda	4.7	8,614	
	5	Fuente de Quetzalcoatl	4.7	44	
	6	Mercado Libertad	4.4	90,385	
	7	Basilica de Zapopan	4.8	24,078	
	8	Plaza de Americas	4.6	8,784	
	9	Plaza de los Mariachis	4.1	11,993	
Tlaquepaque	1	Jardin Hidalgo	4.7	11,989	
	2	Museo Ceramica	4.6	1,242	
	3	El Parian	4.4	48,523	
	4	Calle Independencia			

Guanajuato

지역	순서	명칭	평점	리뷰어	소요시간	요금
Guanajuato	1	Mirador El Pipila	4.7	783		
	2	Callejon del Beso	4.5	815		
	3	Funicular	4.5	1,185		mx$80
	4	Jardin de la Union	4.7	2,744		
	5	Teatro Juarez	4.8	18,226		
	6	Diego Rivera House Museum	4.6	3,911	1	mx$30
	7	Guanajuato Regional Museum	4.7	21,698	2	mx$65
	8	Basilica de Guanajuato	4.8	1,942		
	9	Mercado Hidalgo	4.4	7,506		
	10	Guanajuato University	4.8	554		
	11	Museo de la Momias	4.3	34,803	1	mx$140
	12	Callejoneadas Tour			1.5	mx$150

Mexico City

지역	순서	명칭	평점	리뷰어	소요시간	요금
Centro	1	Plaza Zocalo	4.7	315,007		
	2	Catedral	4.7	21,895		
	3	Palacio Nacional	4.5	1,854		
	4	Palacio de Bellas Artes	4.8	180,583	2	mx$95
	5	Museo Mural Diego Rivera	4.6	7,253	0.5	mx$45
	6	Museo Antropologia	4.8	82,757	2	mx$100
	7	Basilica de Guadalupe	4.8	174,281	2	
	8	Alameda Central	4.6	116,935		
	9	El Angel	4.7	157,173		
	10	Artesanias la Ciudadela	4.5	31,899	1	
	11	Templo Mayor	4.8	33,011		
	12	Biblioteca Vasconcelos	4.7	5,985		
	13	Museo Frida Kahlo	4.5	41,172		mx$320
Teotihuacan	1	Calzada de los Muertos				
	2	Templo de Quetzalcoatl	4.9	2,704		
	3	Piramide de Sol	4.8	24,451	3	mx$100
	4	Museo Teotihucanan	4.7	1,389		
	5	Piramide de la Luna	4.8	2,484		
	6	Palacio de Quetzalcoatl	4.8	768		

이렇게 조사한 각 지역의 주요 관광 명소를 살펴보고 이동 경로, 여행의 리듬 등을 고려한 결과 지역별 체류 일수는 오른쪽과 같이 조정했다. 한 도시를 빠르게 스쳐 지나기보다는 하루 이틀이라도 여유 있게 머물며 도시의 표정과 분위기를 느끼는 것이 여행의 기본 철학이다.

지역	체류 일수
Yucatan	5일
Guadalajara	2일
Guanajuato	2일
Mexico City	5일

생각해 보면 여행 설계의 핵심은 역시 '선택과 집중'이다. 한정된 시간 안에 최대한 많은 경험을 하려면 이동 시간과 동선을 최소화하고, 각 도시의 특색을 깊이 있게 느낄 수 있도록 일정을 짜는 것이 중요하다.

이렇게 해서, 멕시코의 다채로운 매력을 가장 효율적으로 만날 수 있는 2주 간의 체류일정이 완성되었다.

지역 간 이동 : 어떻게 움직일까

여행 루트를 완성했으면 이제는 도시 간 이동 수단을 결정할 차례다. 지도를 펼쳐놓고 거리와 소요 시간을 비교해보니 멕시코라는 나라가 얼마나 광활한지를 새삼 실감하게 된다.

먼저 유카탄 반도. 칸쿤Cancún, 치첸잇사Chichen Itza, 쁠라야 델 까르멘Playa del Carmen, 뚤룸Tulum은 대체로 반도 동부 해안선 일대에 위치한 대표 관광지들이다. 이 네 곳은 서로 2시간 이내의 거리에 있어 렌터카를 이용하면 기동성과 시간 효율이 월등하다. 대중교통에 의존하는 것보다 훨씬 유연한 여행이 가능하고, 이동 자체가 하나의 즐거운 여정이 될 수 있다. 따라서 유카탄 반도 구간은 렌터카를 이용하기로 결정했다.

그 다음은 본격적인 대륙 횡단 여정. 루트는 칸쿤 → 과달라하라Guadalajara → 과나후아토Guanajuato → 멕시코시티Mexico City 순으로 자연스럽게 잡힌다.

이동 방식은 지역마다 천차만별이다. 칸쿤에서 과달라하라까지는 말할 것도 없이 항공편이 정답이다. 거리가 워낙 멀어 육로로는 도저히 감당이 되지 않는다. 과달라하라에서 과나후아토 구간은 다소 애매하다. 기차도 없고 항공편도 없다. 이 경우 버스가 유일한 대안이다. 멕시코의 장거리 버스는 비교적 쾌적하고 안전하다고 알려져 있으니 이 구간은 조금의 불편을 감수하고 버스를 타기로 했다.

 문제는 과나후아토에서 멕시코시티 구간. 직선거리 약 400km로, 승용차로 5시간, 버스를 이용하면 8시간이나 걸리지만 항공편을 이용하면 비행시간은 고작 45분. 물론 공항까지 이동하는 시간, 체크인과 보안 검색에 걸리는 시간까지 고려해야 하겠지만 '시간이 돈'인 여행자 입장에서는 항공편이 당연한 선택이었다. 다행히 요금도 부담스럽지 않은 수준이었다.

 이러한 판단을 바탕으로 지역 간 이동 방식은 다음과 같은 구도로 정리되었다.

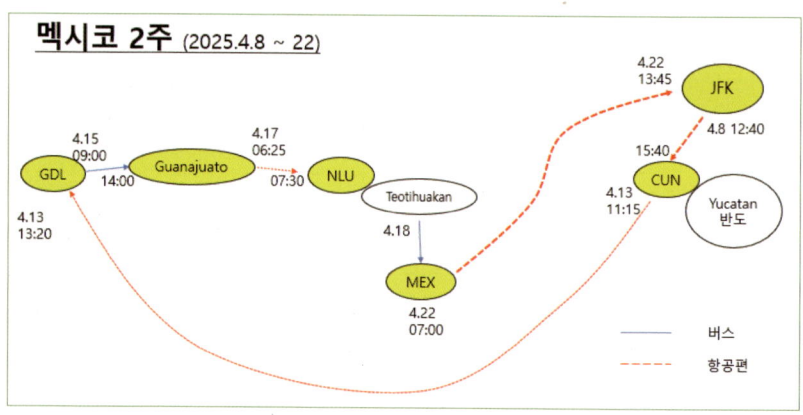

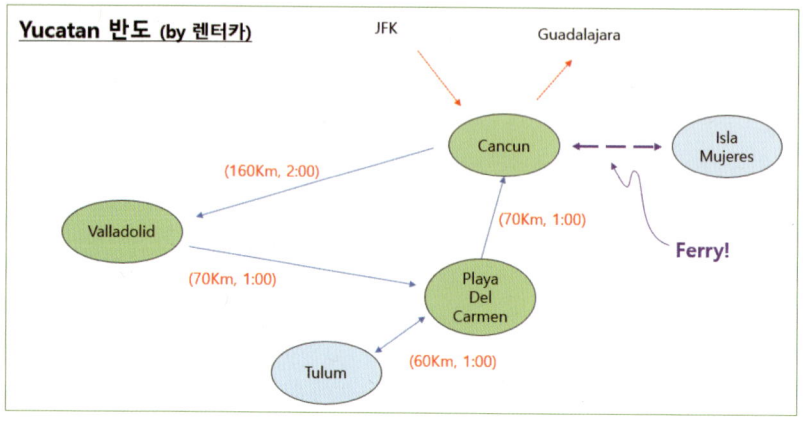

세부 일정, 이렇게 완성했다

이제 할 일은 지역별 관광명소 정보와 체류일정을 결합하여 일일일정표를 만들고, 이를 요약하여 전체일정표를 완성하는 일이다.

다음은 여행 1일차의 일일일정표다.

Mexico 여행 일일 일정표

Day	From	To	Hrs	일정
4.8 (화)	9:00	10:30	1.5	공항으로 이동
	10:30	12:30	2	출국 수속 및 대기
	12:40	15:40	3	JFK -> CUN (aa3029)
	15:40	16:40	1	입국 수속
	16:40	17:40	1	렌터카 픽업
	17:40	19:40	2	Valladolid 숙소로 이동
	19:40	20:40	1	저녁 식사
	20:40			휴식

위 표를 만드는 과정에서 From/To를 개별적으로 입력해 넣는 것이 아니라 엑셀 수식으로 자동 입력되도록 하는 것이 중요하다는 점은 앞서 강조한 바 있다.

일일일정표를 종합하고 요약하여 다음과 같은 전체 일정표가 마련되었다.

Mexico 여행 (2025.4.8 ~ 22)

Sun	Mon	Tue	Wed	Thu	Fri	Sat
		4.8 JFK -> CUN 12:40~15:40 aa3029 ($300.62) Valladolid	4.9 Chichen Itza Playa del Carmen으로 Playa del Carmen (2)	4.10 Tulum Playa del Carmen	4.11 Cancun으로 이동 Zona Hoteles Cancun (2)	4.12 Isla Mujeres
4.13 CUN -> GDL 11:15~13:20 VB7412 ($107.39) Tlaquepaque	4.14 과달라하라 과달라하라 (2)	4.15 과달라하라 -> 과나후아토 by Bus (11:00~15:00) 과나후아토	4.16 과나후아토 Silao	4.17 BJX -> NLU 06:25~07:30 VB7344 ($95.61) Guanajuato -> Silao Teotihuacan	4.18 테오티우아칸 -> CDMX by Bus (09:30~10:15) CDMX	4.19 CDMX CDMX (1~2/3)
4.20 CDMX CDMX (3/3)	4.21 CDMX 오후에 호텔로 MEX 근처 호텔	4.22 MEX -> JFK 07:00~13:45 VB100 ($533.62)				

예약의 시간 : 로컬 교통편

지역 간 이동계획이 수립되었고, 시간 계획을 반영한 일정표도 작성하여 앞뒤 일정이 검증되었다면, 이제는 본격적인 '예약의 시간'이다.

먼저 항공편. 칸쿤Cancún에서 과달라하라Guadalajara, 과나후아토Guanajuato에서 멕시코시티Mexico City 구간은 항공으로 이동하기로 결정되었다. 항공권 검색은 KAYAK을 이용해 대략적인 요금과 스케줄을 파악한 뒤 실제 결제는 항공사 공식 홈페이지에서 진행했다.

멕시코 저가항공사 Viva Aerobus의 정책은 냉정하다. 기본 요금에는 오직 개인용 핸드백 하나만 포함되며 기내용 캐리어나 좌석 지정은 모두 추가 요금 대상이다. 우리 부부는 각자 배낭 하나, 캐리어 하나씩을 들고 가니 결국 수하물 비용은 피할 수 없었다. 좌석은 별도로 지정하지 않고 항공사가 정해주는 대로 따르기로 했다. 떨어져 앉게 될 가능성도 충분히 감수한 셈이다. 칸쿤에서 과달라하라까지 비행시간은 약 3시간, 1인당 요금은 US$54. 이 정도면 굉장히 저렴한 편이다. 미리 서둘러 예약했기 때문에 가능했던 가격이었다.

과나후아토 공항은 레온León이라는 도시에 있으며, 과나후아토 시외버스 터미널에서 약 25km 떨어져 있다. 항공편 검색 결과 아침 6시 25분 출발

항공이 가장 조건이 좋았다. 문제는 이른 아침 비행기를 타기 위해선 새벽부터 움직여야 한다는 점. 하지만 '공항 셔틀을 무료로 제공하는 호텔을 찾으면 되지'라는 생각으로 이 항공편을 선택했다. 요금은 역시 저렴해 1인당 US$50도 되지 않았다.

이로써 아래와 같이 로컬 항공권 예약을 완료했다.

로컬 구간 항공권

구간	출발일	출발	도착	편명	USD	KRW
cun -> gdl	2025-04-13	11:15	13:20	vb7412	$107.39	₩157,004
bjx -> nlu	2025-04-17	6:25	7:30	vb7344	$95.61	₩139,781

다음은 과달라하라에서 과나후아토까지의 시외버스 예매. 구글 지도에서 두 도시 간 대중교통 루트를 검색하면 간단한 이동경로가 나오지만, Rome2Rio를 열어보니 직행이 아닌 중간 환승이 필요한 루트를 제시한다. 어떤 시스템이건 간에 부분적인 오류는 있을 수 있지. 다시 구글 지도로 돌아와 'Details' 링크를 클릭했더니 ETN 버스회사의 예매 사이트로 연결되는 경로가 나타났다.

우리는 2025년 4월 15일 오전 11시 출발하는 ETN의 우등 고속버스를 예매했다. 일반 버스보다 훨씬 쾌적한 좌석과 서비스를 제공하는 프리미엄 노선답게 요금은 꽤 비쌌다. 2인 요금이 MX$1,640, 한화로 약 12만 원에 해당하는 금액이다.

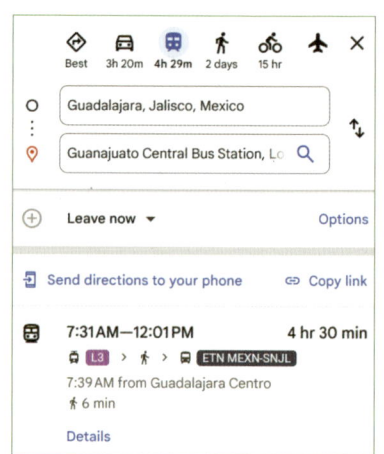

마지막은 칸쿤 공항에서의 렌터카 예약. 검색어 'Car Rentals in Cancun Airport'로 구글링을 시작하자 Economybookings, Rentalcars, KAYAK, Hertz, Avis, Budget 등 익숙한 업체들이 줄줄이 등장했다. 이들 중 꼼꼼한 비교 끝에 선택한 곳은 Avis. 조건이 좋으며 신뢰도도 높았다. 항공기 도착 후 30분 뒤 차량을 픽업하고 5일 뒤 같은 장소에 반납하는 조건이다.

렌터카 예약 @ AVIS

예약일	Vehicle	픽업장소	Pick-up	총비용	KRW
2025-03-01	Standard	CUN	2025-04-08 16:00	$158.68	₩226,478

총 요금은 하루 US$32 수준으로 경험상 매우 저렴한 편이다. 이런 조건을 찾기 위해 들인 노력을 생각하면 은근한 뿌듯함도 든다. 예약 시 결제 조건을 '후불'로 설정하면 신용카드 정보 없이도 진행할 수 있어 더욱 부담이 없다. 게다가 취소도 자유롭다. 예약을 완료하면 즉시 이메일로 확인서가 도착한다.

이렇게 하나하나 손품을 팔아 항공권, 버스표, 렌터카를 확보하는 과정을 거치면서 여행은 이미 반쯤 시작된 셈이다.

호텔 예약 :
매번 어려운
선택

여행에서 숙소는 단순히 '잠을 자는 곳' 이상의 의미를 가진다. 여행 목적, 교통 편의성, 체력과 휴식의 균형 등 다양한 요소를 고려한 결과물이다. 이번 멕시코 여행 역시 숙소 선택은 동선과 예산, 그리고 숙박지의 특성을 종합적으로 판단해 이루어졌다. 아래는 우리가 실제로 예약한 숙소들의 사례와 그 선택의 이유를 정리한 기록이다.

유카탄Yucatan 지역

치첸잇사Chichen Itza

칸쿤 공항에서 치첸잇사 유적지까지는 고속도로를 따라 약 2시간 조금 넘게 소요되는 거리다. 유적지 주변에는 마땅한 숙소가 없고 여행자들은 보통 인근 도시인 바야돌리드Valladolid에서 숙박을 한다.

  많은 여행객이 칸쿤에서 당일치기로 다녀오거나 패키지로 스쳐 지나가지만 우리는 유적지를 여유롭게 둘러보고자 바야돌리드에서 1박을 하기로 했다.

  눈길을 끈 곳은 한적한 숲속에 자리한 'Techno Hotel Xuux Peek'라는 호텔이다. 치첸잇사 유적지에서 20km쯤 떨어져 있고, Booking.com을 통해 조식 포함 1박에 ₩72,600에 예약했다.

평점은 4.5이며 1점 리뷰 비율이 아 주 낮지는 않지만, 가격과 분위기, 위 치의 균형을 고려해 선택했다. 파란색  트렁크 모양이 치첸잇사 유적지, 녹색 깃발이 바야돌리드, 빨간색 하트 모 양이 우리가 예약한 호텔이다.

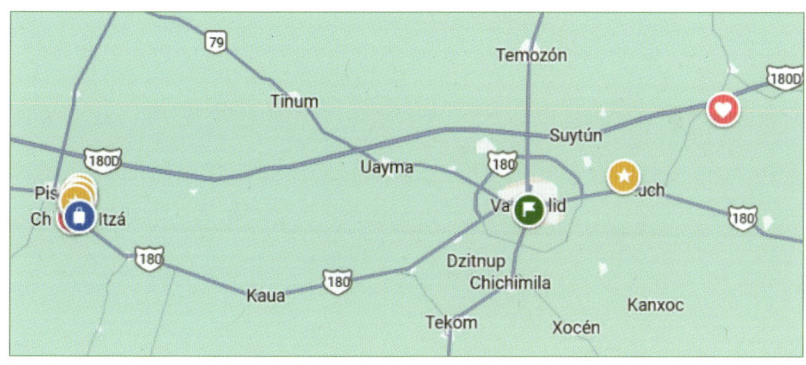

칸쿤 Cancun

칸쿤의 해변 호텔존 Hotel Zone은 세계적인 리조트 지역으로, 5성급 올인클루 시브 All Inclusive 호텔의 경우 1박 최소 50만 원부터 시작된다. 프라이빗 비치, 무제한 식음료 제공 등 호화로운 서비스가 매력적이지만 우리에게 이번 여행은 '휴양'이 아닌 '여행'이 주 목적이다.

우리는 칸쿤의 호텔존이 아니라 구시가지에 있는 깔끔한 4성급의 'Hotel Adhara Cancun'이란 호텔에 Agoda 특가로 2박을 예약했다.

조식 포함 1박에 ₩113,000. Isla Mujeres행 페리터미널과도 가까워 이동이 편리하다. 리뷰 수는 3,496명, 평점 4.4점, 1점 리뷰 비율도 낮아 안심이 된다.

아래 지도에서 빨간색 하트 모양이 우리가 선택한 호텔, 오른쪽 상단이 Isla Mujeres, 녹색 깃발 모양이 Isla Mujeres 로 가는 페리터미널이며, 오른쪽 아래 파란색 트렁크 모양은 Hotel Zone이다.

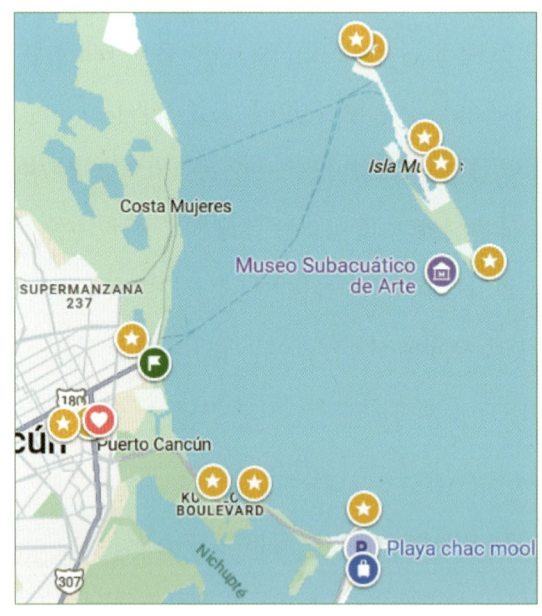

쁠라야 델 까르멘 Playa del Carmen

까르멘 비치라는 뜻을 가진 이곳은 칸쿤보다 물가가 싸고 조용한 분위기여서 휴식을 위한 여행자들이 많이 찾는다. 칸쿤 앞바다에 Isla Mujeres라는 휴양섬이 있다면, 이곳 앞바다에는 Cozumel Island가 있다.

우리는 주요 관광지에서 약간 떨어진 조용한 지역의 호텔 'Rodina'를
Booking.com을 통해 2박 예약했다. 1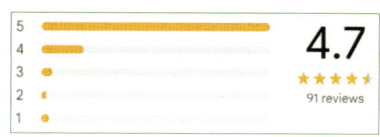
박 ₩76,000, 평점 4.7에 1점 리뷰 비
율도 매우 낮다. 근처에 평점 4.6의
Balkon Boutique Hotel이란 호텔이 대안으로 떠오르지만 아무래도 Rodina
가 나아보인다.

우리가 예약한 호텔은 빨간색 하트 모양이다. 주요 관광명소에서 조금 떨어져 있지만 차를 이용하기에 위치는 전혀 문제가 되지 않는다.

과달라하라 Guadalajara

과달라하라는 멕시코 제2의 도시로서 관광 명소 대부분이 시내 중심에 밀

집해 있다. 따라서 숙소 역시 도보 및 지하철 접근이 좋은 시내 중심의 호텔로 정했다.

'Real Maestranza Hotel'이라는 이름의 호텔은 Booking.com에서 1박에 ₩100,000하는 곳이다. 조식은 포함되지 않으며 취소 불가 조건이지만, 평점 4.7에 리뷰어 수 3,124명, 1점 리뷰 비율도 매우 낮아 안심하고 선택했다.

과나후아토 Guanajuato

구시가지

과나후아토의 구시가지는 좁고 굽은 골목, 일방통행 도로, 계단과 언덕길로 이루어진 곳이다. 도보 이동이 기본이며, 차로 접근하기엔 불편한 구조다. 이런 점들을 감안하여 시내 중심의 도보 이동이 가능한 숙소 'Hotel de la Paz'를 택했다. 1박에 약 ₩100,000,

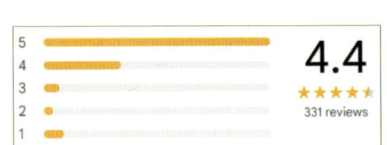

Booking.com 평점 4.4, 리뷰 331개. 다만 1점 리뷰 비율이 약간 있었다.

공항 인근

여행 마지막 날은 다음 날 새벽 비행기 탑승을 위해 공항 근처 호텔로 옮긴다. Leon이라는 도시에 위치한 이 호텔은 공항에서 12km 거리이며, 무료 셔틀이 제공된다.

Booking.com을 통해 5성급 호텔 'Hotel Hotsson Silao'를 ₩118,000에 예약했다. 조식은 미포함, 평점 4.6, 리뷰 수 2,460, 1점 리뷰 비율도 매우 낮다.

아래 지도에서 빨간색 하트 모양이 호텔, 왼쪽 파란색 트렁크 모양이 공항, 오른쪽 위가 Guanajuato 구시가지다.

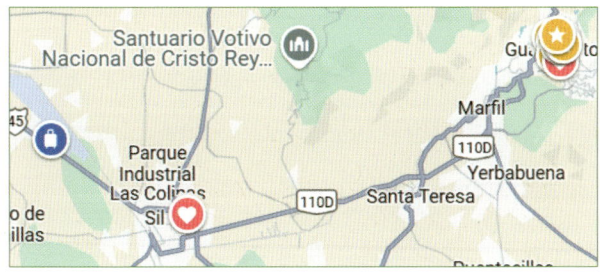

Chapter 6. 멕시코 여행 설계   215

멕시코시티

멕시코시티 일정은 5박이지만 세 곳에서 숙박했다. 고대 유적지 떼오띠우아깐Teotihuacan, 멕시코시티 시내, 그리고 마지막 날 새벽에 공항에 가기 위한 1박, 이렇게 세 곳이다.

떼오띠우아깐Teotihuacan

이곳을 방문하는 대부분의 여행객은 CDMX에서 1일 투어로 다녀간다. 그런데 우리는 사정이 좀 다르다.

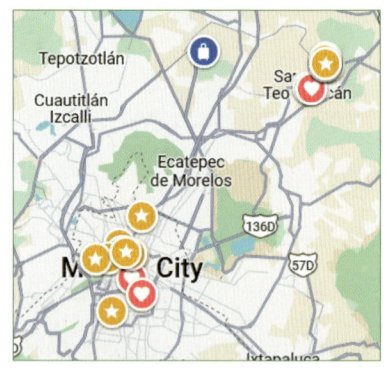

우리가 예약한 Guanajuato에서 CDMX로 들어오는 항공편은 멕시코시티 신공항(NLU)으로 도착한다. 이 공항은 Teotihuacan과 가까워 도착 후 다른 곳을 거치지 않고 곧장 이동하는 것이 효과적이다. 오른쪽 지도에서 파란색 트렁크가 신공항(NLU), 오른쪽이 Teotihuacan, 왼쪽 아래가 CDMX다.

그런데 문제는 신공항에서 Teotihuacan으로 바로 가는 버스가 없다는 것이다. 대중교통을 이용하려면 CDMX를 거쳐가야 한다. 이는 시간적으로 볼 때 엄청난 낭비다. 따라서 우리는 이동 시간을 단축하기 위해 택시를 타고 이동할 계획이다.

다음 지도는 Teotihuacan 지역을 보여주는데 빨간색 하트 모양이 우리가 예약한 호텔 'Hotel Nahui', 파란색 트렁크 모양이 버스터미널로 걸어서

갈 수 있는 거리다. 오른쪽 노란색 별이 많이 표시된 곳이 유적지다.

Booking.com에서 예약한 호텔은 유적지에서 가까우며 1박 요금은 ₩63,000이며, 조식은 미포함. 리뷰 수는 적지만 평점이 무려 4.9, 1점 리뷰 비율도 극히 낮다.

시내 Centro

멕시코시티는 도시 규모가 커 명소들이 도심 곳곳에 흩어져 있다. 숙소는 여행의 중심지인 Zócalo 광장에서 도보 15분 거리의 3성급 호텔 'Hotel Castropol'로 결정했다. 가까이에 있는 'Hotel San Lucas'도 눈에 들어오지만 요금이나 평점 등 여러 면에서 이곳이 더 나아 보인다. 1박에 약 ₩90,000, 조식 포함, 평점 4.4에 리뷰 수 3,734건. 다만 1점 리뷰 비율이 다소 있었다.

공항 근처

귀국편이 아침 7시 출발이므로, 무료 셔틀을 제공하는 공항 근처 호텔 'Hotel Riazor'를 선택했다. 시 외곽의 조용한 곳에 위치한 4성급 호텔, 1박에 ₩155,000. 지금까지 예약한 호텔 중 가장 고가이지만 수영장과 사우나 등 편의시설을 감안하면 충분히 가치 있는 선택이었다. 평점은 4.6, 리뷰 수가 많고 1점 비율도 낮다.

*****

이렇게 해서 모든 숙소 예약을 마쳤다. 자세히 설명하지는 않았지만 뜬금없이 어느 한 곳을 선택한 것이 아니라 주변의 다른 여러 호텔들과 가격, 위치, 평점, 네거티브 평점 비율 등을 꼼꼼히 비교하여 엄선했음은 물론이다.

나중에 일어난 일이긴 하지만 이렇게 꼼꼼히 비교하여 엄선했음에도 불구하고 두어 곳에선 싸구려 방향제와 하수구에서 올라오는 악취로 고생을 좀 겪었다. 그나마 한 곳에선 주인과의 대화를 통해 이튿날은 다른 방으로 옮기고, 다른 한 곳에선 순간적인 기지를 발휘하여 비닐로 하수구 입구를 막아 냄새 문제를 해결했던 기억이 선하다.

예약 타이밍 관점에서 보자면 '라스트미닛 Last Minute 특가'를 노려볼 수도 있었지만, 우리는 '마음의 안정'을 택했다. 특히 항공편과 다양한 교통수단에 의한 이동 등이 촘촘히 맞물린 여행에서는 역시 사전 예약이 효율적이고, 불필요한 스트레스를 줄여준다.

다음은 모든 숙소 예약 내역을 정리한 엑셀 표다.

호텔 예약

체크인	체크아웃	체류	지역	호텔	예약Site	KRW	취소 시한	비고
04-08	04-09	1	Valladolid	Xuux Pook by Technohotel	Booking	₩72,635	04-06	
04-09	04-11	2	Playa del Carmen	Rodina Hotel	Booking	₩153,700	04-06	
04-11	04-13	2	Cancun	Hotel Adhara Cancun	Agoda	₩225,389	불가	조식
04-13	04-15	2	Guadalajara	Hotel Real Maestranza	Booking	₩198,319	불가	
04-15	04-16	1	Guanajuato	Hotel del la Paz	Booking	₩98,726	04-11	조식
04-16	04-17	1	BJX 공항	HS Hotsson Hotel Silao	Booking	₩117,882	04-14	공항 셔틀
04-17	04-18	1	Teotihuacan	Hotel Nahui	Booking	₩62,974	04-02	
04-18	04-21	3	Mexico City	Hotel Castropol	홈피	₩274,540	04-17	조식
04-21	04-22	1	공항 근처	Riazor Hotel (mx$209 선불)	홈피	₩154,660	04-17	공항 셔틀

시내 교통 이용 : 현지인과 만나는 시간

여행지에서의 '이동'은 단순한 수단을 넘어서, 그 도시를 경험하는 방식이다. 낯선 도시를 처음 마주할 때 어떤 교통수단을 선택하느냐에 따라 여행의 리듬과 감도는 달라진다. 이번 여행에서 머무를 주요 도시들 — 유카탄 반도, 과달라하라, 과나후아토, 멕시코시티 — 를 중심으로, 각 지역 내에서의 교통수단을 정리했다.

유카탄 반도

유카탄 반도에서의 여정은 총 5일간의 렌터카 여행으로 구성되어 있다. 칸쿤Cancún, 치첸잇사Chichen Itza, 쁠라야 델 까르멘Playa del Carmen, 뚤룸Tulum 등 주요 관광지 간 거리는 차로 2시간 이내로 가까워 자동차로 이동하는 것이 효율적이다.

　이슬라 무헤레스Isla Mujeres에 가는 날은 차량을 페리터미널Ferry Terminal 인근에 주차한 뒤, 페리를 타고 섬에 들어간다. 섬 안에서는 대표 교통수단인 골프카트를 이용할 수도 있지만, 대여료가 다소 부담되는 편이라 오토바이나 자전거를 렌트해 여유롭게 해안 도로를 달릴 계획이다. 모래바람과 해풍을 온몸으로 맞으며 느리게 섬을 탐험하는 재미도 분명 있을 것이다.

과달라하라 Guadalajara

멕시코 제2의 도시답게 과달라하라에는 지하철(Metro) 시스템이 잘 구축되어 있다. 시내에서는 지하철과 버스를 병행해서 이용하고, 이동 동선이 복잡한 경우에는 택시를 활용할 예정이다.

  공항에서 시내로 들어가는 길에는 '뜰라께빠께Tlaquepaque'라는 전통시장 거리와 예술인 마을을 잠시 둘러보려 한다. 공항에서 Tlaquepaque까지, 그리고 그곳에서 숙소가 있는 시내까지는 택시를 이용할 계획이다. 시간도 절약되고 동선도 유연하다.

과나후아토 Guanajuato

과나후아토는 버스보다 도보와 택시를 중심으로 한 이동 계획이 더 현실적이다. 이곳은 도시의 구조가 독특하다. 구시가지는 좁고 구불구불한 골목길과 언덕길이 많아 차량보다는 걷는 것이 더 효율적이다. 시외버스터미널은 구시가지와 꽤 떨어져 있고, 시내로 들어가는 버스의 배차 간격도 긴 편이다.

  따라서 터미널-시내 이동은 택시를, 도심 안에서는 도보를 기본으로 하는 것이 적절한 방법이다. 외곽의 박물관 등은 필요 시 택시로 다녀올 생각이다.

멕시코시티

멕시코시티는 도시 규모가 크고 교통도 복잡하지만, 공공 교통망은 탄탄하게 잘 갖춰져 있다.

지하철(Metro)이 방사형으로 뻗어 있어 웬만한 관광지들과 대부분 연결된다. 여기에 지하철이 닿지 않는 구간은 메트로버스Metrobus가 보완 역할을 한다.

여기서는 오른쪽 사진과 같은 '멕시코시티 통합 교통카드(MiCard, Integrated Mobility Card)'를 구입해 사용할 예정이다. 카드 구입비는 MX$15이며, 필요한 금액만큼 충전한 후 지하철과 메트로버스 모두에서 동일하게 사용 가능하다.

- 지하철 요금 : MX$5(약 US$0.25)
- 메트로버스 요금 : MX$6
- 택시 요금 : 저렴한 편이므로 상황에 따라 유연하게 이용

멕시코시티의 대중교통은 가격이 저렴한 반면, 이용 시 소매치기 등의 범죄 위험이 있으므로 사람이 붐비는 구간에서는 항상 긴장감을 유지해야 한다.

이처럼 도시마다 교통수단의 형태도, 접근 방식도 조금씩 다르다. 하지만 각 도시에 가장 잘 어울리는 방식으로 움직인다면 단순한 '이동'이 그 자체로도 여행의 한 장면이 될 수 있다.

출발을 앞두고 :
실전 점검

여행을 위한 준비는 항공권과 숙소 예약에서 끝나지 않는다. 실제 출발 직전까지 챙겨야 할 항목이 적지 않다. 각종 예약 내역을 재확인하고, 필요한 서류를 다시 점검하고, 모든 정보를 언제 어디서든 꺼내 볼 수 있게 정리해두는 일 — 이것이 진짜 '여행준비의 마무리'다. 이번 멕시코 여행을 준비하면서 실전에서 점검한 체크리스트를 다음과 같이 정리해보았다.

여행지 관련 정보 추가 수집

- 공항 ↔ 시내 이동 방법 : 각 도시별로 공항과 시내를 오가는 방법을 사전 조사해 동선 설계에 반영했다. 택시, 셔틀버스, 대중교통 등 다양한 옵션 중에서 가장 효율적인 수단을 선택했다.
- 현지 맛집 탐색 : 구글지도, 블로그, 유튜브 등을 활용해 개략적인 맛집 리스트도 확보해 두었다.
- TV 프로그램 참고 : 『세계테마기행』 등 여행 프로그램을 통해 현지 분위기와 특색 있는 명소, 맛집 정보를 추가로 수집했다. 영상으로 접한 정보는 글로 본 것보다 기억에 오래 남고 실제 여행지에서의 감정

이입에도 도움이 된다.

예약 현황 최종 점검

출발 직전에 모든 예약 내역을 한 번 더 확인했다. 실수로 빠뜨린 부분이 없는지 꼼꼼하게 체크하는 과정이다.

- 메인 구간 항공권(인천 ↔ 미국, 미국 ↔ 멕시코)
- 로컬 구간 항공권(Cancún ⇒ Guadalajara, Guanajuato ⇒ Mexico City)
- 렌터카 예약(Cancún 공항 픽업 및 반납)
- 전 구간 호텔 예약
- Guadalajara ⇒ Guanajuato 버스표(ETN 우등버스, 시간과 좌석 확인)
- 여행자 보험 가입 및 증서 출력

휴대폰에 자료 저장

정보가 많아질수록 분실과 혼선을 막기 위한 '자료 정리'가 중요하다.

- 클라우드에 정리 : 모든 예약 확인서, 일정표, 구글 지도, 참고 자료 등을 구글 드라이브 하나의 폴더에 정리해 두었다.
- 로컬 저장 : 모바일 네트워크가 연결되지 않는 상황에 대비해 휴대폰에도 동일 자료를 복사해 저장했다. 특히 항공권, 호텔 예약 정보 등은 오프라인 접근이 필수다.

출발 준비

출국 직전에 다시 한번 점검한 항목들이다.

- ESTA 신청 : 멕시코는 비자가 필요 없지만, 경유지인 미국 입국을 위해 ESTA 신청 및 승인을 마쳤다.
- 현금 조달 : 미국 도착 후 현지 거주 중인 딸에게 현금을 받을 예정이라 별도 환전은 하지 않았다.
- 국제운전 관련 서류 : 영문운전면허증, 국제운전허가증 모두 확인 완료. 멕시코에서 렌터카 이용 시 필요하다.
- eSIM 구입 및 설치 : 미국과 멕시코에서 모두 사용 가능한 '30일/3GB'짜리 eSIM을 구입하고 사전에 설치까지 마쳤다.
- 해외 로밍 차단 : 불필요한 요금 발생을 막기 위해 통신사의 해외로밍 기능은 완전히 차단해 두었다.
- 항공편 온라인 체크인 : 출발 하루 전날 온라인 체크인을 마쳐 공항 수속 시간을 단축할 수 있도록 했다.

이렇게 모든 준비를 마친 뒤에는 마음이 비로소 조금 놓인다. 사소한 준비가 큰 차이를 만들어낸다는 것을 여행을 떠날 때마다 새삼스럽게 실감하게 된다.

계획과 현실 사이

철저하게 계획한 일정표 덕분에 대부분의 일정이 예상대로 진행되었다. 전체 여정이 큰 돌발 상황 없이 순조롭게 진행되었으며, 치밀한 준비가 자유여행의 성패를 좌우한다는 점을 다시금 확인할 수 있었다.

예상대로 잘 된 점

- 항공권 선택 : NYC 출발 ⇒ Cancun 입국, Mexico City 출국 루트는 항공료, 동선, 일정 효율성 측면에서 최적의 선택이었다.
- 예산 : 실제 지출은 출발 전 추산했던 1인당 330만 원을 초과하지 않았고, 불필요한 소비도 거의 없었다.
- 지역 간 이동 : 항공, 버스, 렌터카, 택시를 상황에 맞게 적절히 조합하여 효율적으로 이동했다.
- 일정 구성 : 각 지역의 체류 일수를 무리 없이 배분해 피로감 없이 여행을 즐길 수 있었다.

예상과 달랐던 점

- Guanajuato 우버 호출 실패 : 복잡한 골목과 갑자기 들어선 벼룩시장으로 인해 우버 진입이 불가능했던 것은 계획에 없던 변수였다.
- 호텔 택시 비용 : 새벽에 예약한 우버가 취소되어버려 호텔 택시를 이용할 수밖에 없었고, 그에 따른 고비용은 불가피했다.
- 불쾌한 냄새 문제 : Playa del Carmen과 Guanajuato 두 곳 호텔에서 악취 문제가 발생해 불편을 겪었다.

실전에서 얻은 팁

- 짐 보관 : 조기 체크아웃 후 짐은 호텔 프런트에 맡기거나, 카페에 약간의 팁과 함께 부탁하는 것이 유용했다.
- 환전 요령 : 환율을 정확히 예측할 수는 없지만, 여기저기 더 나은 환전소를 찾아 다니기보다는 적절한 시점에 결단을 내려 환전하는 것이 현명하다.
- 우버 활용 : 도시 구조나 교통 상황에 따라 우버 이용이 어려운 경우가 있다. 예상치 않은 문제가 반복되면 신속하게 대안을 검토해보는 자세가 필요하다.

특히 유용했던 도구 및 서비스

- 구글 지도, Rome2Rio : 교통편 정보 확인에 유용했지만, 반드시 실제 버스회사 웹사이트 등으로 이중 확인이 필요하다.
- eSIM : 사전에 구매해 둔 eSIM 덕에 데이터 이용에 전혀 문제가 없었

고, 아무런 불편 없이 구글지도 및 교통 앱 활용이 가능했다.

잊지 못할 에피소드

- Guanajuato의 우버 진입 실패 사건 : 골목 진입이 막힌 줄 모르고 한참을 기다리다 현장을 방문해 이유를 파악하고, 새로운 장소에서 우버를 호출했던 해프닝은 이번 여행의 뜻밖의 교훈이 되었다.
- Playa del Carmen 호텔에서의 방향제 고통 : WhatsApp을 통해 호텔 주인과 대화 후 다음 날 'Smell-Free Room'으로 교체한 경험은 커뮤니케이션의 중요성을 상기시켜 주었다.
- Guanajuato 호텔 하수구 악취 : 비닐봉지로 임시 조치를 한 장면은 스스로 생각해도 문제해결 능력을 십분 발휘한 모범 사례로 기억에 남는다.
- 구글지도가 잘못 안내한 진입불가 도로 : 여행 첫날 숙소를 찾아가는 과정에서 구글 지도를 따라가니 도로가 막혀 있어서 더 이상 호텔로 진입이 불가능했다. 한참 주변을 맴돌다 아내가 지도에는 나오지 않는 진입로를 발견, 무사히 도착할 수 있었다. 구글 지도가 안내하지 못하는 곳도 있음을 알게 된 사건이었다. 그렇게 도착한 숲속 호텔은 참으로 멋진 곳이었다.

여행 경비 정산

- 총 14박 15일 여행에 소요된 비용은 1인당 약 305만 원
- 선물 및 기념품을 제외하면 실제 여행 경비는 항공료 포함 1일 평균

20만 원에 조금 못 미치는 수준
- 그 정도 수준의 비용에도 불구하고 호텔은 5성급 1박, 2성급 1박, 4성급 2박, 나머지는 모두 3성급 숙박으로 총 14박 중 1박을 제외하고는 비용 대비 만족도가 상당히 높았다.

전체 여행에 대한 총평

- 예산, 일정, 동선, 숙소, 교통 등 전 분야에서 높은 수준의 만족도를 얻은 여행이었다.
- 치밀한 사전 준비와 유연한 현장 대응이 만들어낸, 자유여행의 모범 사례였다고 생각한다.
- 예상치 못한 문제도 침착하게 해결할 수 있었던 것은 그간의 경험과 사전 학습의 힘이었다.
- 멕시코는 물가가 저렴하고 볼거리가 많아 자유여행 초심자에게도 충분히 추천할 만한 여행지였다. 치안 문제에 대한 걱정도 있었지만, 철저한 대비와 신중한 판단으로 전혀 위험한 상황 없이 마무리할 수 있었다.

자유여행 초보자에게 주는 조언

- '치밀한 계획 + 유연한 대처'가 자유여행의 핵심이다.
- 숙소를 예약할 때는 위치, 리뷰, 냄새, 소음 등 세부 정보까지 꼼꼼히 확인하라.
- 시간은 돈이다. 조금 더 비싸더라도 일정 효율이 높다면 그 길을 선택

하라.

- 교통 상황은 언제든 꼬일 수 있다. 항상 'Plan B'를 준비하라.
- 여행 중 마주하는 문제는 '경험'이라는 자산으로 축적된다. 실패조차 다음 여행의 밑거름이 된다.

Chapter 7

뉴질랜드 여행 일기

여행 개요

요 약

- 목적지 : 뉴질랜드 남북섬
- 여행기간 : 2024.10.28~11.14(16박 18일)
- 동반자 : 아내와 친구 부부(총 4명)
- 여행테마 : 마음에 맞는 사람들과 뉴질랜드의 멋진 자연 경관 즐기기
- 주요 액티비티 : 캠퍼밴 여행, 트레킹, 와이너리 투어, 유명 관광명소 탐방

주요 여행지

북섬	남섬
Auckland Rotorua Tongariro Alpine Crossing Waitomo Glowworm Caves	Christchurch Glaciers Region Te Anau Milford Sound Queenstown Mount Cook Lake Pukaki / Tekapo

항공권 내역

메인 구간 항공권

날짜	구간	출발일시	도착	Flt. No.	항공사	1인당
2024-06-02	ICN - AKL	2024-10-28 21:10	12:25 (+1)	NZ76	Air NZ	₩1,066,440
	AKL - ICN	2024-11-14 11:20	19:20	NZ75		

로컬 구간 항공권

날짜	구간	출발일시	도착	Flt. No.	항공사	1인당
2024-06-26	AKL - CHC	11.2(토) 11:40	13:05	JQ231	Jet Star	₩278,398
	CHC - AKL	11.12(화) 09:40	11:00	JQ232		

호텔 및 캠핑장 예약 내역

호텔 / 캠핑장 예약 현황

체크인	체크아웃	지역	호텔/캠핑장 이름	Room Type	Price(nz$)	KRW	취소 시한
10-29	10-30	Rotorua	Rotorua Hideaway Lodge	2베드룸 아파트	$225.00	191,350	10-22
10-30	10-31	Nat'l Park Village	Pleteau Lodge	2베드룸 아파트	$294.00	249,900	-
10-30	10-31	Nat'l Park Village	Pleteau Lodge	2베드룸 아파트	$277.20	235,620	10-27
10-31	11-01	Waitomo Caves	Waitomo Caves Guest Lodge	Family룸 x 2	$360.00	306,000	10-28
11-01	11-02	Auckland	Roomie Apartment Hotel	2베드룸 아파트	$233.28	198,288	취소 불가
11-02	11-03	Christchurch	Riccarton Mall Motel	2베드룸 아파트	$265.00	225,250	10-30
11-03	11-04	Franz Joseph Glacier	Rainforest Retreat	Powered Site	$92.00	78,200	11-01
11-04	11-05	Fox Glacier	Fox Glacier Lodge	Powered Site	$70.00	59,500	10-28
11-05	11-06	Te Anau	Te Anau Lakeview H/P	Powered Site	$110.00	93,500	11-04
11-06	11-07	Milford Sound	Milford Sound Lodge	Powered Site	$240.00	204,000	10-05
11-07	11-08	Te Anau	Te Anau Lakeview H/P	Powered Site	$110.00	93,500	11-06
11-08	11-09	Queenstown	Queenstown H/P Creekside	Powered Site	$105.00	89,250	11-05
11-09	11-10	Mt. Cook	White Horse Hill	Non-Powered	$72.00	61,200	?
11-10	11-11	Lake Tekapo	Lakes Edge H/P	Powered Site	$140.00	119,000	11-08
11-11	11-12	Christchurch Airport	Airport Palms Motel	2베드룸 아파트	$295.00	250,750	11-10
11-12	11-13	Auckland	Ponsonby Manor	Premium퀸 x 2	$400.00	340,000	11-06
11-13	11-14	Auckland Airport	B/W BKs Pioneer Motor Lodge	1 베드룸 Suite	$242.10	205,785	취소 불가

출발 전 추정 예산(1인당 비용)

여행경비 추산

지출 항목	Unit Price	Qty	Total	KRW	Remarks
메인구간 항공료	$800	1	$800	₩1,080,000	
호텔비	$40	8	$320	₩432,000	
캠핑카 렌트	$500	1	$500	₩675,000	4인 기준
일비	$100	18	$1,800	₩2,430,000	
예비비	$342	1	$342	₩461,700	총액의 10%
총계			$3,762	₩5,078,700	

실제 소요 비용

뉴질랜드 16박 18일 여행경비 정산

항목	NZ$	KRW	비고
항공료		₩5,392,021	ICN-AKL; AKL-CHC
출발 전 지출	4,461.70	₩3,873,869	RV/비자/입장료3곳
호텔+캠핑장 (16박)	3,265.09	₩2,780,057	2인 1박 평균 약 8만7천
일일지출 (16일)	3,801.52	₩3,162,463	1인 1일 평균 약5만
렌터카 (4일)	479.80	₩404,707	하루 약 10만
캠퍼밴 사고	500.00	₩430,575	Deductible
1인당 비용		₩4,010,923	

렌터카 예약

- 기간 : 2024.10.29 13:00~11.2 13:00

  (4일)

- 픽업 장소 : 오클랜드 공항 국제선

  터미널

- 반납 장소 : 오클랜드 공항 국내선 터미널
- 렌트 회사 : Dollar
- 비용 : 기본 NZ$287.96, Excess-0 NZ$180, 합계 NZ$468(₩390,842)
- 차종 : 기아 스포티지

캠퍼밴 예약

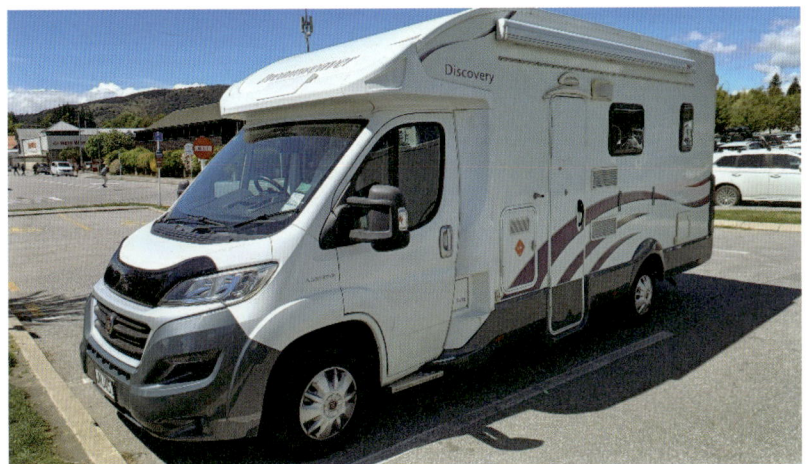

- 기간 : 2024. 11.3~11.11(9일)
- 픽업/반납 장소 : 크라이스트처치 시내에서 서쪽으로 10Km 떨어진 주택
- 렌트 회사 : Camplify
- 비용 : 기본 NZ$2,609, Excess-500 NZ$360, 합계 NZ$2,969 (₩2,502,867)
- 차종 : Fiat Roller Team(6 berth) 2015년식

여행 1일차 / 북섬 1일차

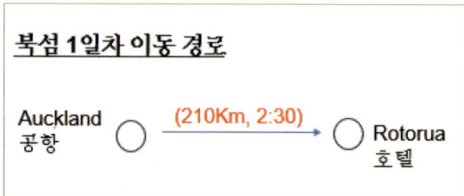

태평양을 가로질러 날아온 여정은 뉴질랜드의 관문, 오클랜드Auckland 공항에서 시작되었다. 정오의 눈부신 햇살 아래, 설렘 가득한 마음으로 입국장에 들어섰다. 뉴질랜드 전자여행허가증(NZeTA)을 소지한 우리 일행은 eGate를 통과하는 간단한 절차로 입국신고를 마칠 수 있었지만 진정한 관문은 바로 그 다음에 있었다. 검역 구역 앞에 늘어선 긴 줄은 모든 입국자가 예외 없이 거쳐야 하는 관문이었다.

　줄을 서서 천천히 앞으로 나아가다보니 검역관들이 꽤나 긴 시간을 여행객들과 대화를 주고받는 모습이 보인다. 인터넷에서 수없이 읽었던 뉴질랜드의 엄격한 농산물 검역 정책을 떠올리며, 출발 전부터 준비해온 신고 목록을 다시 한번 확인했다.

　마침내 우리 차례가 되었다. 검역대 앞에 서니 예상과 달리 검역관의 질문은 간단하다. 그는 가져온 몇 가지 식품에 대해 물었고, 사전에 신고한 캠핑용품에 대해서도 확인했다.

"등산 스틱을 가져오셨네요. 깨끗한가요?" 검역관이 물었다.

"네, 여기 오려고 특별히 깨끗이 닦았습니다." 나는 자신 있게 대답했다.

검역관은 환한 미소와 함께 엄지를 치켜세우며 "다 됐습니다!"라고 말했다. 그의 반응에 아내도 함께 웃으며 안도의 한숨을 내쉬었다.

출국장을 빠져나와 Dollar 렌터카로 갔다. 여권과 영문면허증을 제시하며 필요한 절차를 밟아 자동차 키를 넘겨받고 뉴질랜드의 도로를 누빌 준비를 마쳤다. 기다리고 있던 기아 Sportage가 마치 충실한 동반자처럼 우리를 반갑게 맞이했다.

오후의 햇살을 받으며 로토루아를 향해 달리는 동안 차창 밖으로 펼쳐지는 뉴질랜드의 풍경은 그 자체로 한 폭의 그림이다. 중간에 들른 작은 소도시에서의 아이스크림 한 입은 여행의 달콤한 시작을 알리는 듯했다.

4시간의 여정 끝에 도착한 로토루아 호텔, 그리고 저녁을 먹으러 가기

전 잠시 들른 해 질 녘의 로토루아 호숫가는 마음을 고요히 달래주었다. 잔잔한 수면 위로 번지는 석양의 붉은빛은 마치 여행을 축복하는 듯했다.

저녁은 현지 스테이크 레스토랑에서 풍성하게 즐겼다. 뉴질랜드의 신선한 재료로 만든 요리들은 입맛을 사로잡기에 충분했다. 하지만 저녁값이 꽤 나왔다. 원래 여행을 시작할 무렵엔 돈 씀씀이가 좀 헤프다. 식사 후, Pak & Save에 들러 구입한 Oyster Bay 와인 한 병은 오늘 하루의 완벽한 마무리를 약속하는 듯했다. 오늘 지출 금액(호텔비 제외)은 아래와 같다. 이 금액들은 단순한 숫자가 아닌, 오늘 하루 우리가 만든 추억의 가치를 나타내는 듯했다.

이렇게 뉴질랜드 여행은 설렘과 기대 속에 첫날을 마무리했다. 내일은 또 어떤 놀라운 경험들이 기다리고 있을까?

■ 일일 주요 지출

구 분	비 용
아이스크림 @ Tirau	$20.7
환전	$1,000 (₩827,610)
식료품 @ Pak & Save	$27.36
Oyster Bay 와인 @ Pak & Save	$18.49
저녁식사	$150.22
합 계	$220.15

오늘의 팁 뉴질랜드 공항에서 검역심사를 신속하게 통과하려면 신고 대상 물품 목록을 잘 작성하라.

여행 2일차 / 북섬 2일차

Redwoods Forest와 Waiotapu 지열지대

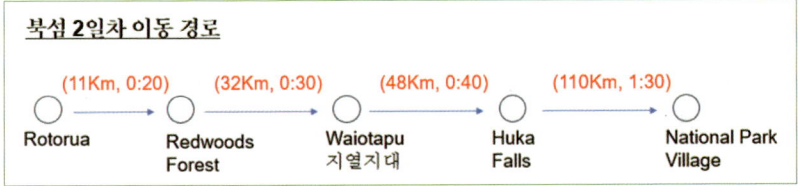

여명이 밝아오는 로토루아의 아침, 아파트형 호텔은 아늑한 가정의 분위기로 가득하다. 4명으로 구성된 우리 일행은 호텔을 예약할 때 되도록이면 방 두 개짜리 아파트형 호텔을 선택했다. 일반 호텔과 달리 아파트형 호텔에는 냉장고와 부엌이 딸려 있다. 아침과 저녁 식사를 사 먹지 않고 직접 해 먹을 수 있어서 시간 절약은 물론, 원하는 음식을 저렴한 비용으로 즐길 수 있는 큰 장점이 있다.

첫날 아침 식사는 캡틴인 내가 시범을 보일 차례다. 평소 집에서 하던 방식에다가 뉴질랜드의 신선한 야채를 준비해 아침 식사를 차리기 시작한다.

"오늘의 메뉴는 특제 샌드위치입니다."

빵에 햄과 슬라이스 치즈를 넣고, 신선한 사과, 토마토, 아보카도, 로메인 상추 등을 얹어 풍성한 샌드위치를 만들었다. 호텔 룸에 비치된 커피

메이커로 향긋한 커피를 내리니 주방은 더욱 식욕을 돋우는 향으로 가득 찼다.

"자, 식사 준비 완료!" 외치자, 모두들 식탁으로 모여들었다.

정성스레 차린 아침 식사를 보며 모두의 얼굴에 미소가 번졌다. 집에서 만들어 먹던 것과는 또 다른 신선한 샌드위치와 커피는 낯선 땅에서의 첫 아침을 더욱 특별하게 만들어주었다.

로토루아는 다양한 관광 명소와 체험거리로 가득한만큼 제한된 시간 안에 모든 것을 다 경험하기는 불가능하다. 일행 중 일부는 Agrodome에서 열리는 유명한 양털 깎기 쇼와 농장 투어를 제안했지만, Taupo 호수 방향으로 이동해야 하는 일정상 동선이 맞지 않아 아쉽게도 포기해야 했다. 또한 오전 10시에 Waiotapu 지열지대에서 열리는 간헐천(Geyser) 분출 쇼도 매력적인 옵션이었지만, 시간 제약으로 인해 이 역시 일정에서 제외해야 했다.

오른쪽 지도에서 빨간색 하트 모양이 호텔, 노란색 별이 Agrodome, 파란색 트렁크 모양이 Redwoods Forest, 녹색 깃발 모양이 Waiotapu 지열지대이며, 여기서부터 아래쪽으로 50Km를 내려가면 Huka 폭포가 있다.

Agrodome과 Geyser 쇼를 포기하는 대신 로토루아 호수의 아름다운 풍경을 감상하며 자연 경관을 만끽하기로 했다. 호수변 나무데크 산책로는 로토루아 호수의 전경을 감상할 수 있는 명소로, 신선한 바람과 탁 트인 경관은 뉴질랜드의 잘 보존된 자연을 즐길 수

있는 참으로 멋진 곳이었다.

아침 10시, 로토루아 호수변 산책을 마친 후 Redwoods Forest로 차를 운전하여 울창한 삼나무 숲에 도착하니 상쾌한 공기가 반긴다. 트레킹 코스 안내판 앞에서 잠시 의논한 끝에 친구 부부는 30분이 소요되는 쉬운 Red 코스를, 우리 부부는 1시간 걸리는 중간 난이도의 Blue 코스를 선택했다. 나무 사이를 로프로 연결해 통로를 만들어 놓은 Tree Walk은 대기 시간이 길다는 소문에 아쉽게도 포기했지만, 숲 바닥의 부드러운 흙을 밟으며 걷는 것만으로도 충분히 만족스러웠다.

트레킹을 마친 후 Waiotapu 지열지대로 향했다. 각자의 체력과 관심사에 맞춰 코스를 선택했는데, 우리 부부는 1시간짜리 B코스를, 출발 전부터 "여긴 무슨 일이 있어도 속속들이 봐야 한다"고 외치던 친구 부부는 소요 시간이 가장 긴 1시간 30분짜리 C코스를 택했다.

"여기 마치고 근처 개울의 노천온천에 잠깐 들를게요. 매표소 입구에서 만나요." 우리는 친구 부부와 헤어지며 말했다.

지열지대를 둘러보며 다양한 색상의 온천과 진흙 웅덩이, 그리고 증기가 뿜어져 나오는 분화구들을 감상했다. 우리 부부는 B코스를 마친 후 근처 숨겨진 노천온천으로 향했다. 흐르는 개울물을 정리해 만든 이 소박한 온천에 수영복 차림으로 몸을 담그자 40도가 넘는 따뜻한 물이 피로를 씻어주는 듯했다.

약속 시간에 맞춰 다시 모인 우리는 Geyser 쇼는 못 보더라도 근처 구경이라도 하고 싶었지만 입구가 닫혀 있어 아쉽게도 발길을 돌려야 했다.

다음 코스는 Huka 폭포다. Taupo 호수에서 흘러내린 물이 좁은 계곡을 통과하며 유속이 빨라져 거대한 물줄기를 만들어내는, 이 작지만 강력한 폭포

앞에서 모두 감탄사를 연발하며 다음 목적지로 출발할 생각조차 잊었다.

　Taupo 호숫가 마을에 들러 저녁과 내일 아침 식사 재료를 구입한 후 Tongariro Alpine Crossing의 출발점인 National Park Village로 향했다. 저녁 7시 15분쯤 호텔에 도착했을 때는 리셉션은 이미 문을 닫아 우릴 맞아주는 사람이 아무도 없다. "혹시 이메일로 무슨 안내가 있을까?" 하고 열어보니 예상대로 이메일이 한 통 와 있다. 안내 받은대로 비밀번호를 눌러 박스를 열어보니 내 이름이 적힌 봉투 안에 룸키와 설명 자료가 들어 있다.

　피곤한 몸을 이끌고 방에 들어서 짐을 풀고, 곧 이어 뉴질랜드 소고기와 초록홍합으로 요리를 했다. Rapaura Springs 와인 한 잔을 곁들인 저녁 식사는 고급 레스토랑의 1인당 $100짜리 코스 요리에 비해 전혀 뒤지지 않았다.

■ 일일 주요 지출

구 분	비 용
Waiotapu Tavern에서 점심	$59.50
4인 Waiotapu 입장료	$180
식료품 @ Pak&Save, Taupo	$92.20
Rapaura Springs 와인 @ Pak & Save	$15.99
합 계	$337.70

오늘의 팁
- Waiotapu의 Geyser쇼는 10시에 딱 한 번만 한다.
- Waiotapu에 가면 노천온천도 즐겨보자.
- 뉴질랜드에는 조리가 가능한 아파트형 숙소가 많다.

여행 3일차 / 북섬 3일차

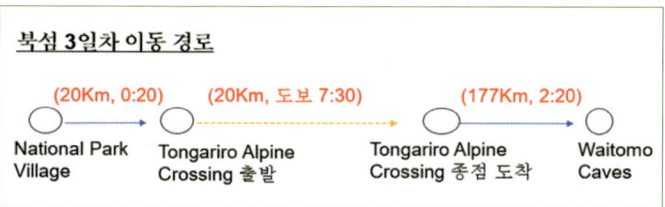

새벽에 일어나 아침을 준비하고 점심 도시락을 챙긴 우리 부부는 친구가 운전하는 차를 타고 호텔을 출발해 7시 30분 트레킹을 시작했다. 다리가 약하다고 생각하는 친구 부부는 우리를 출발점에 데려다 준 후 호텔로 돌아와 통가리로 대신 출발점 근처의 낮은 2~3시간짜리 코스를 걸을 예정이다.

입구에 도착하니 어디서 나타났는지 열 명은 족히 넘어 보이는 일행이 인솔자의 설명을 듣고 있다. 우리도 그 그룹의 뒤를 따라 출발한다.

출발점을 조금 지나니 경고판이 보인다. 안내판의 사진으로 날씨 상황을 판단해 진행 여부를 결정하라고 한다. 그날의 날씨는 상당히 흐린 편이었다. 그렇다면 포기해야 하나? 우리 역시 마찬가지고, 이 코스를 위해 전 세계의 수많은 사람들이 모여드는 곳인데, 날씨가 이 정도 흐리다고 포기하긴 싫었다. 당연히 "Go"다. 마침 캐나다에서 온 또래의 남자 한 명도 "이 정도면 당연히 간다"면서 앞서 간다.

맑은 공기를 마시며 한참을 걷는데 초기엔 평평하던 길이 점차 가팔라지면서 눈발이 휘날리기 시작한다. 또다시 안내판이 나타난다. 돌아갈 거냐 계속할 거냐 다시 한번 결정하라고 한다. 의지의 한국인인 우리는 볼 것도 없이 "Go"다.

점차 정상에 가까워지는데 상황이 심각해진다. 쌓인 눈도 제법 되고 눈보라가 심해진다. 가파른 오르막길에선 등산스틱이 없으면 넘어질 것 같다. 스틱이 없는 아내에게 하나를 건네주고 둘 다 스틱 하나씩에만 의지한 채 정상을 향해 엉금엉금 기어간다. 솔직히 후회가 된다. 괜히 고집을 부려 아내까지 위험에 처하게 한 건 아닌지 걱정된다.

이런저런 걱정을 안고 걷다 보니, 마침내 정상에 도착했다. 시간은 11시.

3시간 반을 걸어왔다. 한두 시간 전부터 엄습했던 공포감이 순식간에 사라지며 안도의 숨이 새어나온다.

휘몰아치는 눈보라 속에서 앞이 흐릿하게만 보인다. 거센 바람이 얼굴을 스치고 지나가고, 능선도, 에메랄드빛 호수도 모두 흰 안개 속에 묻혀 있다. 하지만 가슴속에는 누구보다 선명한 성취감이 퍼져간다. 보이지 않아도 알 수 있다. 지금, 나는 이 순간을 온몸으로 느끼고 있다.

바로 눈앞에 작은 호수들이 드문드문 모습을 드러낸다. Emerald Lakes다. 조금 더 내려가자 커다란 Blue Lake가 눈앞에 펼쳐진다. 비로소 정신을 가다듬고 배낭을 열어 싸갖고 온 샌드위치를 꺼낸다. 뉴질랜드산 와인 한 잔을 곁들여 한입 베어 문다. 이 맛을 무엇에 비할 수 있을까?

가파른 길을 조금 내려가다 보니 드디어 경사가 완만한 길. 그런데 꼬불꼬불한 길이 한없이 이어진다. 참으로 지루하다. 그렇게 얼마나 걸었을까? 어느새 친구와 약속한 주차장에 도달했고 친구 부부가 무사히 돌아온 우리를 반갑게 맞아준다. 15:10. 점심 시간을 제외해도 7시간을 넘게 걸었다.

친구가 운전하는 차를 타고 Waitomo Caves에 도착해 호텔에 짐을 풀었다. 길 건너 식당에 가서 와인 한 잔 곁들여 저녁을 먹은 다음, 호텔에 돌아오자마자 이내 곯아떨어졌다.

이날의 여정은 단순한 트레킹이 아닌, 우리 자신과의 싸움이었다. 자연의 위대함 앞에 겸손해지고, 동시에 우리의 의지력 또한 만만치 않음을 스스로 깨달은 하루였다. 이렇게 Tongariro Alpine Crossing은 우리에게 평생 잊지 못할 추억과 교훈을 선사했다.

다음 지도의 녹색 깃발은 전날 묵은 숙소가 위치한 National Park Village,

파란색 트렁크는 등산로 시작점, 빨간색 하트는 정상인 Emerald Lakes, 노란색 별은 트레킹 종료 지점이다.

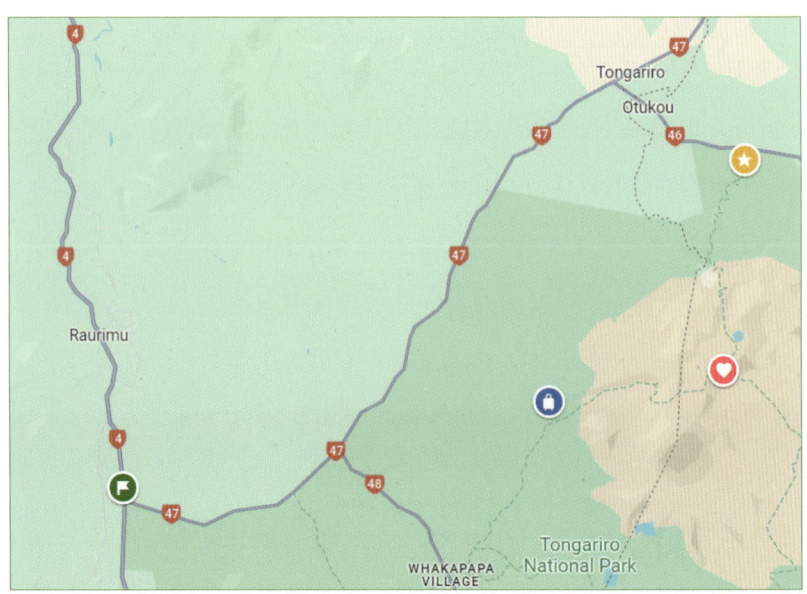

■ 일일 주요 지출

구 분	비 용
16:30 주유	$80
18:15 Huhu Café	$202
합 계	$284

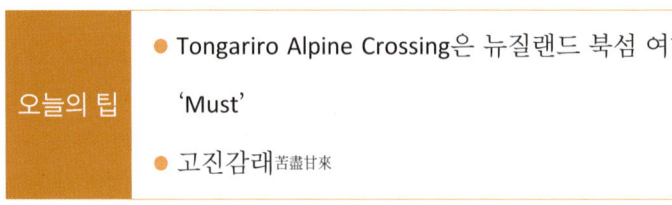

오늘의 팁
- Tongariro Alpine Crossing은 뉴질랜드 북섬 여행의 'Must'
- 고진감래 苦盡甘來

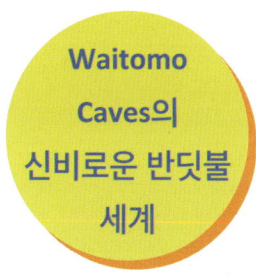

> 여행 4일차 / 북섬 4일차

Waitomo Caves의 신비로운 반딧불 세계

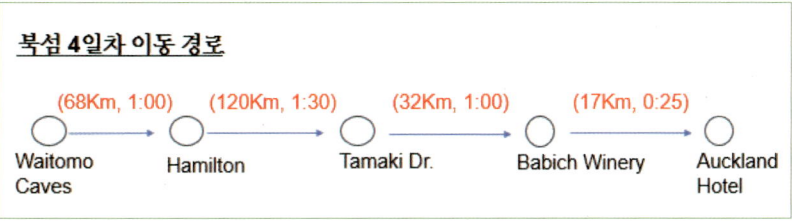

새벽빛이 스며드는 Waitomo, 우리의 여정이 지하 세계의 신비를 향해 펼쳐진다. 우리는 출발 전 Trip.com에서 Waitomo 동굴 반딧불 투어 티켓을 예매했다. 뉴질랜드의 유료 관광명소는 대체로 비싼 편이지만, BookMe 앱이나 Trip.com, Klook 등을 통해 구매하면 상당한 할인을 받을 수 있다. 예매 시 받은 바우처로 매표소에서 티켓과 교환하면 된다.

호텔에서 제공하는 간단한 아침 식사를 마친 후 동굴 매표소에 도착했다. 입장은 일정 인원 단위로 이루어진다. 잠시 대기 후 약 15명이 한 그룹이 되어 손바닥만 한 알루미늄 배를 탔다. 이 작은 배로 동굴 안을 지나가며 천장의 반딧불을 구경하는 것이 투어의 핵심이다. 이 지역에는 이와 같은 동굴이 300여 개나 있다고 한다. 반딧불이 놀랄까 봐 사진 촬영이 금지되어 있어 어둠 속에서 반짝이는 모습을 담지 못한 것이 아쉽다.

투어를 마치고 카페에서 커피 한 잔씩 마시고, 기념품 가게에서 비니 두 개를 구입한 후 10:30에 오클랜드를 향해 출발했다.

점심을 위해 Hamilton에 도착해 멋진 레스토랑을 찾아 자리를 잡았지만, 손님이 많아 대기 시간이 너무 긴 탓에 소중한 시간을 낭비한 것이 다소 후회스러웠다.

오클랜드에는 만(Bay)을 따라 시내 경치를 조망할 수 있는 Tamaki Drive 라는 멋진 도로가 있다. 한편, 오클랜드 서북쪽 외곽에는 우리나라에도 많이 수입되는 Babich 와인을 생산하는 와이너리가 있다. 내가 즐겨 마시는 와인이라 방문하고 싶었던 곳 중 하나다. 우리는 Tamaki Drive를 따라 운전해 Babich Winery에 16:30에 도착했지만, 안타깝게도 30분 전에 와이너리 샵이 문을 닫았다.

아쉬움을 뒤로하고 Pak & Save에 들러 도미 두 마리를 비롯한 식재료를 구입한 후 호텔에 도착했다. 놀랍게도 넓고 깨끗하며 멋진 호텔이었다. 코인 세탁실도 있었다. 차가 있어 일부러 외곽에 위치한 호텔을 선택했는데, 예상 외로 쾌적했다. 호텔룸에 있는 그릴에 도미를 구워 Rapaura Springs 와인 한 병과 함께 또 다시 기억에 남을 멋진 저녁을 즐겼다.

캡틴인 나는 여행 중 매일 저녁 다음 날 일정을 확정해 우리 네 명의 카카오톡 단체방에 공유한다. 내일은 항공편으로 치치로 이동하는 날이라 시간 계획이 중요하다. 내일의 일정을 확정하여 단톡방에 올렸다. 치치로의 비행을 앞둔 우리의 마음은 이미 다음 모험을 향해 달려가고 있었다.

Waitomo의 반딧불 동굴에서 오클랜드의 도시 풍경까지, 이날의 여정은 뉴질랜드의 다채로운 매력을 온몸으로 느낄 수 있는 특별한 하루였다.

■ 일일 주요 지출

구 분	비 용
Souvenir, Beanie	$115.20
점심 @ Hayes Common	$104+$8.5
식료품 @ Pak & Save	$57.19
주차	$15.38
세탁	$6
합 계	$190.41

오늘의 팁
- 할인 티켓을 잘 활용하면 적지 않은 비용을 절약할 수 있다.
- 뉴질랜드 최고의 할인 사이트는 단연 BookMe!

여행 5일차 / 남섬 1일차

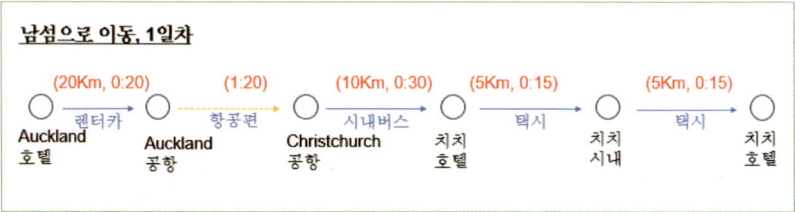

새벽의 여운이 감도는 오클랜드의 아침, 우리의 여정은 이제 남섬을 향한 새로운 장을 펼치려 한다.

오늘은 11:40 오클랜드공항 출발 치치행 비행기를 탈 예정이다. 호텔에서 공항까지는 30여 분 거리이며 국내선이므로 08:45 호텔 출발, 주유 후 09:45경 렌터카 반납으로 충분할 것이다.

어제 구입한 훈제연어를 넣어 만든 샌드위치로 든든한 아침을 먹고, 캠퍼밴 주인과 내일 아침 픽업 약속을 재확인했다.

렌터카 반납 전 주유를 위해 미리 확인한 주유소는 무인 운영이었다. 신용카드로 결제해야 했는데, 이 경우 미리 정해진 금액(우리의 경우 NZ$150)을 승인받은 후 실제 주유량에 따라 청구된다. 청구가 완료될 때까지 카드 이용내역에 NZ$150이 표시되어 마음이 좀 불편하다. 일반적으로 뉴질랜드 주유소에서는 Casher에게 미리 펌프 번호를 알리고 주유를 마친 후 결제하는 방식으로 운영된다.

예정된 시각에 렌터카 반납장소에 도착했다. 우리는 차량 파손 시 본인 부담금이 전혀 없는 보험을 구입했기에, 렌터카 반납 시에는 차량 점검 절차도 없이 차를 두고 가면 되고, 청구서는 이메일로 보내준다고 한다.

나는 꼼꼼한 성격 탓에 항공편 체크인 시 무게 제한을 지키려 노력한다. 어떤 사람은 무게 초과를 대수롭지 않게 여기지만, 그러다가 무게를 매우 엄격하게 체크하는 AirAsia 같은 저가항공사를 만나면 낭패를 볼 수가 있다. 나는 여행하면서 실제로 보딩게이트 근처에서 무거워 보이는 짐을 든 승객을 불러 확인하는 모습을 여러 번 목격했다. 여기서 적발되어 다시 수하물을 부쳐야 한다면 시간과 비용 모두 낭비다.

오클랜드 공항에는 곳곳에 저울이 비치되어 있어 무게 초과를 방지하도록 안내하고 있다. 내가 신중히 가방 무게를 조절한 후 수하물을 부치려고 하는데 일행 중 일부는 "뭘 그렇게까지 하느냐"는 눈치다.

치치공항 도착 후, 택시 두 대를 불러야하나 고민을 하고 있는데 저편에 버스정류장이 보인다. 30분만 기다리면 호텔 앞까지 가는 시내버스가 있다. 우린 비싸고 번거로운 택시 대신 값싸고 일행이 함께 움직일 수 있는 버스를 선택했다. 호텔에 도착해 가방을 두고, 다시 밖으로 나와 중국음식점에서 소고기국수와 만두로 점심을 즐겼다. 이후 택시로 시내 구경에 나섰는데, 짐이 없어 4명이 한 대로 충분하니 참 좋다.

여유롭게 시내를 산책하며 커피도 마시고 다시 택시로 호텔로 돌아왔다. 호텔은 대형 쇼핑몰 맞은편에 위치해 있다. Pak & Save에서 캠퍼밴용 물품과 식재료를 구입해 호텔로 돌아와 저녁을 준비했다. 캠퍼밴에서 마실 뉴질랜드 소비뇽 블랑도 세 병 구매했다. 저녁 메뉴는 내가 좋아하는 라면이었다.

이렇게 우리의 남섬 여행은 시작되었다. 북섬에서의 추억을 가슴에 안고, 우리는 이제 더 큰 모험을 향해 나아간다. 내일은 어떤 놀라운 경험들이 우리를 기다리고 있을까? 설렘 가득한 마음으로 깊은 잠에 빠져든다.

■ 일일 주요 지출

구 분	비 용
주유	$49.13 (US$29.38)
환전	$1,000 (₩823,630)
버스 : 공항 -> 숙소	$16
Uber 택시	$14.67
커피	$27.90
Uber 택시	$14.50
식료품 @ Pak & Save	$189.74
Wine 3병	$64.47
합 계	$425.81

오늘의 팁   자동차가 있을 땐 외곽지역에 숙소를 구하면 좋다.

여행 6일차 / 남섬 2일차

캠퍼밴을 끌고
빙하마을로

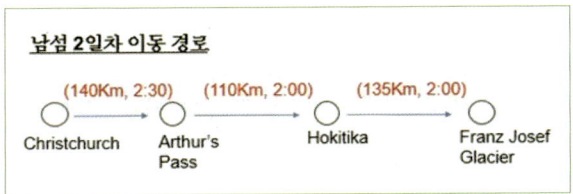

사전 언급이 없었던 것은 아니지만, 캠퍼밴 주인 Jim이 우리를 태우러 온 차는 쿠페형 컨버터블이었다. 4명이 탈 수는 있으나 짐 공간이 거의 없어, 나와 친구 둘만 그의 집에 가서 캠퍼밴을 가져와 호텔에서 여성들을 태우기로 했다.

  차주의 집에서 계약서 서명을 하고 차량 운행 설명을 들은 후 출발하려는데 기어 변속기가 일반 차량과 완전 다르다! 우리가 빌린 차는 이탈리아 Fiat사 엔진에 캠퍼밴 차체를 얹은 모델인데 기어박스 구조가 일반적인 P/R/N/D가 아니다. 7년 넘는 해외생활 경험에도 이런 차는 처음인지라 표준화의 중요성을 다시 깨달았다. 엔진 크기를 물어보니 2,500cc라고 한다. 6인승 캠퍼밴치고는 작아 보여 질문했더니, 연료 효율성과 충분한 성능을 강조하며 큰 문제가 없다고 답했다.

호텔로 돌아와 30여 분간 짐을 싣고, Arthur's Pass를 거쳐 Franz Josef과 Fox Glacier가 있는 빙하마을로 출발했다.

치치에서 서쪽 해안의 호키티카로 가려면 남섬을 동서로 가르는 Southern Alps를 넘어야 하는데, 그 정상이 Arthur's Pass다. 치치에서 이곳까지는 계속 오르막이었다. 시내를 벗어나 정상으로 향하는 길에서 차의 가속 능력 부족을 실감했다. 2,500cc 엔진의 한계를 느끼며 내가 한 선택을 약간 후회했지만, 당시엔 엔진 크기까지 고려하지 못했다. 앞으로 캠퍼밴을 빌릴 때는 Fiat와 2,500cc는 피해야겠다고 다짐했다.

게다가 이 차는 발전기가 없어 외부 전원 없이는 전자레인지 사용이 불가능했다. Arthur's Pass에서 점심 준비 중 이 사실을 알게 된 아내는 닭고기 요리 계획에 차질을 빚었다. 결국 남은 재료로 간단한 샌드위치를 만들어 점심을 해결했다.

힘들게 오르막을 올랐던 캠퍼밴은 내리막에선 비교적 수월하게 달려 Tasman Sea 해변의 Hokitika 마을에 도착했다. 장거리 운전의 피로를 푸른

바다를 보며 마시는 커피 한 잔으로 달랬다.

다시 출발해 목적지인 Franz Josef Glacier에는 저녁 7시가 넘어 도착했다. 캠핑장 담당자는 이미 퇴근한 상태였고, 리셉션 앞 테이블에 내 이름이 적힌 안내 봉투가 놓여 있었다.

우리의 주차 공간은 숲속 한가운데 있는 멋진 장소다. 차에 전기를 연결하고 낮에 미처 끝내지 못한 닭고기 요리로 저녁을 먹고 나니 피로가 몰려왔다. 쉬는 시간을 제외하고도 7시간 넘게, 380km를 달려온 긴 여정이었다.

예상치 못한 상황들의 연속이지만, 이 모든 것이 여행의 진정한 맛이 아닐까? 내일 만날 빙하의 장엄한 모습을 기대하며 달콤한 휴식에 빠져든다.

■ 일일 주요 지출

구 분	비 용
식료품 @ Pak & Save	$80.12
합 계	$80.12

오늘의 팁	● 캠퍼밴을 고를 땐 엔진 크기도 봐야한다. ● 표준을 따르는 것이 중요하다.

여행 7일차 / 남섬 3일차

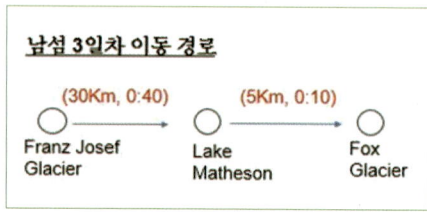

표준형 RV의 오수는 Black Waste와 Grey Waste 모두 호스로 처리한다. 그러나 Fiat RollerTeam의 Black Waste는 카트리지 형식으로, 이를 분리하여 직접 비운다. 또한 오수 잔량 확인 장치가 없어 불편하다. 이는 미국이나 유럽 표준을 따르지 않아 발생하는 문제지만, 사실은 매일 아침 출발 전 오수를 비우는 것이 일반적이므로 사용하는 데 큰 지장은 없을 수도 있다.

　우리는 아침 식사 후 오수를 처리하고 Franz Josef Glacier로 향했다. 주차장에서 20분 거리에 멋진 빙하가 보인다. 맑은 공기를 맘껏 마시며 휴식을 취하고, 빙하를 배경으로 기념사진을 촬영한 다음 차를 운전하여 Fox Glacier로 이동했다. 주차장에서 빙하까지는 왕복 1시간 40분이 소요된다.

  빙하로 가는 중간에 있는, 그리 길지 않은 산책로 Moraine Walk는 특히 인상적이다. 마치 「반지의 제왕」 속 울창한 정글을 걷는 듯하다. 'Moraine'은 빙하가 남긴 퇴적물을 의미하며, 이 길에서는 수천 년에 걸친 식물의 정착 과정과 고대 빙하의 흔적이 어우러진 풍경을 감상할 수 있다. 선명한 녹색 이끼로 뒤덮인 열대우림 같은 환경이 특히 매력적이다.

  빙하 지역의 또 다른 명소인 Lake Matheson은 걸어서 한 바퀴 도는 트레킹 코스로 유명하다. 맑은 호수에 비치는 마운트쿡의 모습과 함께 뉴질랜드 자연의 아름다움을 만끽할 수 있다.

  우리는 빙하마을에서 점심을 즐긴 후, Lake Matheson을 1시간 30분 동안 둘러보았다. 입구의 멋진 카페에서 커피를 마시고 싶었지만, 오후 4시가 조금 지났음에도 이미 문 닫을 준비를 하고 있었다.

  캠핑장에 체크인하고 주차 후 전기를 연결한 다음 차에서 요리한 스테이크와 뉴질랜드산 Villa Maria Gold 와인으로 저녁을 즐겼다. 이 순간, 캠퍼밴 여행의 즐거움을 다시금 실감하며 행복감에 젖어 흐뭇한 시간을 보냈다.

■ 일일 주요 지출

구분	비용
점심 @ Fox Glacier Village	$107.60
합계	$107.60

오늘의 팁	Fox Glacier에 가면 Moraine Walk를 놓치지 말라.

여행 8일차 / 남섬 4일차

빙하마을에서
Te Anau까지

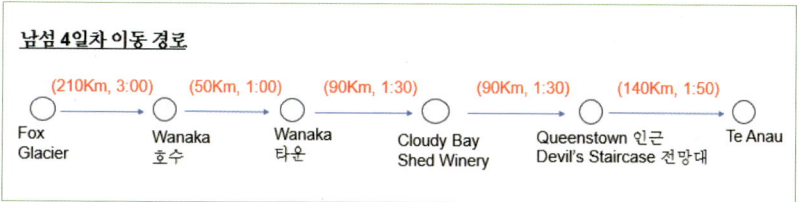

오늘은 이번 여행에서 가장 먼 거리를 이동해야 한다. Milford Sound의 4명 캠핑장 이용료가 하루 NZ$240으로 비싸기 때문에, 나는 그곳에 조금 못 미친 데서 하룻밤을 보내고 싶었다. 그러나 그곳 캠핑장에는 물과 전기, 화장실이 없다는 문제가 있었다. 우리 부부는 어느 정도의 불편함을 감수할 수 있지만, 친구 부부는 전기와 화장실이 없는 곳은 절대 갈 수 없다고 난색을 표했다.

결국, 캡틴인 내가 양보하기로 했다. 이렇게 해서 Milford Sound 방문 전후로 Te Anau에서 2박을 하기로 결정했다. 따라서 오늘은 빙하 마을을 출발해 와나카 호수를 거쳐, 500km 이상을 달려 Te Anau까지 가야 한다.

와나카 호수 역시 전망이 뛰어나기로 유명한 곳이다. 우리는 사람들이 붐비는 장소를 피해 한적한 도로변 주차장에 차를 세우고 잠시 쉬어가기로 했다. 점심으로는 라면을 끓여 먹기로 했는데, 호숫가에서 즐기는 라면의 맛이란! 라면은 언제 먹어도 맛있지만, 이렇게 아름다운 풍경 속에서 먹으니 더욱 특별하게 느껴졌다. 이번 여행에서 두고두고 기억에 남을 순간이었다.

와나카 타운에 들러 필요한 식료품을 구입한 후, Cloudy Bay Shed라는 와이너리를 향해 출발했다. Cloudy Bay는 수퍼마켓에서 NZ$50 정도에 판매되는 제법 고급 와인 브랜드다. 많은 한국 관광객들이 Rippon Winery를 방문하는 것 같지만, 내게는 상업적인 느낌이 강하게 느껴졌다. 그런데 근처에 Cloudy Bay Winery가 있다는 사실을 알게 되었다. Marlborough 지역 와인이라고 생각했지만, 친구가 운전하는 동안 검색해 보니 근처에 작은 규모의, 제2의 와이너리가 또 있었다. 와인 애호가인 내가 그냥 지나칠 수 없지!

그러나 Cloudy Bay Shed에 도착하니 겨우 오후 3시가 넘었음에도 불구

하고 이미 문을 닫았다. 뉴질랜드 사람들은 왜 이렇게 이른 시간에 영업을 종료하는 걸까? 일을 언제 하고 이렇게 빨리 문을 닫는 건지 궁금하다.

다시 차를 운전하여 Queenstown 근처로 가니, 길을 따라 와이너리들이 이어진다. 지도를 보니 이곳은 Gibbston Valley라는 와인 생산지. 뉴질랜드에는 Marlborough뿐만 아니라 Gibbston Valley도 있다는 걸 새삼 알게 되었다.

친구가 운전하는 캠퍼밴은 Wakatipu 호수를 따라 Te Anau로 향했다. 조금만 더 가면 Devil's Staircase Lookout Point가 나온다. 이곳에서 잠시 쉬면서 운전을 교대하기로 했다. 주차장은 도로 오른쪽에 있었고, 뉴질랜드는 좌측 통행이라 우회전을 해야 했는데, 맞은편에서 빠른 속도로 차들이 달려오고 있었다. 친구는 정면에서 오는 차량을 신경 쓰다가 왼쪽 절벽 쪽으로 너무 바짝 붙었고, 결국 왼쪽 사이드미러가 벽에 부딪혔다. 이어서 "우지직" 소리와 함께 차체 왼쪽 바닥이 긁히면서 사이드미러 프레임 속 거울이 제 위치에서 이탈하여 약간 아래로 내려가 버렸다.

당황한 친구를 진정시키고 내가 운전대를 잡아 주차장으로 이동했다. 먼저 도착해 있던 관광객들이 괜찮냐며 도울 일이 없느냐고 다가왔다. 처음에는 사이드미러의 거울이 떨어져 전선에 매달린 정도의 파손인 줄 알았는데, 정신을 차리고 보니 출입문 아래 차체도 꽤 긁혀 있었다.

사이드미러가 떨어진 걸 본 순간 '이제 우리 여행은 망했다'는 생각이 스쳤다. 길이 7m가 넘는 이 큰 차를 사이드미러 없이 운전할 수 있을까? 하지만 친구를 안심시키고 사이드미러를 원래 위치에 끼워보니, 놀랍게도 그대로 고정된다. 자세히 살펴보니 깜박이등 덮개만 깨졌을 뿐, 거울 자체는 내가 손으로 밀어 넣은 상태로 유지된다. 다행히 운행에는 문제가 없었다. 오, 하나님 감사합니다!

안심한 후 휴대폰으로 파손 부위를 다양한 각도에서 촬영했다. 그리고 캠퍼밴 주인에게 바로 알려야겠다고 생각했다. 정리를 마치고 천천히 차를 운전하여 Te Anau에 도착하니 오후 6시 45분이었다.

저녁 식사 후, 캠퍼밴 주인에게 문자로 사고에 대해 알리자 즉시 전화가 걸려왔다. 내가 "So sorry, terribly sorry"를 반복하며 자초지종을 설명하자, 사진을 보내 달라고 했다. 차주가 하는 말이 다행히 차량이 계속 운행할 수 있어서 큰 문제는 아니라고 했다. 우리가 차량 파손 면책 한도 NZ$500 보험에 가입한 것도 천만다행이었다. 이런 차량은 수리비가 상당히 비싸다고 했다.

우리가 이날 묵은 캠핑장은 Te Anau 호숫가에 인접해 있으며, 시설이 매우 깨끗하게 잘 갖춰져 있었다. 세탁기와 드라이어가 구비된 코인 세탁실도 있어 편리했다.

이날의 여정은 장대한 뉴질랜드의 자연 풍경과 점심으로 차안에서 즐긴 맛있는 라면, 예기치 못한 접촉 사고, 그리고 그 속에서 빛을 발한 우리의 팀워크를 모두 경험하게 해준 특별한 하루였다.

500km가 넘는 긴 여정, 와나카 호수의 아름다움, 와이너리 방문 불발의 아쉬움, 그리고 사고의 놀라움과 해결 과정, 이 모든 것이 어우러져 잊지 못할 추억을 만들어주었다.

■ 일일 주요 지출

구분	비용
주유 @ Haast	$124.03 (59리터)
식료품 @ New World Mart	$131.64
세탁	$13
합 계	$268.67

| 오늘의 팁 | 욕심부리지 말고 일정을 여유있게 설계하자. |

여행 9일차 / 남섬 5일차

Key Summit Trail & Marian Lake

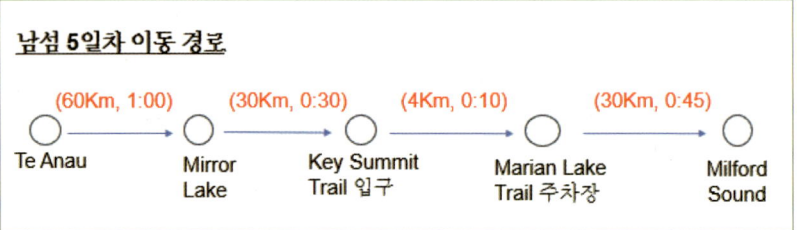

나에게 이번 여행의 3대 하이라이트를 꼽으라면 Tongariro Alpine Crossing, Milford Sound 그리고 Mt. Cook이다. 드디어 그중 하나인 Milford Sound로 가는 날이다. 07:40에 Te Anau를 출발하여 가는 길 중간에 있는 Mirror Lake에 도착하니 09:30이다.

내 생전에 이렇게 맑은 호수는 처음 본다. 말 그대로 거울이다. 그것도 얼룩 하나 없는 거울이다. 거울에 반사되었을 때 제대로 보이도록 Mirror Lake 표지판을 거꾸로 써 놓았다고 하는데, 그걸 보지 못한 것이 아쉽다.

Te Anau에서 Milford Sound로 가다 보면 일방통행 터널인 Homer Tunnel 조금 못 미쳐 오른쪽에 Key Summit Trail이 있다. 뉴질랜드의 대표적인 3대 트레킹 코스로는 Milford Track, Routeburn Track, 그리고 Kepler Track

이 있는데, 대체로 3박 4일 일정으로 걷는 코스다. Key Summit Trail은 이 중 Routeburn Track의 시작 부분에 해당하며 보통 왕복 3시간이 소요되는 비교적 쉬운 트레킹 코스다. 정상인 Key Summit에 오르면 탁 트인 파노라마 전망과 함께 멀리 Marian Lake와 그 호수를 둘러싼 거대한 설산이 한눈에 들어온다.

다음 목적지인 Marian Lake는 원래부터 우리 계획에 포함된 곳이다. 캠퍼밴을 몰아 호수 진입로 주차장에 차를 세우고 트레킹을 시작했는데, 표지판을 보니 예상했던 소요 시간과 크게 달랐다. 내 자료에는 왕복 1시간 30분으로 되어 있는데, 안내판에는 3시간이라고 적혀 있었다. 그럴 리가 없다고 생각하며 산길을 걷다 보니 내가 틀렸다.

이번 여행에서 내가 결정적인 계산 착오를 일으킨 부분이 두 곳이 있었는데, 바로 이곳 Marian Lake 가는 길과 이후에 가게 될 Mt. Cook의 Mueller Hut Route였다. 나의 실수는 단순히 구글 지도에서 제공하는 시간을 기준으로 소요 시간을 책정한 것이었다. 산길은 평지보다 훨씬 더 시간이 걸리는데, 이를 인지하지 못하고 단순히 구글 지도 상의 시간을 그대로 적용한 것이 큰 실수였다.

결국 우리는 예상보다 훨씬 험한 산길을 지나 Marian Lake에 도착했다. 숨 가쁜 여정 끝에 마주한 Lake Marian은 오랜 고행 끝에 만난 신성한 안식처와 같았다. 해발 900m에 위치한 이 빙하가 빚어낸 걸작은 험준한 산세에 둘러싸인 고요한 호수였다. 깎아지른 절벽과 만년설을 이고 있는 봉우리들이 호수를 감싸 안은 모습은 웅장함과 신비로움을 자아냈다.

땀방울과 뻐근한 다리의 고통은 눈부신 하늘과 투명한 호수에 스르륵 녹아내렸다. 거울처럼 맑은 호수 표면은 하늘과 산을 고스란히 담아내 현실과 환상의 경계를 허물었다. 고진감래(苦盡甘來)란 말처럼, 그토록 힘들게 도착한 Marian Lake는 말로 다 형용할 수 없을 만큼 아름다웠다. 뉴질랜드에 와서 이곳을 보지 못하고 갔더라면 억울했을 정도로 멋진 경관이었다.

3시간 30분 만에 주차장으로 되돌아온 우리는 다시 차를 운전하여 오늘 저녁 숙소인 Milford Sound Lodge 캠핑장으로 향했다. 이곳은 Milford Sound 내 유일한 숙소로, 주변 40km 이내에는 다른 숙소가 없다. 이는 환경 보호를 위해 숙박시설 개발을 제한하기 때문이라고 한다. 이곳의 성수기는 10월부터 4월까지이며, 2인 1실 기준 1박 평균 숙박비가 NZ$600, 옵션에 따라 비싼 곳은 NZ$1,200까지 한다. 게다가 성수기에는 최소 2박 이상 숙박해야 하는 조건까지 붙는다. 캠핑장 이용료도 4인 1박에 NZ$240인데, 그만큼 깨끗하고 주변이 잘 정돈되어 있다. 그야말로 5성급 캠핑장이다.

따뜻한 물로 샤워를 마친 후 구운 소고기와 와인으로 저녁을 즐기며, 예상 밖의 모험과 절경으로 가득했던 하루를 마무리했다. 여행이 늘 그렇긴 하지만 이번 여행은 특히나 예상치 못한 일들이 많이 일어난다. 피곤함 속에서도 내일의 Milford Sound 크루즈에 대한 기대감으로 가슴이 설레는 가운데 꿈나라로 향한다.

■ 일일 주요 지출

구 분	비 용
아침식사	$45
합 계	$45

오늘의 팁	구글 지도에서 보여주는 소요시간은 평지 기준이다.

여행 10일차 / 남섬 6일차

경이로운
Fjord의 세계,
Milford Sound

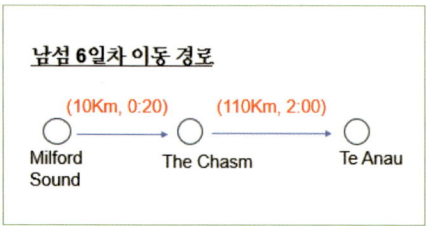

Milford Sound에는 내가 알기로 네 개의 크루즈 회사가 있다. 크루즈 티켓 정가는 NZ$165이지만, 저렴하게 사는 방법도 있다. 우리는 미리 BookMe를 통해 1인당 NZ$89에 4장의 티켓을 샀다. 덕분에 총 NZ$304, 우리 돈으로 약 30만 원을 절약했다. 이런 게 바로 경험자의 노하우이며 여행의 묘미다.

호텔에서 가까운 곳에 무료 주차장이 있지만, 선착장까지 30분을 걸어가야 한다. 반면 가까운 주차장은 시간당 NZ$13이다. 시간이 소중한 우리는 유료 주차장으로 향했다. 그런데 도착해 보니 요금을 받는 사람이 보이지 않는다. 이상하다 싶어 주변을 살펴보니 무인 주차요금 계산기가 있다. 이를 모르고 "나중에 나갈 때 내면 되겠지, 뭐" 하고 그냥 갔다가는 무거운 과태료를 물 수도 있다.

크루즈는 거대한 절벽 사이를 미 끄러지듯 나아간다. 폭포는 거센 물 보라를 일으키며 바다로 떨어지고, 짙푸른 피오르드 위로 안개가 부드 럽게 흩어진다. 바닷바람에 실려오 는 짭조름한 향기, 사방을 감싸는

웅장한 정적. 이곳은 단순한 풍경이 아닌, 자연이 들려주는 장대한 서사시 였다.

우리가 탄 Cruise Milford는 깎아지른 절벽과 수많은 폭포를 지나 1시간 30여 분 만에 출발 지점으로 돌아왔다. 운 좋게도 우리는 항해 중에 폭포 뿐만 아니라 펭귄 한 쌍과 물개 몇 마리를 마주할 수 있었다. 하지만 야생 동물을 보는 일은 흔치 않다고 한다.

뉴질랜드의 시골길은 내 느낌으로는 꽤 좁다. 넓은 땅을 가진 나라에서 도로는 왜 이렇게 좁은지… 게다가 도시 주변을 제외하면 대부분의 다리 는 왕복 1차선뿐이라, 반대편에서 차가 오면 기다렸다가 통과해야 한다. Homer Tunnel도 마찬가지인데, 다른 점이 있다면 맞은편이 보이지 않는 터널 양쪽에 신호등이 있어 신호에 따라 주행한다. 사실, 차량 통행량이 많지 않은 길에 넓은 다리를 놓아도 큰 의미가 없고, 많은 돈을 들여 왕복 2차선 터널을 뚫어도 효율성이 떨어질 것이다.

Chasm이라는 곳을 지나며, 거대한 바위 사이로 물이 흐르며 작은 폭포 를 이루는 모습을 감상했다. 이후 Homer Tunnel을 지나 다시 Te Anau로 돌아왔다. 슈퍼마켓에 들러 장을 본 후 캠핑장으로 돌아오니, 오랜만에 대

낮에 도착한 느낌이었다. 모처럼 여유가 있어 호숫가를 산책하며 시간을 보냈다.

오늘 저녁은 한식이다. 오랜만에 먹는 된장국이지만, 와인이 빠질 수 없다. Wairau River Sauvignon Blanc 한 잔을 곁들이니 그저 행복한 순간이었다.

■ 일일 주요 지출

구 분	비 용
주차	$30.5
점심 @ Milford Lodge Cafe	$86
식료품 @ Fresh Choice	$49.2
Wairau River 와인 1병	$15.99
주유 70L	$122.62
합 계	$288.32

오늘의 팁
- 밀포드사운드엔 숙소가 귀하다.
- 밀포드 크루즈 티켓은 BookMe에서 $89에 사라.
- 밀포드사운드 주차요금은 선불이다.

> 여행 11일차 / 남섬 7일차

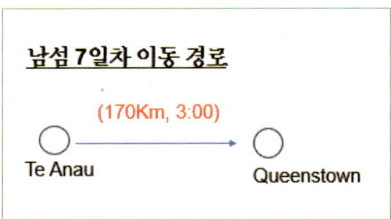

생각해 보니 오늘만 장시간 운전하는 게 아니라 거의 매일이 장거리 운전의 연속이다. 불과 9일 동안 남섬 주요 관광지를 돌아보려니, 이렇게 빠듯한 일정이 아니면 감당하기 어렵다. 항상 지나고 나서 후회하는 것 중 하나가 바로 이 점이다. 일정을 좀 더 여유롭게 짤 걸. 너무 바쁘게 돌아다니기만 했구나...

Te Anau에서 Queenstown까지의 거리는 구글 지도 기준 171km, 예상 소요 시간은 2시간 10분 정도지만, 우리 캠퍼밴으로는 최소 3시간이 걸린다. 2,500cc짜리, 힘이 부족한 차량을 선택한 것이 또 한 번 후회된다.

다행히 언덕길이 없어 2시간 45분 만에 Queenstown에 도착했지만, 수퍼마켓에서 장을 보느라 시간이 지체되었다. 원래 계획은 캠핑장에 들러 차를 주차한 후 걸어 이동하는 것이었지만, 일정이 늦어진 탓에 바로 곤돌라Gondola로 향했다.

식사량이 많지 않은 나는 원래 뷔페를 좋아하지 않는다. 맛있는 음식을 조금씩 먹는 취향이라 맛없는 것까지 끼워 넣고 무한정 갖다 먹도록 하는 뷔페 음식이 매력적으로 느껴지지 않는다. 하지만 일행 중 한 명이 곤돌라를 타고 정상에서 전망을 즐기며 식사하자는 제안을 해왔고, 결국 그렇게 방향을 잡았다. 원래 1인당 NZ$127인 티켓을 BookMe에서 NZ$101.50에 사전 구매했다.

우리는 곤돌라 승차장 근처에 캠퍼밴 주차공간이 충분히 있을 걸로 예상했다. 하지만 승용차 공간은 간간이 비어 있어도 캠퍼밴을 주차할 곳은 전혀 없었다. 티켓을 떼이면 벌금이 클 터이니 시간이 없다고 아무 데나 무작정 차를 세울 수도 없는 노릇이었다. 결국 주차장을 찾지 못하고 저녁에 하룻밤 묵기로 예약해놓은 캠핑장까지 가서 차를 세우고 이동할 수밖에 없었다.

그 과정에서 소중한 식사 시간의 상당 부분을 허비하고 말았다. 그나마 다행스러운 것은 레스토랑 리셉션을 설득해, 제한된 시간 안에 식사를 마칠 것을 약속하고 겨우 입장할 수 있었다. 안개 낀 Queenstown 시내를 내려다보는 전망은 근사했지만, 음식 맛은 예상대로 평범했다.

식사를 마치고 일어서니 보슬비가 내린다. 우산이 있으면 더 좋겠지만, 없어도 걷기에 큰 지장은 없다. 모처럼 부부끼리 자유 시간을 갖기로 하고, 친구 부부는 정원(Garden)을 보러 가고, 우리는 시내를 어슬렁거리며 둘러보기로 했다. 옷가게도 구경하고, 소문난 맛집에서 아이스크림을 사서 한입 맛보며 걷다 보니 어느새 저녁 시간이다. 숙소로 돌아오니 친구 부부가 먼저 와 있다.

여행 리더인 캡틴은 모든 것에 무한 책임을 져야 한다. 팀원의 안전, 저렴한 항공권과 숙소 예약, 일정 및 루트 설계, 관광지 할인 티켓 확보, 예산 관리, 맛집 탐색까지 모두 캡틴의 몫이다. 다행히 아내가 맛집 찾기에는 이제 나보다 더 고수가 되어 믿고 맡길 수 있어 좋다. 이번 여행에서는 두 부부가 함께하는 만큼, 상대의 참여를 유도하기 위해 자금 관리는 아내의 친구가 맡도록 요청했더니 흔쾌히 수락했다. 참으로 감사한 일이었다.

그런데 캡틴의 역할은 여기서 끝이 아니다. 시시때때로 발생하는 돌발 상황도 해결해야 한다. 이번 여행에서는 캠퍼밴 접촉사고로 차 주인과 소통하는 문제가 있었는데, 또 다른 일이 터졌다. 차주인 앞으로 주차 위반 딱지가 날아온 것이다. 그 자초지종은 이렇다.

저녁 무렵, 차주인 Jim에게서 NZ$85짜리 주차 위반 티켓이 발부되었다는 문자가 왔다. 티켓에는 차량 번호판 사진과 함께 '쇼핑몰 주차장'에서 15분 초과 주차했다는 내용이 적혀 있다고 했다.

문제는 내가 그곳에 간 적이 없다는 것이다.

아내는 "호텔에서 짐을 실을 때 주인에게 미리 양해를 구했으면 더 좋았을 텐데, 주인이 기분이 상해 신고한 게 아닐까?"라고 말했다. 나도 공감은 하지만, 그렇다고 주차 위반으로 신고하고 장소까지 조작해 허위 신고를 하다니 납득할 수 없었다.

억울하고 분통이 터졌지만, 어떻게 대처해야 할지 막막했다. 결국 Jim에게 "나는 결코 그곳에 간 적이 없다. 아마도 기분이 상한 호텔 주인이 허위 신고한 것 같다"고 메시지를 보냈다. 속이 상했지만 범칙금을 납부하려면 어떻게 하면 되는지 물어보니 Jim은 자신에게 돈을 주면 대신 납부하겠다고 했다.

나는 억울한 일을 쉽게 넘기지 못하는 성격이라 더욱 허탈하고 기분이 나빴다. 하지만 낯선 나라에서 직접 항의할 수도 없는 상황이라 속상할 뿐이었다.

크게 보면 별일 아닐 수도 있지만, 억울함을 곱씹기보다 빨리 잊고 남은 일정을 즐기는 것이 정신 건강에 좋겠다는 생각이 들었다. 다행히 다른 일행들도 내 의견에 흔쾌히 동의했다.

모처럼 가벼운 저녁을 마치고, 내일 일정을 요약해 단톡방에 공유한 뒤, 사진도 올렸다. 그리고 참새가 방앗간을 그냥 지나치지 못하듯, 오늘도 와인 한 모금. 그렇게 밤이 깊어갔다.

■ 일일 주요 지출

구 분	비 용
식료품 @ Woolworths	$96.78
Russian Jack 와인	$16
와인 2잔 w/ Lunch	$27
환전	$500 (₩417,275)
카페	$11.10
버프	$39
아이스크림 @ Patagonia	$10
식품 @ Fresh Choice	$16.26
합 계	$113.04

오늘의 팁   Queenstown 씨티센터엔 캠퍼밴 주차공간이 많지 않다.

여행 12일차 / 남섬 8일차

가자, Mt. Cook으로!

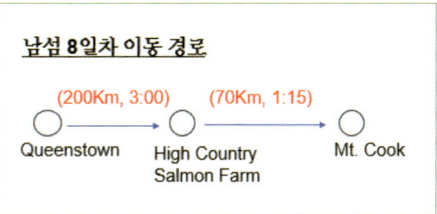

Queenstown에서 Mt. Cook까지의 거리는 약 260km, 예상 소요 시간은 3시간 15분 정도지만, 힘이 부족한 우리 차로는 4시간이 넘게 걸릴 것으로 보인다. 게다가 중간에 연어 농장에 들러 신선한 연어회를 맛볼 계획이니, 최소 5시간은 잡아야 할 듯하다.

아침 8시에 출발한 우리는 3시간을 달려 High Country Salmon Farm에 도착했다. 갓 잡아 회를 뜬 듯한 연어회와 초밥을 사서 먹었는데, 연어회를 좋아하지 않는다던 일행 중 한 명이 한 점 두 점 맛보더니 어느새 게눈 감추듯 다 먹어 치우고는 "좀 더 없나?" 하는 눈치다.

다시 차를 운전하여 Pukaki 호수를 따라 달려 Mt. Cook에 도착하니 12시가 조금 넘었다. 지금까지 여행하는 동안 운 좋게도 비를 피할 수 있었지만, 지금은 보슬비가 내려 우산 없이는 걷기가 쉽지 않다.

　캠핑장인 White Horse Hill Campground에 도착한 후 빈 자리에 차를 세웠다. 이 캠핑장은 유료캠핑장으로, 온라인으로 예약하고 비용을 지불해야 이용할 수 있다. 워낙 인기가 좋은 곳이라 서둘러 예약하지 않으면 자리 잡기가 어렵지만, 우리는 미리 준비한 덕분에 무난히 예약할 수 있었다. 무인 운영되는 등록소부터 가서 예약 정보를 기입한 등록 카드를 작성했다. 절반은 준비된 함에 넣고, 나머지는 차량의 룸미러에 걸어두면 된다. 무단 캠핑 차량에는 무거운 벌금이 부과된다고 하는데, 어떤 방식으로 확인하는지는 알 수 없었다.

　미리 준비한 재료로 샌드위치를 만들어 점심을 해결한 후, 빗줄기가 아주 심하진 않아 우산을 들고 Hooker Valley 트레킹에 나섰다. 그러나 첫 번째 다리에 도착하니 악천후로 인해 통행이 금지되었다는 표지판이 걸려 있고, 다리로 가는 문이 잠겨 있어 더 이상 진행할 수가 없다.

　이런 상황에서 캡틴은 즉시 대안을 찾아야 한다. Hooker Valley Trail 반대편에는 Mueller Hut Route라는 또 다른 트레킹 코스가 있고, 중간에 Sealy Tarns Point라는 지점이 있다. 하지만 여기서 또 하나의 실수가 있었다. 나는 Sealy Tarns Point까지 왕복 1시간 30분이면 충분할 것으로 예상했는데, 표지판에는 3시간이 걸린다고 씌어 있었다.

　미끄러운 길을 우산을 쓰고 짧지도 않은 시간을 걸을 필요까지는 없다고 판단해 Kea Point까지만 다녀오기로 했다. 그나마 Kea Point에서도 멋진 Mueller Lake와 곧 무너져 내릴 듯한 Mount Sefton의 두꺼운 빙하를 가까이서 감상할 수 있었다.

비 덕분에 오랜만에 한가로운 오후 시간을 보냈다. 와인 한 잔에 까망베르 치즈와 감자칩을 곁들여 여유로운 저녁을 즐겼다.

■ 일일 주요 지출

구분	비용
연어회 + 초밥	$51
합계	$51

오늘의 팁	● White Horse Hill 캠핑장은 일찍 예약하라. ● Salmon Farm엔 꼭 가라.

여행 13일차 / 남섬 9일차

운무 속 장엄한 숨바꼭질

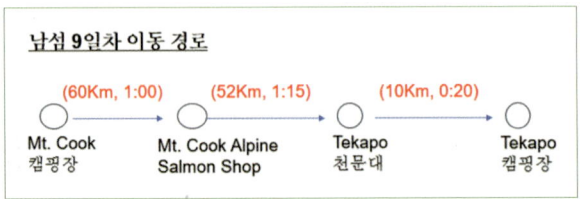

아침에 눈을 뜨자마자 하늘을 올려다보니 산 중턱에 운무가 깔려 있긴 하지만 트레킹을 하기에 무리가 없는 날씨였다. 언제 변할지 모르는 하늘이기에 약 3시간이 소요되는 트레킹을 먼저 한 후에 아침을 먹기로 하고, 06:20 캠핑장을 출발했다.

중간중간 안개에 가려졌다 드러났다 하는 Mount Sefton과 Mt. Cook을 바라보며 걷다 보니 어느새 세 개의 다리를 지나 목적지인 Hooker Lake에 도착했다.

안개 사이로 삼각뿔처럼 솟은 정상이 드러났다 사라지기를 반복한다. 그 너머로 또 다른 봉우리들이 아련히 모습을 비춘다. 신비로운 자태를 바라보니, 왜 사람들이 "Mt. Cook, Mt. Cook"을 외치는지 알 것 같았다.

간결한 삼각형의 정상, 군더더기 없는 실루엣, 웅장한 자태를 감싼 두꺼운 설원. 내가 평소 동경하던 모습들이 모두 담긴 산, 바로 Mt. Cook이다.

짙은 운무 속에서 거대한 실루엣이 희미하게 떠오른다. 그러다 이내 사라지고, 다시금 구름을 헤치고 웅장한 자태를 드러낸다. 마치 숨바꼭질하듯 모습을 감추다 나타나기를 반복하지만, 그 순간마다 가슴이 두근거린다. 완전히 보이지 않아도 좋다. 저 안개 속에서 여전히 거대하고, 여전히 찬란한 산이 우리를 내려다보고 있으니.

15분쯤 머문 후 발길을 돌려 캠핑장으로 돌아오니 09:30이 되었다. 콧노래를 부르며 아침을 준비해 먹고 White Horse Hill Campground를 떠난 우리는 가까운 Tasman Lake를 둘러본 뒤 캠퍼밴과 함께하는 마지막 밤을 보낼 Tekapo로 향했다.

Lake Pukaki의 남쪽 끝자락에는 두 곳의 연어 양식장이 있는데, 하나는 우리가 어제 지나쳐 온 곳이고, 다른 하나는 Mt. Cook에서 Lake Tekapo로 가기 위해 Lake Pukaki를 지나 좌회전하자마자 위치해 있다. 이곳에서도 신선한 연어회를 판매하고 있었다. 맛있는 회를 한 접시 사서 나눠 먹은 우리는 Lake Tekapo와 주변 마을을 한눈에 내려다볼 수 있는 천문대로 향했다.

Canterbury 대학교에서 운영하는 이 천문대는 상당히 높은 곳에 자리 잡고 있는데, 길이 좁고 꼬불꼬불해 7미터가 넘는 캠퍼밴을 몰고 올라가는 것이 꽤 부담스러웠다. 게다가 힘이 부족한 차량이라 더욱 힘겹게 정상에 도착했지만, 탁 트인 전망이 어찌나 멋지던지, 고생하며 올라온 보람이 있었다. 정상에는 그 이름이 딱 어울리는 분위기 좋은 카페 'Astro'가 있는데, 오후 3시면 문을 닫는다. 서둘러 주문을 해서 야외 테이블에 앉아 고구마 케이크 한 조각과 함께 카페라떼를 한 모금 마시니, 이 또한 천상의 맛이다.

4시 무렵 캠핑장에 도착해서 짐을 푼 후, 근처 Hot Springs를 찾아 온천욕을 즐기며 그동안 쌓인 피로를 풀기로 했다. 이곳 온천은 수영복을 착용하고 입장하는 곳으로, 각기 다른 수온의 세 개의 욕탕이 마련되어 있었다. 피부가 데일 정도로 뜨거운 물이었다면 피로가 더 쉽게 풀릴 것 같았지만, 아쉽게도 그 정도는 아니었다. 그래도 온천욕을 마치고 나니 몸이 한결 개운해졌다.

캠퍼밴에서 보내는 마지막 저녁, 메뉴는 아내가 준비한 라자냐였다. 주차장 옆 야외 테이블에서 Lake Tekapo를 바라보며 와인 한 잔과 함께하는 저녁 식사는 낭만적이라는 말이 딱 어울리는 순간이었다.

구입 추천 와인

수퍼마켓에 들렀을 때 다음 와인들이 보이거든 얼른 한 병 집어들 것을 권한다. 오른쪽은 여행 중 필자가 구입한 가격이다.

- Oyster Bay $18
- Rapaura Springs $16
- Villa Maria Gold $17
- Waipara Hills $18
- Craggy Range $30
- Wairau River $16
- Russian Jack $16
- Kim Crawford $13

■ 일일 주요 지출

구 분	비 용
점심	$50.75
아이스크림	$10.15
천문대 입장료	$8
Astro Cafe	$26.50
온천욕	$135.03
온천 코인라커	$3
세탁	$22
합 계	$255.43

오늘의 팁
- Mt. Cook에 다녀오지 않고서는 뉴질랜드에 다녀왔단 말을 하지 말라.
- 뉴질랜드 가게들은 일찍 문을 닫는다.

여행 14일차 / 남섬 10일차

캠퍼밴 반납

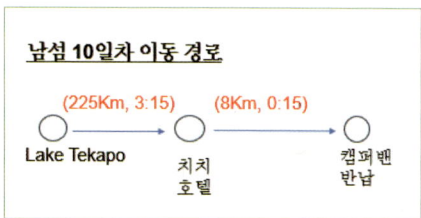

04:30. 쌀쌀한 느낌에 잠이 깼다. 원인을 살펴보니 LP가스가 떨어져서 난방이 되지 않은 듯했다. 차에는 9리터짜리 LP가스통이 두 개 있어 하나가 소진되면 다른 통으로 호스를 연결하면 된다. 그런데 나사가 너무 꽉 조여 있어 아무리 힘을 줘도 풀리지 않았다. 아직 차 안에 온기가 남아 있어 참을 만했고, 날이 밝을 때까지 얼마 남지 않았으니 그냥 견디기로 했다.

아침에 일어나 보니 차주인 Jim에게서 문자가 와 있었다. 호텔 주인과 연락해 시청에 이야기한 결과 주차위반 티켓이 취소되었다는 반가운 소식!

차량 반납을 앞두고 어제 Jim에게 이메일을 보냈었다. 차량 파손에 대해 진심으로 미안하며, 내가 가입한 보험으로 수리가 원활히 진행되기를 바란다는 내용이었다. 또한, NZ$85짜리 주차위반 티켓에 대해서는 차량 반납 당일 현금으로 지불하겠다고 알렸다. 하지만 그 순간 뉴질랜드의 법 체계에 대해 의문이 들었다. 귀국 후 Christchurch 시 당국과 연락을 취해 억울함을 호소해야겠다는 생각이 들었다. 그 논리와 이유는 다음과 같다.

① 신고자는 내가 주차한 곳이 '15분 주차구역'이라는 사실을 어떻게 증명할 수 있나?
② 설령 그곳이 15분 주차구역이었다 해도 규정된 시간이 넘도록 주차했다는 사실을 어떻게 입증할 수 있는가? 난 그곳에 간 적이 없는데!
③ 나는 단연코 차를 운전해 쇼핑몰에 간 적이 없다. 시 당국이나 신고자가 위의 두 가지 사실을 증명할 수 없다면, 거짓 신고를 한 사람을 처벌하는 것이 법의 정신에 부합할 것이다.

나는 Jim에게 시 당국과 연락할 수 있는 정보를 요청하고, 만약에 허위 신고를 했다면 신고자가 처벌받기를 원한다는 의사를 밝혔다.

원래는 5시경 캠퍼밴을 반납할 예정이었지만, 차 주인이 손상된 부위를 빨리 수리해야 한다며 3시 반납을 요청해 그렇게 하기로 했다. 서둘러 아침을 먹고 Black & Grey Waste를 비운 뒤 주유소에 들러 연료를 채우고 빈 LPG통을 반납한 후 새 통을 교환했다. 주유소 직원이 가져온 공구를 사용해서야 꽉 잠긴 밸브를 열 수 있었다. 이후 선한목자교회에 들른 뒤 Christchurch로 향했다.

중간에 한 소도시에 들러 간단히 점심을 먹고 휴식하면서 내일 Auckland행 항공편 체크인을 마쳤다. 이후 다시 길을 재촉해 Christchurch 공항 근처에 예약해 둔 호텔로 향했다.

호텔 근처 수퍼마켓에 들러 저녁과 아침 식사를 위한 장을 보고, 두 여성을 호텔에 내려준 후 친구와 함께 Jim을 만나러 갔다. 피할 수 없는 순간이 다가왔다. 차의 출입문 주변에 난 스크래치를 본 차주가 불만을 터트릴 것이 뻔했다. 어떻게든 이 순간이 빨리 지나가기만을 바랄 뿐이었다.

14:50, 드디어 캠퍼밴을 반납하는 긴장된 순간이다. 예상했던 대로 Jim은 정비업소에서 받아 둔 견적서를 흔들며 흥분한 상태로 말했다. "차를 다 망가뜨려 놨군! 문짝 밑 부품값만 6천 달러가 넘는다! 수리비까지 하면 2만 달러가 넘을 거야! 다음 예약도 있는데 이게 뭐냐!" 온갖 불만을 쏟아 냈다. 나는 그저 미안하다는 말밖에 할 수 없었다. 유구무언…

게다가 마땅찮음은 거기서 끝이 아니었다. 주행거리에 따른 추가 요금을 내야 한다며 결제를 요구했다. 그것도 무려 NZ$223.45이나!

더 이상 말하기도 싫어 요구한 금액을 카드로 결제했다. 그러자 Jim은 험한 말을 퍼부은 것이 미안했는지 호텔까지 태워다 주겠다고 했다. 단 1분이라도 빨리 벗어나고 싶었지만, 거절하기도 애매했다.

뉴질랜드의 RUC(Road User Charges)

캠퍼밴 반납 과정에서 차주는 주행거리에 따른 추가 요금을 내라고 했다. "무제한 주행(Unlimited Mileage) 아니냐"고 물었지만, 주행거리에 따른 요금이 부과된다고 했다. 주행거리는 2,066km, 요금은 NZ$223.45. 순간 머리를 스친 것은 '디젤세(RUC)'였다. 처음에는 빨리 그 자리를 벗어나고 싶어 자세한 설명을 듣지 못한 채 추가 요금이라고만 생각했다. 그러나 다시 생각해 보니 이것이 바로 'RUC'였다.

Jim에게 잠시 기다려 달라고 한 후 AI에게 물어보니, 디젤 차량을 빌릴 경우 km당 약 7.6센트의 RUC를 납부해야 한다는 것이었다. 계산해 보니 2,066 × 0.076 ≈ NZ$157.02. 여기에 세금과 카드 수수료 등을 더해 최종 금액이 산출된 것이었다.

RUC는 캠퍼밴뿐만 아니라 디젤 승용차에도 적용된다. 뉴질랜드에서는 연료세가 부과되지 않는 디젤 차량, 전기차, 3.5톤 이상 대형 차량 등에 이 제도를 적용한다. 다만, 렌터카 회사에 따라 RUC가 렌트 비용에 포함된 경우도 있으니 차량 대여 시 확인이 필요하다.

호텔로 돌아와 와인 한 모금하며 머리를 식히는데, 일행 중 한 명이 말했다. "개인에게 빌리지 말고 대형 캠퍼밴 업체에서 빌렸으면 좋았을걸... 보험을 Excess 500로 들지 말고 Full Cover로 했으면 더 좋았을 걸..."

물론 안타까운 마음에 한 말이란 건 나도 안다. 하지만 캡틴은 외롭다. 이럴 땐 그저 술이 친구다. 기분도 울적하고, 내일은 차도 없겠다. 에라, 술이나 마시자. 아내가 준비한 수육을 안주 삼아 슈퍼에서 사 온 Kim Crawford 와인을 땄다. 다른 날보다 좀 과하게 마셨다.

여행하면서 수없이 렌터카를 빌려봤지만, 이렇게 큰 사고를 낸 적은 없었다. 기껏해야 뒷범퍼에 미세한 스크래치를 낸 적이 있고, 그때도 내가 비용을 부담한 후 보상을 받은 경험이 전부였다. 그런데 이번에는 자기부담금이 Zero가 아닌 상태에서 이런 일을 겪다니... 주인 말대로라면 수리비가 2만 달러가 든다는데, 과연 내가 구입한 자기부담금 NZ$500으로 이게 다 커버될지 의문이었다.

■ 일일 주요 지출

구 분	비 용
주유 @ Tekapo	$120.60
LPG 9L통 교환	$47.90
Mundell's Cafe @ Jeraldine	$26
식료품 @ Woolworths	$51.70
Kim Crawford 와인	$13
반납 전 주유	$42.18
캠퍼밴 디젤세 (주행 거리 2,066Km)	$223.45
합 계	$524.83

오늘의 팁
- 쉽게 포기하지 말라.
- 자동차보험은 꼭 들어라.
- 뉴질랜드엔 소위 '디젤세'라는 게 있다.
- 사고는 냈지만 그래도 Camplify(캠퍼밴 대여 업체)!

여행 15일차 / 북섬 5일차

다시
Auckland로

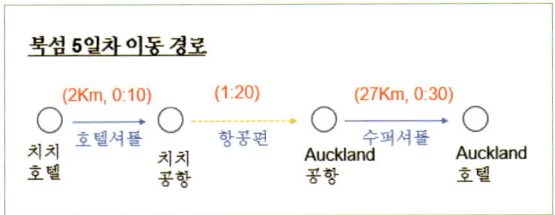

내일 Auckland 시내 투어는 도보와 택시를 이용할 예정이다. 공항과 숙소를 오가는 교통편으로도 택시를 생각하고 있었는데, 가만히 보니 크고 작은 캐리어 4개와 백팩까지 들고 타려면 택시 두 대가 필요하다. 두 팀으로 나뉘면 여러모로 불편할 것이 뻔했다.

일행 중 의견을 활발히 내는 한 사람이 Auckland 공항에는 'Super Shuttle'이라는 합승택시가 있다고 했다. 확인해 보니 택시 두 대를 이용하는 것보다 요금이 약 30% 저렴한 데다 모두 함께 이동할 수 있어 훨씬 편할 것 같아 서둘러 예약을 마쳤다.

곧이어 호텔에서 제공하는 셔틀을 타고 Christchurch 공항으로 이동해 Auckland행 비행기에 올랐다.

오전 11시, Auckland 공항에 도착해 나오자마자 Super Shuttle이 눈에 띄었다. 덕분에 편하게 호텔로 이동했다. 이른 시간이라 아직 방 청소가 끝나지 않아 짐을 호텔에 맡겨 두고 근처 식당에서 점심을 먹은 후, 수퍼마켓에 들러 저녁거리를 사서 돌아왔다. 짐을 풀고 잠시 침대에 기대니 피로가 몰려왔다.

그때, 휴대폰에서 문자와 이메일 알림이 거의 동시에 울렸다. 문자는 캠퍼밴 사고로 인한 운전자 부담금 NZ$500이 청구되었다는 통보였고, 이메일은 캠퍼밴 렌트 대행사에서 보낸 것이었다. 사고 보고서를 작성해 제출하라는 내용이었는데, 절차가 문제였다. 양식을 인쇄해서 펜으로 체크하고 필요한 내용을 쓴 뒤 다시 스캔해서 보내야 한다는 것이다. 여행 중에 어디서 인쇄하고 어디서 스캔을 한단 말인가? 막막하기만 했다.

하는 수 없이 (양식은 흐트러지지만) 메모장에 복사해 적당히 정리한 다음, 해당 사항을 체크하며 한 줄 한 줄 꼼꼼히 읽고 작성했다. 이메일로 답장을 보내고 나니 눈도 아프고 완전히 지쳐 버렸다. 그렇다고 누구를 탓할 수도 없는 일, 결국엔 캡틴이 다 감당해야 할 몫이다.

오늘 저녁은 그동안 갖고만 다니던 라면으로 간단히 해결했다. 식사 후 친구 부부는 Auckland 시내 구경을 나갔고, 나는 내일 일정을 정리해 단톡방에 올린 뒤 그대로 곯아떨어졌다.

■ 일일 주요 지출

구 분	비 용
Super Shuttle	$93.55
일식집 Taiko에서 점심	$148.40
캠퍼밴 사고 부담금	$500
식료품 @ Woolworths	$24.9
아이스크림	$17.17
합 계	$748.02

오늘의 팁	Auckland 공항엔 Super Shuttle이 있다.

여행 16일차 / 북섬 6일차

Auckland 시내 투어

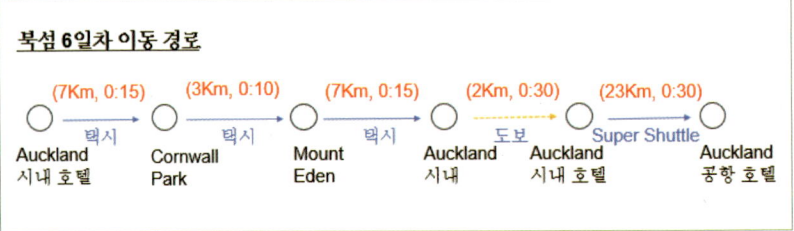

오늘은 차 없이 지내는 날이다. 시내를 도보로 산책하는 것이 전부이니 자유시간을 갖기로 했다. 몸과 마음이 이렇게 가뿐할 수가 없다. 한편으로는 저녁 무렵 공항 근처 호텔로 이동할 일이 계속 신경 쓰인다.

일단 체크아웃 후 짐을 호텔에 맡기고, 네 명이 우버를 불러 시내 구경에 나섰다. Cornwall Park에서 1시간, Mount Eden에서 1시간을 보낸 뒤 Fish Market에 도착하니, 친구 부부가 여기서부터 각자 자유시간을 갖자고 한다.

친구 부부는 먼저 떠나고, 우리는 상점을 둘러보다가 Grilled Fish 한 마리, 맥주 두 잔, 그리고 생굴 12개를 주문해 맛있게 먹었다. 하지만 생굴을 먹을 때마다 어딘가 불안한 기분이 든다. 여행 중에, 그것도 낯선 나라에서 이렇게 먹어도 되는 걸까?

아내와 함께 길을 거닐며 분위기 좋은 카페에도 들르고, Auckland Bay 일대를 구경하는데, 어제 우리를 태웠던 Super Shuttle 운전기사가 보였다. 보아하니 Auckland의 Super Shuttle은 거의 인도계가 운영하는 듯했다. 직원들 얼굴이 모두 인도 사람이었다.

"우리 오늘 오후에도 이용하고 싶은데, 앱에서 보니 목적지가 공항이 아니면 예약이 안 되더라고요. 혹시 태워줄 수 있나요?"

운전기사는 회사로 직접 전화를 해 예약하면 된다며 명함을 건넸다. 이런 방법도 있구나! 면세점에서 아내가 쇼핑하는 동안, 나는 Super Shuttle 본사에 전화해 목적지와 출발지 주소를 알려주고 출발 시간을 정한 뒤 카드 결제까지 마쳤다. 곧 확인 이메일이 도착했다. Very good!

시내를 한참 걸어 다닌 후, 약속된 장소에서 친구 부부를 만나 호텔로 돌아왔다. 공항 근처 호텔로 가기 위해 Super Shuttle을 기다리는데, 약속 시간이 가까워지자 "15분쯤 늦겠다"는 문자가 왔다. 그러려니 하고 기다렸지만, 20분이 지나도 차가 오지 않는다. 나머지 세 명은 슬슬 나를 의심하는 눈빛이다. "예약을 정확히 한 거 맞아?"

기다리다 못해 Super Shuttle 본사에 전화를 걸어 "차가 아직 안 왔다"고 컴플레인하는 순간, 길 건너편에 차가 도착하는 게 보였다.

차 안에는 15명가량이 타고 있었고, 분위기를 보니 다들 비행기 출발 시간에 늦을까 봐 걱정하는 눈치였다. 기사도 조바심이 났는지 내게 어디서 내리는지 물었다.

공항 앞 호텔이라고 하자 "확실하냐?"고 거듭 확인했다. 경로상 우리가 먼저 내려야 했지만, 그러면 공항으로 가는 손님들이 더 늦어질 게 뻔했다. 그러니 나부터 내려달라고 주장하기도 애매한 상황이다. 알아서 하겠지 싶어 기다리는데, 우리 호텔부터 들러 내려줬다.

공항 근처 호텔에 짐을 풀고 근처 음식점에서 저녁을 해결한 뒤, 편의점에 들러 내일 아침 먹거리를 사서 돌아왔다. 한국으로 돌아가는 항공편 체크인을 마치고 나니, 어느덧 밤이 깊었다.

■ 일일 주요 지출

구 분	비 용
Uber 택시 (3회)	$30.10, $16.42, $17.05
점심 @ Fish Market	$51.80
굴	$28.95
맥주	$28.00
카페	$6
Super Shuttle 예약	$97.19
저녁식사 @ Mckinze	$139.71
내일 아침 식사거리	$19.48
합 계	$434.70

오늘의 팁: Auckland에 가면 Mount Eden은 놓치지 마라.

여행 17일차 / 귀국

거듭되는 항공편 지연

여행의 대미를 장식할 귀국 날이 밝았다. 호텔에서 제공하는 공항 셔틀 시간에 맞추다 보니, 우리는 예정보다 3시간이나 일찍 공항에 도착했다. 이른 도착으로 인한 여유로움도 잠시, 보딩게이트 앞에서 기다리는 동안 예상치 못한 상황이 발생했다.

11시 20분 출발 예정이던 우리의 항공편이 기술적인 문제로 지연된다는 방송이 반복해서 들려왔다. 처음에는 잠시 지연되려니 생각했으나, 시간이 지날수록 지연 횟수가 반복되더니 결국 무려 2시간 25분이나 늦게 출발하게 되었다.

긴 비행 끝에 인천공항에 도착하고 다시 집으로 향하는 길, 시계를 보니 어느새 자정을 넘어서고 있었다. 피로가 온몸을 감싸고 있었지만, 이 모든 여정을 무사히 마칠 수 있었음에 감사하는 마음을 느끼는 순간 동시에 안

도감이 밀려왔다.

비록 몸은 지쳤지만, 마음 한편에서는 이번 여행을 통해 경험한 모든 순간들이 주마등처럼 스쳐 지나갔다. 뉴질랜드의 아름다운 자연, 새롭게 만난 사람들, 그리고 예상치 못한 사건사고들까지. 이 모든 것들이 우리의 여행을 더욱 특별하고 의미 있게 만들어주었다는 생각이 들었다.

마지막으로, 나는 이 여행을 무사히, 그리고 큰 사고 없이 마무리할 수 있게 지켜주심에 마음 속으로 깊은 감사의 기도를 올렸다. 이렇게 우리의 뉴질랜드 여행은 감사와 회상, 그리고 새로운 시작에 대한 기대감으로 가득 찬 채 아름다운 마침표를 찍게 되었다.

여행은 끝났지만, 이 여정에서 얻은 경험과 추억들은 우리의 일상 속에서 오랫동안 빛을 발할 것이다. 그리고 언젠가 다시 떠날 새로운 모험을 꿈꾸며, 일상으로 돌아갈 것이다.

오늘의 팁	범사에 감사하라.

*****

여행을 마친 지 40여일이 지난 2024년 12월 말, 우리의 뉴질랜드 여행에 대한 마지막 퍼즐 조각이 맞춰졌다. 캠퍼밴 예약 대행 업체인 Camplify에서 우리가 렌트했던 캠퍼밴의 수리비 내역서를 보내온 것이다.

총 수리 비용은 무려 NZ$6,732에 달했는데, 내역서 하단에 적힌 한 문장이 특별히 눈에 들어왔다. "귀하의 부담은 어떤 경우에도 NZ$500을 초과하지 않을 것입니다." 이 문구를 읽는 순간, 자동차 보험의 자기부담금, 즉 'Excess' 제도의 실제 작동 방식을 체감할 수 있었다.

이 경험을 통해, 여행 중 발생할 수 있는 예기치 못한 상황에 대비하는 보험의 중요성을 다시 한번 깨달았다. 비록 사고는 아쉬운 일이었지만, 적절한 보험 가입으로 인해 재정적 부담을 최소화할 수 있었던 것은 그나마 큰 다행이었다.

부록

01. 항공권 가격에 영향을 미치는 요인

항공권 가격은 수시로 바뀌기 때문에 예측하기가 상당히 어렵다. 예컨대 같은 노선이라도 언제, 어떻게 예약하느냐에 따라 가격이 천차만별이다. 항공사는 수많은 요소를 고려해 실시간으로 요금을 조정한다. 그렇다면 그 가격은 어떤 기준으로 정해지는 걸까? 항공권 가격에 영향을 주는 주요 요인 20가지를 하나씩 살펴보자.

여행 시기

항공업은 수요와 공급의 원리가 뚜렷하게 적용되는 분야다. 성수기에는 가격이 상승하고, 비수기에는 하락한다.

성수기는 여행 수요가 많은 시기로, 학생들의 방학, 긴 연휴, 여름 휴가철, 명절, 올림픽·월드컵 같은 대규모 스포츠 행사 시즌 등이 해당한다. 이때 항공권 가격은 급격히 오른다. 항공사에는 수익성이 높은 시기지만, 여행객에게는 부담이 크다.

반면, 성수기를 피하면 상대적으로 저렴한 항공권을 구할 수 있다.

예매 시점

항공권 가격은 계단식 구조로 설계되어 있어, 출발일이 가까울수록 상승한다. 각 항공사는 축적된 데이터를 바탕으로 가격 정책을 수립하지만, 여행자가 이를 상세히 알기는 어렵다. 일반적으로 항공사는 좌석을 여러 단계로 나누어 일부를 저렴한 가격에 판매하고, 이후 점차 높은 가격으로 판매한다.

항공권은 보통 출발일 기준 1년 이내까지 예매할 수 있다. 저렴한 티켓을 구하려면 출발 3~5개월 전에 예매하는 것이 유리하다. 반면, 출발일이 가까워져 이미 티켓 판매량이 손익분기점을 넘었다면, 항공사는 높은 가격을 그대로 유지하는 전략을 택할 수 있다. 따라서 여행자에게는 조기 예매가 저렴한 항공권을 확보하는 핵심 전략이 된다.

노선 거리

장거리 노선은 연료 소비가 많아 비싸고, 단거리 노선은 상대적으로 저렴하다. 장거리 노선에서는 기내식이 제공되지만, 단거리 노선은 식사가 없거나 승객이 별도로 구매해야 하는 경우가 많다.

또한, 장거리 노선의 승무원은 당일 복귀가 어려워 숙박과 식사가 필요하며, 이 비용이 항공료에 반영된다. 장시간 근무 후 일정 시간 휴식도 보장해야 하므로 추가 인력이 요구된다.

유류할증료

항공기 운항 비용에서 가장 큰 비중을 차지하는 것은 연료비이며, 이는 국제유가와 직결된다. 국제유가가 오르면 항공사의 운영비가 증가하고, 이를 승객에게 전가하는 정책이 유류할증료다. 유류할증료는 정치·경제 상황, 석유 생산량, 계절적 요인 등에 따라 매월 조정되며, 항공사는 운항 거리별 유류할증료를 공지해야 한다.

2024년 6월 대한항공의 LA-인천 구간 유류할증료는 약 $200이었는데 1년 후인 2025년 6월에는 $53.5였다. 유류할증료가 낮을 때 여행하면 항공료를 아낄 수 있지만, 이를 기다려 여행 시기를 맞추기는 어렵다. 유류할증료가 내려가면 여행하기 좋은 시기라고 참고하는 정도가 바람직하다.

시장 경쟁도

시장경제에서 가격은 수요와 공급에 따라 결정되지만, 경쟁도 중요한 요인이다. 경쟁이 치열한 노선은 가격이 낮아지고, 독점적인 노선은 대안이 적어 가격이 높아진다.

이를 방지하기 위해 각국 정부는 반독점법을 시행해 독점 행위를 규제한다. 현재 항공 시장에서 완전한 독점 노선은 드물지만, 경쟁이 적은 노선은 항공권 가격이 비싸다.

일반적으로 취항 항공사가 많을수록 항공권 가격은 낮아진다. 경쟁이 적은 노선이라면 우회 경로를 검토하는 것이 중요하다. 다른 지역을 경유하는 경로를 찾으면 항공료를 절약할 수 있다.

경유 여부

직항과 경유 항공편은 소요 시간, 환승의 번거로움, 가격 면에서 큰 차이를 보인다. 선택은 여행자의 상황에 따라 달라지지만, 2회 이상 경유하는 항공편은 저렴하더라도 소요 시간이 지나치게 길어질 수 있어 신중한 고려가 필요하다.

대형 항공사들은 허브Hub 공항을 중심으로 노선을 운영한다. 이는 직항이 없는 두 도시를 연결하는 전략으로, 여행객에게는 저렴한 항공권을 제공하고 항공사에는 수익을 창출할 기회를 준다. 그러나 때때로 허브 공항을 경유하는 항공권이 출발지에서 허브 공항까지만 가는 항공권보다 저렴한 역전현상이 발생하기도 한다.

경유 시 주의할 점은 중간 허브 공항에서 내린 후 다음 구간을 탑승하지 않으면 남은 일정의 티켓이 모두 취소될 수 있다는 것이다. 또한, 항공편 연결 시간, 이착륙 시간, 환승 및 보안 검색 시간이 추가되어 전체 소요 시간이 크게 늘어날 수 있다.

세계 주요 항공사들의 허브공항은 다음과 같다.

항공사	허브 공항	항공사	허브 공항
대한항공	인천	Emirates	두바이
JAL	도쿄 나리따	Etihad	아부다비
ANA	도쿄 하네다	Qatar	도하
British Air	런던 히드로	Singapore	창이
Air France	파리 샤를 드골	Air China	베이징 서우두
KLM	암스테르담 스키폴	China Eastern	샹하이 푸동
Lufthansa	프랑크푸르드 암마인	Thai	방콕
Cathay Pacific	홍콩	Malaysia	쿠알라룸푸르

결론적으로, 직항노선은 시간 절약의 장점이 있지만 비용이 높고, 경유노선은 시간은 더 소요되지만 요금이 저렴하다는 것이 항공권 가격 구조의 기본 원리 중 하나이다.

항공사 브랜드

항공사의 종류에 따라 항공권 가격은 크게 달라진다. 이는 각 항공사의 고객층과 전략이 다르기 때문이다. 일반적으로 세 가지 유형으로 나뉜다.

① 프리미엄 항공사 : 대한항공, 아시아나항공, 일본항공, 에미레이트항공 등이 이에 해당한다. 높은 가격에도 최상의 서비스를 제공해 고객을 유지하는 전략을 취한다. 명품 브랜드처럼 서비스 품질을 강조하며, 이를 바탕으로 높은 요금을 책정한다.

② 일반 항공사 : 중국과 아프리카의 여러 국적 항공사가 여기에 속한다. 서비스 수준을 다소 낮추는 대신 항공권 가격을 저렴하게 설정하는 전략을 취한다. 보급형 제품과 유사하게, 적정한 서비스와 가격 경쟁력을 균형 있게 유지한다.

③ 저가항공사(LCC) : 라이언에어, 사우스웨스트항공, 에어아시아 등이 대표적이다. 부가 서비스를 최소화하고 필수 서비스만 제공하여 가격을 대폭 낮춘다. 최소한의 서비스로 최대한의 가격 경쟁력을 확보하는 것이 목표다.

일반적으로 한 국가 내 1위 항공사는 가격이 비싸고, 제2·제3의 항공사는 상대적으로 저렴하다. 이러한 차이를 활용하면 항공권 비용을 절감할 수 있다.

항공사 선택 시에는 가격뿐만 아니라 안전성, 정시성, 기내 서비스, 마일리지 프로그램 등 다양한 요소를 고려해야 한다. 또한, 장거리와 단거리 노선에 따라 적절한 항공사를 선택하는 것이 중요하다.

좌석등급

항공권 좌석은 일반석(Economy Class), 비즈니스석(Business Class), 일등석(First Class)으로 구분되며, 항공료 차이를 결정하는 핵심 요소다. 비즈니스석은 일반석보다 3~5배, 일등석은 7~8배 비싸다.

좌석 등급에 따라 제공되는 서비스 수준은 크게 차이가 나며, 일반적으로 비즈니스석과 일등석은 변경 및 취소가 비교적 자유로운 반면, 일반석은 다양한 제약이 따른다.

비즈니스석과 일등석의 요금은 운항 거리, 시기뿐만 아니라 여행 수요에 따라서도 변동된다. 예를 들어, 비수기인 3월 중순에는 등급별 가격 차이가 더욱 두드러질 수 있다.

2025. 3. 5(수) ~ 3. 19(수)

노선	Economy	Business	1st Class	비율
서울-뉴욕	₩1,534,000	₩5,954,000	₩13,228,400	1 : 3.5 : 8
서울-파리	₩1,148,900	₩6,331,500	₩12,091,700	1 : 5.5 : 10
서울-FRA	₩1,088,300	₩3,878,300	₩12,098,600	1 : 3.5 : 11

이러한 가격 차이에도 불구하고 비즈니스석이나 일등석을 선택하는 이유는 편안함, 서비스 품질, 그리고 유연한 일정 변경 가능성 등 때문이다.

출발/도착 요일

주말에 출발하거나 도착하는 항공권은 일반적으로 비싸고, 주중에 이동하면 상대적으로 저렴하다. 이는 주말 여행 수요가 많기 때문이다. 따라서 주말을 피해 일정을 조정하면 저렴한 항공권을 구할 확률이 높아진다.

다만, 이 경향은 단거리 노선에 주로 적용되며 장거리 노선에는 예외가 있을 수 있다. 어쨌든 중요한 점은 출발 요일에 따라 항공권 가격이 크게 달라진다는 것이다. 일반적으로 화·수·목요일 출발·도착 항공권이 저렴한 편이다.

출발/도착 시간

새벽이나 밤늦게 출발하거나 자정을 넘어 도착하는 항공편을 선호하는 사람은 많지 않다. 이러한 시간대는 이동이 불편하기 때문이다. 그래서 시간대가 좋지 않은 항공권은 상대적으로 저렴한 경우가 많다.

특히 저가 항공사들은 이러한 비인기 시간대에 출발하거나 도착하는 항공편을 많이 운항한다. 하지만 '싼 게 비지떡'이라는 말처럼, 이런 시간대의 항공편은 추가적인 불편을 초래할 수 있다. 예를 들어, 대중교통이 운행하지 않는 시간이라 택시를 이용해야 하는데, 이 경우 택시 요금이 평소보다 높아질 가능성이 크다. 또한, 밤늦게 도착해 시내 호텔로 이동하기 어렵다면 공항 근처 호텔을 이용해야 할 수도 있는데, 이들 숙소는 대체로 가격이 저렴하지 않다.

따라서 이러한 티켓을 선택할 때는 출발 및 도착 후의 교통편까지 함께 고려해야 한다. 대형 공항의 경우, 도착 후 입국심사와 수하물 수령까지

한 시간이 넘게 걸릴 수 있다는 점도 유의해야 한다. 여행 경험이 많은 사람들은 이러한 불편을 줄이기 위해 비용을 조금 더 지불하더라도 더 편리한 시간대의 항공편을 선택하는 경우가 많다.

이처럼 출발/도착 시간대는 항공권 가격에 영향을 미치는 중요한 요소 중 하나이므로, 시간대를 선택할 때는 단순히 가격만이 아니라 편리함과 추가 비용까지 종합적으로 고려하는 것이 필요하다.

여정 유형

전통적인 장거리 노선 항공권 시장에서는 왕복 요금이 기본으로 고려되었다. 이를 분리하여 갈 때와 올 때를 별도의 편도로 구입하면 요금 차이가 상당했다. 그러나 저가 항공사의 등장과 함께 이러한 공식도 점차 사라지고 있다. 특히 단거리 노선의 경우, 왕복 티켓과 편도 티켓 두 장의 가격 차이가 거의 없는 경우가 많다. 도착지와 귀국 시 출발지가 다른 경우나 경유지가 있는 경우에는 다구간 티켓으로 검색하여 가격을 비교하면 더 저렴한 옵션을 찾을 수 있다.

일부 항공사는 왕복 티켓 선택 시 갈 때와 올 때의 요금을 별도로 선택하여 합산하는 방식을 제공한다. 그러나 이 경우 화면에 표시된 요금으로 편도만 구입할 수는 없다. 이는 왕복을 전제로 한 요금 체계이기 때문이다.

프로모션

항공사들이 가끔 시행하는 프로모션은 여행자들의 관심을 끌기에 매우 효과적인 전략이다. 이러한 할인 행사는 갑자기 매우 저렴한 가격의 항공권을 제공하기 때문에 많은 이들의 주목을 받는다. 대부분의 이런 할인 행사는 항공사의 홍보 차원에서 실시되며, 복잡한 조건 없이 승객들을 유치하기 위한 수단으로 활용된다. 항공사가 이러한 프로모션을 실시하는 주요 이유는 다음과 같다.

- 신규 노선 홍보 : 새로운 노선을 개발하여 취항할 때 승객들의 관심을 끌기 위해
- 경쟁 대응 : 경쟁 항공사를 견제하기 위한 전략적 목적으로
- 박리다매 전략 : 낮은 가격으로 많은 승객을 유치하여 수익을 창출하고자
- 브랜드 인지도 제고 : 회사 홍보를 통해 장기적인 고객 확보를 위해

이러한 프로모션은 여행자들에게 저렴한 가격으로 여행할 수 있는 기회를 제공하지만, 대개 기간이 한정적이거나 특정 조건이 붙을 수 있으므로 세부 사항을 꼼꼼히 확인하는 것이 중요하다. 또한, 이런 특별 할인 정보를 놓치지 않기 위해 관심 있는 항공사의 뉴스레터를 구독하거나 소셜 미디어를 팔로우하는 것도 좋은 방법이다.

공항 위치

대도시에는 여러 개의 공항이 있는 경우가 많다. 예를 들어, 뉴욕시에는 존 F. 케네디(JFK), 라 과르디아(LGA), 뉴저지 주의 뉴왁(EWR) 등 세 개의 공항이 있다. 파리 역시 샤를 드골(CDG), 오를리(ORY), 보베(BVA) 등 세 개의 공항을 보유하고 있다. 공항의 위치와 규모는 항공권 가격에 상당한 영향을 미친다.

공항의 크기와 위치에 따라 가격이 달라질 수 있다. 대형 공항은 규모가 크며 시설이 좋고 대중교통 접근성도 좋은 반면, 공항 이용료가 높기 때문에 항공권 가격이 비싸다. 소형 공항은 도심에서 멀리 떨어져 있어 접근성은 떨어지지만, 항공료는 상대적으로 저렴한 편이다. 대중교통 이용 역시 제한적일 수 있다. 중형 공항은 가격과 접근성 면에서 대형과 소형 공항의 중간 수준이다.

서울의 경우, 인천(ICN)과 김포(GMP) 공항을 비교하자면 김포 공항은 공항 규모는 작지만 도심 접근성이 좋아 인천공항보다 항공료가 비싼 편이다.

따라서 공항 선택 시에는 실제 총 여행 비용(항공권 + 공항-도심 이동 비용), 이동 시간과 편의성, 공항 시설과 서비스 품질 등을 함께 고려하는 것이 중요하다.

예매 채널

항공권 가격은 구매 플랫폼에 따라 상당한 차이를 보일 수 있다. 대표적인 항공권 메타검색 플랫폼으로는 스카이스캐너Skyscanner와 카약KAYAK이 있다. 이들은 현재 직접 티켓 판매보다는 다른 온라인 여행사 플랫폼으로 연결해주는 역할을 한다. 주의할 점은 이들이 보여주는 가격이 기기(휴대폰, 웹)에 따라 다를 수 있으며, 때로는 모바일 할인가가 적용되기도 한다는 것이다. 따라서 최종 구매 전 충분한 비교가 필요하다.

최근에는 대형 여행사나 네이버와 같은 포털 사이트에서도 항공권 검색과 구매가 가능해졌다. 목적지와 항공편이 확정되면 여러 플랫폼의 가격을 비교해보는 것이 좋다.

그러나 항공사 직접 구매가 아닌 플랫폼이나 여행사를 통한 구매는 일정 변동 시 대처가 어려울 수 있다. 특히 경유 항공권에서 한 구간의 일정이 변경되는 경우, 항공사 홈페이지에서 구매했다면 항공사가 적절히 대응해주지만, 플랫폼에서 구매한 복수 항공사 연결 항공편의 경우 구매자가 직접 해결해야 하는 상황이 발생할 수 있다. 이는 시간과 노력 많이 들며, 경우에 따라 해결이 어려울 수 있다.

따라서 항공권 가격 차이가 크지 않다면, 가급적이면 항공사 홈페이지에서 직접 구매하는 것이 안전하고 편리하다. 이는 추후 발생할 수 있는 문제를 최소화하고, 필요시 신속한 대응을 받을 수 있는 장점이 있다.

티켓 유연성

일반석은 항공사마다 약간의 차이는 있지만, 대체로 Saver, Standard, Flex 요금제로 구분된다. 이 명칭은 모든 항공사에서 공통적으로 사용하는 것은 아니지만, 개념적으로 다음과 같은 특징을 가진다.

- Saver : 가장 저렴한 요금제로, 할인요금이 적용된다. 하지만 취소나 변경이 거의 불가능하며, 제약 조건이 많다.
- Standard : 표준형 요금제로, 일정 수수료를 지불하면 취소나 변경이 가능하다.
- Flex : 가장 유연한 요금제로, 요금이 비싼 대신 취소와 변경이 쉽고 추가적인 혜택을 제공한다.

또한, Saver 티켓 내에서도 K, B, M, Y 등 다양한 클래스로 세분화되어 있다.

이러한 클래스는 일반 여행객에게는 복잡하고 암호처럼 느껴질 수 있다.

예를 들어, 일부 티켓은 단체여행객 전용으로 제공되거나 좌석 승급 가능 여부가 다를 수 있다. 클래스에 따라 마일리지 적립 여부가 달라지고, 무료 수하물 허용량에도 차이가 있다.

이처럼 일반석 티켓은 복잡한 체계로 이루어져 있어 모든 등급을 완벽히 이해하기는 어렵다. 그러나 자신이 구입한 티켓의 제한 조건과 혜택 정도는 반드시 확인해야 한다. 이를 통해 불필요한 지출을 줄이고 예상치 못한 상황에 대비할 수 있다.

수하물 정책

항공권 구매 시점에서 수하물 무게가 직접적으로 가격에 영향을 미친다고 말하기는 적절치 않을 수 있다. 그러나 대부분의 여행자가 위탁 수하물을 동반한다는 점을 고려하면, 수하물 비용을 포함한 총 비용을 계산하는 것이 합리적이다.

대형항공사와 저가항공사의 수하물 정책은 다음과 같이 다르다.

- 대형항공사 : 보통 23kg짜리 수하물 1~2개 또는 30kg짜리 1개 수준의 무료 위탁 수하물을 제공한다. 이 비용은 항공료에 이미 포함되어 있다.
- 저가항공사 : 대체로 7kg 정도의 기내 휴대 수하물 1개만 무료로 허용한다. 추가적인 위탁 수하물에 대해서는 별도 요금을 부과한다.

따라서 저가항공사를 이용할 때는 위탁 수하물 요금을 포함한 총 비용을 대형항공사의 항공권과 비교해 보는 것이 중요하다. 또한, 수하물을 미리 예약하면 상대적으로 저렴하지만, 공항에서 현장 결제 시 높은 요금을 지불해야 할 수 있으므로 주의해야 한다.

결론적으로, 항공권 선택 시에는 예상되는 수하물의 개수와 무게, 각 항공사의 수하물 정책 및 요금, 수하물 비용을 포함한 총 여행 비용 등을 종합적으로 고려하여 결정해야 한다.

스탑오버 옵션

에미레이츠항공을 이용해 파리를 다녀올 때, 허브공항인 두바이에서 환승하게 된다. 이때 바로 환승하지 않고 입국심사를 거쳐 공항 밖으로 나갔다가 하루 이상을 체류한 후, 다시 출국심사를 하고 탑승하는 것을 스탑오버 Stopover라고 한다. 이런 경우 항공료가 상승하게 된다. 승객 입장에서는 두바이를 추가로 여행할 수 있는 기회가 생기지만, 항공사 입장에서는 특별한 추가 원가가 발생하지 않음에도 불구하고 요금이 올라간다. 이러한 현상의 이유를 다음과 같이 분석해볼 수 있다.

- 수요와 공급의 원리 : 스탑오버를 원하는 승객들의 수요를 반영한 가격 책정
- 부가가치 서비스 : 추가 여행 기회를 제공하는 서비스에 대한 프리미엄
- 운영 복잡성 : 스탑오버로 인한 예약 시스템 및 좌석 관리의 복잡성 증가
- 기회비용 : 스탑오버 승객으로 인해 발생할 수 있는 다른 승객의 기회 손실
- 마케팅 전략 : 스탑오버를 통한 목적지 다양화 및 브랜드 이미지 제고

항공사의 이러한 가격 정책은 단순히 '돈을 더 받을 기회'로 보기보다는,

다양한 요인을 고려한 전략적 결정으로 이해할 수 있다. 승객들은 이러한 가격 구조를 이해하고, 자신의 여행 계획과 예산에 맞춰 스탑오버 옵션의 가치를 판단해야 한다.

체류 기간

여행 기간이 항공권 가격에 영향을 미치는 이유는 여러 가지가 있다. 실제로 항공권을 검색해 보면 체류 기간이 3~4일 이내인 경우 상대적으로 저렴한 티켓이 자주 보인다. 이는 항공사의 예약 시스템과 가격 책정 방식 때문인데, 일반적으로 체류 기간이 짧은 항공권은 할인 항공권으로 제공되고, 체류 기간이 길어질수록 정상 요금이 적용되는 경우가 많다.

항공사의 예약 시스템에서는 최소 및 최대 체류 기간을 다양한 범위로 설정해 둔다. 최소 체류 기간은 보통 24시간에서 3일이며, 최대 체류 기간은 7일, 10일, 14일, 1개월, 45일, 3개월, 6개월, 12개월 등으로 나뉜다. 이처럼 체류 기간에 따른 가격 차이가 발생하는 이유는 다음과 같다.

- 수요와 공급 : 단기 여행은 장기 여행에 비해 수요가 적은 편이므로, 항공사는 가격을 낮춰 판매하는 경우가 많다.
- 비즈니스 여행객 타겟팅 : 짧은 기간의 여행은 주로 출장 목적이 많기 때문에, 항공사는 비즈니스 여행객을 유치하기 위해 일정 조건을 설정하고 가격을 조정한다.
- 좌석 회전율 : 단기 여행객은 빠르게 돌아오기 때문에 항공사 입장에서는 좌석 회전율이 높아지고, 이를 통해 더 많은 수익을 창출할 수 있다.
- 마케팅 전략 : 저렴한 단기 여행 티켓은 여행객을 유인하는 마케팅 전

략의 일환으로 제공된다. 반면, 정상 요금(Full Fare) 항공권은 일정 변경과 환불이 용이하다는 장점이 있어 별도로 책정된다.

또한, 유효 기간이 짧을수록 요금이 저렴한 이유는 일정 변경 가능성이 적어 항공사의 고객 관리 비용이 줄어들기 때문이다. 이와 함께, 유효 기간이 짧은 항공권에는 일정 변경 제한, 환불 불가 등의 제약 조건이 추가되는 경우가 많다.

대체로 장거리는 발권일 기준 120일 전, 단거리는 90일 전쯤에 안정적 고객 확보 차원에서 얼리버드 항공권이 나온다고 알려져 있다. 이후 항공권 가격은 단계적으로 올라가며, 출발일 직전에 가장 비싼 표가 나온 뒤, 팔리지 않는 표가 출발일이 임박해서 땡처리 항공권으로 나오기도 한다.

일반적으로 항공권이 가장 저렴한 달은 3월, 가장 비싼 달은 8월인데 3월에는 개학, 개강 등으로 여행 수요가 적어 평균적으로 약 10% 저렴하게 항공권을 구할 수 있다고 한다.

공동운항 여부

항공사들은 치열한 경쟁 속에서도 협력 관계를 유지한다. 그 대표적인 사례가 공동운항과 마일리지 적립이다.

공동운항이란 ① 한 항공사가 다른 항공사의 좌석 일부를 임차하여 운행하거나 ② 자사의 항공편명을 부여하여 고객에게 판매하는 경우 ③ 티켓 판매는 자사 편명으로, 실제 운항과 서비스는 타사가 제공하는 경우 등을 말한다.

항공동맹이란 여러 항공사가 협력하여 네트워크를 구축함으로써 승객과 항공사 모두에게 이익을 제공하는 연합체를 말하는데, 항공사들은 이러한 항공동맹을 통해 승객을 한 곳으로 모아 비용 절감을 도모하며, 고객에게 저렴한 티켓을 제공하고 나아가 항공노선을 확대하는 효과를 노릴 수도 있다. 주요 항공동맹 구성은 다음과 같다.

- 스카이팀 : 대한항공, 델타, 에어프랑스, KLM 등
- 스타 얼라이언스 : 아시아나, 루프트한자, 유나이티드 등
- 원월드 : 아메리칸, 브리티쉬항공 등

좌석 위치

좌석 위치에 따른 항공권 가격 차이는 주로 결제 직전 단계나 체크인 과정에서 발생한다. 비상구 앞 좌석은 다리를 뻗기 편해 선호도가 높다. 과거에는 비상시 탈출을 돕는 승객에게 배정했으나, 요즘에는 추가 비용을 지불하는 승객이 우선 배정받는다. 기내 좌석 블록의 맨 앞자리는 앞좌석이 없어 공간이 넉넉해 편안하다.

이러한 선호도를 반영해 항공사는 인기 좌석을 추가 비용을 받고 판매하며, 일부 항공사는 좌석 지정 자체에도 요금을 부과한다. 이 경우 비용을 내지 않으면 무작위로 좌석이 배정되며, 동반 여행객도 떨어져 앉을 수 있다. 또한, 일부 항공사는 비행 중 빈 좌석으로의 이동을 금지하기도 한다.

좌석 배정 정책은 저가항공사 등장 이후 더욱 세분화되었다. 항공사들은 각종 편의 요소를 금전적 가치로 환산해 추가 수익을 창출하고 있다.

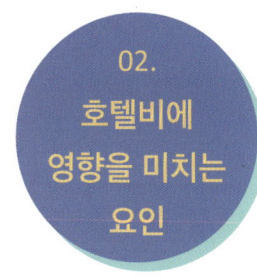

02. 호텔비에 영향을 미치는 요인

항공권만큼이나 변덕스러운 게 바로 호텔 요금이고, 어쩌면 항공권 선택보다 더 어려운 게 호텔을 고르는 일이다. 여행 일정, 지역 특성, 예약 시점, 예약 경로는 물론 우리가 평소엔 주의 깊게 보지 않는 요소들까지 요금에 영향을 미친다. 지금부터 그 복잡한 퍼즐을 하나씩 풀어보자.

시즌

여행지마다 성수기와 비수기의 호텔 가격 차이는 상이하다. 어떤 여행지는 연중 성수기인 반면, 어떤 곳은 계절에 따라 극심한 가격 변동을 보인다. 예를 들어, 캐나다 로키의 경우 다음과 같은 편차를 보인다.

여름 성수기 (6월 말 ~ 9월 초)	• 온화한 날씨로 하이킹, 캠핑, 래프팅 등 야외 활동 인기 • 관광객 증가로 호텔 가격 상승, 사전 예약 필수
겨울 시즌 (12월 ~ 3월)	• 스키, 스노보드 등 겨울 스포츠 애호가들로 붐빔 • 겨울 특유의 설경과 얼음 축제 등 이벤트 개최
봄/가을 숄더 시즌 (4~5월, 9~10월)	• 관광객 감소로 상대적으로 한적한 여행 가능 • 호텔 가격 하락, 특가 상품 기회

일반적으로 올림픽, 월드컵 등 대형 스포츠 이벤트, 음악제, 영화제 등 문화 행사와 같은 특별 행사 기간에는 요금이 급격히 오른다. 이런 시기에는 평소 대비 2-3배까지 가격이 상승할 수 있다.

여행 계획 시 고려사항

- 비용 절감이 목적이라면 성수기나 특별 행사 기간 피하기
- 특정 행사 참여가 목적이라면 조기 예약 필수
- 일부 호텔의 경우, 체크인 직전 '땡처리' 할인 기회 제공

입지

호텔의 위치는 여행의 질을 좌우하는 중요한 요소다. 단순히 저렴한 가격만을 고려해 교통이 불편한 외곽 지역의 호텔을 선택하면 과도한 교통비 지출, 이동 시간 낭비, 안전 문제 발생 가능성 등의 문제가 발생할 수 있다.

호텔 선택 시 가격뿐만 아니라 위치, 특히 지하철역과의 거리를 최우선으로 고려해야 한다. 이는 여행의 편의성, 시간 활용, 그리고 안전을 보장하는 핵심 요소다.

호텔 선택 시 고려해야 할 입지 조건

- 주요 관광지와의 거리
- 시내 중심지와의 거리
- 대중교통 접근성
- 안전성

등급

호텔비에 가장 직접적인 영향을 미치는 요인은 호텔 등급이다. 호텔 등급은 일반적으로 별 등급으로 표현되며, 이는 호텔의 시설, 서비스 품질, 편의성 등을 종합적으로 평가한 결과다. 또한 호텔 브랜드의 명성과 수준도 가격 결정에 중요한 역할을 한다.

호텔 등급 선택 시 고려사항

- 예산 : 각자의 여행예산에 맞춰 상한선을 정하는 것이 중요하다.
- 개인 취향 : 럭셔리한 경험을 원하는지, 실용적인 숙박을 원하는지 등에 따라 달라진다.
- 체류 기간 : 장기 체류의 경우 한 단계 낮은 등급의 호텔을 선택하여 비용을 절약할 수 있다.
- 동반자 : 가족 여행인지, 친구와의 여행인지에 따라 필요한 시설이 달라질 수 있다.

같은 등급의 호텔이라 하더라도 제공하는 서비스나 시설의 품질에는 차이가 있을 수 있으므로 실제 이용객들의 후기를 참고하는 것은 필수적이다.

현지 경제 상황

여행지의 경제적 발전 수준과 생활비는 호텔 가격에 큰 영향을 미친다. 경제가 활발하고 생활비가 높은 대도시 지역에서는 호텔 숙박료도 비싸지만, 같은 등급의 호텔이라도 시골 지역에서는 상대적으로 저렴하다.

뉴욕, 워싱턴, LA, 도쿄, 파리 등이 호텔비가 비싼 대표적인 도시들이며,

물가 수준이 높은 북유럽 국가들 역시 이에 속한다. 예를 들어, 맨해튼의 3성급 호텔은 대체로 $200 이상을 지불해야 하룻밤을 머물 수 있다. 반면, 유명 관광지라 하더라도 물가가 저렴한 나라에 가면 5성급 호텔을 하루 $100 선에서도 이용할 수 있다. 동남아나 중앙아시아 국가의 경우 호텔비는 매우 저렴한 편이다.

일반적으로 대도시 호텔의 경우, 5성급은 $300 이상, 4성급은 최소 $200, 3성급은 $100~150, 2성급은 $80~100 정도로 보면 적절할 것 같다. 하지만 이는 대략적인 기준일뿐, 실제 가격은 구체적인 지역과 시기에 따라 크게 달라질 수 있다.

이러한 가격 차이는 여행 계획을 세울 때 중요한 고려 사항이 된다. 같은 예산으로도 여행지에 따라 누릴 수 있는 숙박 퀄리티가 크게 달라질 수 있으므로, 목적지 선택 시 현지 물가와 경제 상황을 함께 고려하는 것이 현명하다.

예약 시점

호텔 객실 요금은 항공권과 유사한 방식으로 조기 예약 할인 혜택을 제공하는 경우가 많다. 특히 동일한 유형의 객실이 여러 개 있을 경우, 대체로 저렴한 객실부터 먼저 예약되는 것이 일반적이다. 따라서 늦게 예약하는 것보다 일찍 예약할수록 상대적으로 저렴한 가격에 방을 구할 가능성이 높다.

일반적으로 'Early Bird Special'이라고 불리는 할인 행사는 투숙일 기준 약 3~4개월 전부터 시작되며, 이러한 프로모션을 통해 예약할 경우 변경이나 취소가 불가능한 경우가 많다. 저렴한 가격을 선택하는 대신 일정한 제약을 감수해야 하는 셈이다.

> **Early Bird Special**
>
> 이는 "The early bird gets the worm(일찍 일어나는 새가 벌레를 잡는다)."이라는 영어 속담에서 유래한 표현이다.
>
> 극장에서 첫 회 상영분 요금을 할인해 주는 것을 우리는 조조할인早朝割引이라고 부른다. Early Bird는 조조早鳥다. 그렇다면 조조할인과 Early Bird는 아무런 관련이 없는 것일까?
>
> 궁금하면 AI에게 한번 물어보시길.

숙박 유형

숙박 유형은 가격, 편의성, 분위기 등에서 차이를 보인다. 여행자는 자신의 취향, 예산, 여행 목적, 그리고 누적된 피로도 등을 고려하여 적절한 숙박시설을 선택하는 것이 기본이다. 예를 들어, 편안한 휴식이 필요하다면 호텔을, 현지 문화를 경험하고 싶다면 게스트하우스나 민박을, 저렴한 가격에 여행하고 싶다면 호스텔을 선택할 가능성이 높을 것이다.

다양한 숙박 유형 중에서 자신의 상황과 선호도에 가장 적합한 옵션을 선택하는 것이 여행의 질을 높이는 데 중요한 요소가 된다.

객실 가용성

호텔 객실 가격은 수요와 공급의 원리에 따라 크게 변동한다. 특히 대규모 행사나 축제 기간, 또는 특정 계절에 따라 객실 수요가 급증하면 가격이 크게 상승한다. 반대로 비수기에는 수요가 적어 가격이 하락한다. 이러한 가격 변동은 여행자들이 숙박 비용을 계획할 때 반드시 고려해야 할 중요한 요소다.

사례 1 : 2026 FIFA 월드컵 개최 도시의 호텔 요금

2026년 FIFA 월드컵이 미국, 캐나다, 멕시코에서 개최될 예정이다. 특히 결승전이 열리는 뉴욕의 경우, 평소 호텔 요금에 비해 큰 폭의 가격 상승이 예상된다. 예를 들어, 뉴욕 맨해튼의 한 럭셔리 호텔은 월드컵 결승전 기간 4박 패키지를 평소 요금의 2~3배에 달하는 11,000달러 수준으로 제공한다.

또한 준결승전이 열리는 댈러스와 애틀랜타의 호텔들도 3박 기준으로 4,600달러부터 시작하는 패키지를 제공하고 있어, 평소보다 매우 높은 가격을 책정하고 있다.

사례 2 : 태국 푸켓의 계절별 호텔 요금 변동

태국의 유명 휴양지 푸켓은 계절에 따른 호텔 요금 변동이 매우 큰 편이다. 성수기인 11월부터 4월까지의 건기에는 날씨가 좋고 관광객이 몰려 호텔 요금이 크게 오른다. 반면 비수기인 5월부터 10월까지의 우기에는 비가 자주 오고 관광객이 적어 호텔 요금이 대폭 하락한다. 같은 호텔이라도 시즌에 따라 3배 이상의 가격 차이가 날 수 있다.

이러한 사례들은 여행 계획을 세울 때 시기 선택이 얼마나 중요한지를 잘 보여준다. 대형 이벤트나 성수기를 피해 여행한다면 같은 품질의 숙박 시설을 훨씬 저렴한 가격에 이용할 수 있다. 반면, 꼭 특정 시기에 여행해야 한다면 높은 숙박비를 감수해야 할 수도 있다. 따라서 여행자들은 목적지의 성수기/비수기, 주요 행사 일정 등을 미리 파악하고 자신의 예산과 선호도에 맞춰 최적의 시기를 선택하는 것이 중요하다.

객실 종류

호텔 예약 시 객실 종류는 가격에 영향을 미치는 중요한 요소다. 트윈룸과 더블룸은 대부분 가격이 동일하지만, 일부 호텔에서는 트윈룸이 약간 더 비쌀 수 있다. 스위트룸과 패밀리룸은 일반 객실보다 비싸지만, 넓은 공간과 쾌적한 환경을 제공한다.

여행 목적, 동반자, 예산을 고려해 객실을 고르면 숙박의 만족도가 높아진다. 이는 편안한 숙박과 효율적인 예산 관리에 도움이 될 것이다.

숙박 인원

투숙객 수는 호텔비에 직접적인 영향을 미친다. 호텔 객실은 기본적으로 1인 또는 2인 기준으로 설계되어 있다. 필자의 경험상 미국에서는 1인과 2인 요금이 동일한 경우가 많지만, 유럽을 비롯한 대부분의 지역에서는 투숙 인원이 늘수록 요금이 올라간다. 이는 투숙 인원이 많을수록 물 사용량, 타월 소비, 청소 시간 등이 증가하기 때문이다. 아침식사를 제공하는 호텔의 경우 이러한 차이는 더욱 뚜렷하다.

3인 이상일 경우 요금이 오르지만, 인원수에 비례하지는 않는다. 따라서

4인 가족의 경우, 방 두 개를 예약하는 것보다 큰 침대 두 개가 있는 대형 객실 한 개를 선택하면 1인당 비용을 상당히 절감할 수 있다.

3인 여행 시 비용 절감을 위해서는 예약하는 과정에서 2인실에 Extra Bed 설치 가능 여부를 확인하거나 3인실을 찾아보는 것도 좋은 방법이다.

방 크기

객실 예약 시 예약 화면에 표시되는 객실 크기를 반드시 확인하고 선택하는 것이 중요하다. Agoda나 Booking.com 같은 대형 예약 플랫폼에서는 이 정보를 쉽게 확인할 수 있다. B&B나 민박의 경우 크기가 명시되지 않더라도 다른 방법을 통해 반드시 확인해 보는 것이 좋다. 객실 크기에 대한 일반적인 기준은 다음과 같다.

- 10㎡ : 2인 사용 시 매우 협소
- 15㎡ : 보통 크기
- 20㎡ 이상 : 상당히 여유로운 크기

공간이 협소할수록 가격도 그에 비례해 저렴하다는 점을 염두에 두고 선택하는 것이 합리적이다.

전망

조지아의 카즈베기 마을에 있는 Rooms Hotel Kazbegi는 멋진 전망으로 유명한 4성급 호텔이다. 이 호텔은 눈 덮인 카즈베기산과 게르게티 삼위일체 교회가 한눈에 들어오는 Mountain View와 반대편의 Forest View 두 종류의 객실을 제공한다. Mountain View 객실은 $200, Forest View 객실은

$120 정도로 가격 차이가 크지만, 항상 전자가 먼저 예약된다고 한다. 이는 순전히 전망 때문이다.

해변 휴양도시의 호텔에서도 바다가 보이는 객실은 그렇지 않은 객실보다 비싸다. 이는 수요와 공급의 원리에 따른 것으로, 사람들이 더 높은 가격을 지불하고서라도 좋은 전망의 객실을 선호하기 때문이다. 탁 트인 전망의 객실과 건물로 시야가 막힌 객실 간의 가격 차이는 당연한 현상이다.

한편, 창문이 없는 객실은 극단적인 경우다. 베트남의 대도시를 여행해 보면 이런 객실을 자주 볼 수 있다. 이는 도로에 면한 폭에 따라 세금을 부과하던 오래된 제도가 만들어낸 독특한 건축 양식에서 기인한다고 한다. 건물은 세금을 줄이기 위해 도로에 면한 폭을 최대한 좁게 설계하고, 대신 뒤쪽으로 길게 확장하는 형태로 지어졌다. 이로 인해 옆 건물과 맞닿아 있는 방에는 창문이 없는 경우가 많다고 한다.

배경은 다를지 모르지만 타이완의 호텔 객실 중에도 창문이 없는 방이 흔히 존재한다.

체류 기간

호텔은 안정적인 수익을 확보하기 위해 장기 투숙 고객을 선호하며, 이들에게 다양한 혜택을 제공한다. 일반적으로 여러 날 숙박 시 전체 요금을 할인해 주거나 일정 기간 이상 투숙하면 무료 숙박을 제공하기도 한다.

이러한 가격 정책은 고객과 호텔 모두에게 이익이 되는 윈-윈 전략으로, 장기 여행을 계획할 때 적극 활용하면 비용 절감에 도움이 될 수 있다.

예약 채널

오늘날 거의 모든 분야에서 온라인 상거래가 이루어지고 있으며, 호텔 예약도 예외는 아니다. 다양한 플랫폼을 통해 예약이 이루어지는데, 이용하는 플랫폼에 따라 같은 호텔이라도 가격 차이가 크게 날 수 있다. 수많은 호텔과 예약 플랫폼이 존재하기 때문에, 자신에게 맞는 채널을 고르는 과정이 복잡하게 느껴질 수 있다.

가장 먼저 고려할 수 있는 예약 채널은 온라인 여행사(Online Travel Agency)다. 아고다Agoda와 부킹닷컴Booking.com 같은 전문 사이트가 대표적이며, 이들 플랫폼에서는 수시로 할인 행사를 진행한다. 이러한 이유로 대체로 호텔에 직접 예약하는 것보다 저렴한 요금으로 예약할 수 있는 경우가 많다.

다음으로는 호텔 홈페이지를 통한 예약이 있다. 일반적으로 플랫폼보다 요금이 비싸지만, 특정 상황에서는 온라인 여행사보다 저렴할 수 있다. 또한, 드물게 룸 업그레이드나 조식 무료 제공 같은 추가 혜택을 받을 기회도 있다.

구글 지도 역시 호텔 검색 및 예약에 활용할 수 있다. 다만, 구글은 자체적인 예약 기능을 제공하지 않으며, 최종적으로는 호텔 예약 전문 플랫폼이나 호텔 홈페이지로 연결된다.

여행사 홈페이지를 통한 예약도 또 다른 방법이다. 현대의 여행사는 항공권, 열차표, 유명 관광지 입장권, Day Tour 티켓뿐만 아니라 호텔룸까지 판매한다. Klook, Trip.com, My Real Trip 등이 대표적인 예로 꼽힌다.

프로모션

Booking.com, Agoda, Hotels.com과 같은 호텔 예약 플랫폼은 때때로 프로모션을 통해 할인 쿠폰을 제공한다. 또한, 일부 호텔 홈페이지에서는 예약 과정을 중단했을 때 할인 쿠폰을 보내오기도 한다. 세계적인 대형 호텔 체인의 회원이 되면 정기적으로 할인 쿠폰을 받을 수 있는 경우도 있다.

그러나 대형 숙박 플랫폼의 경우, 거의 상시 할인 체제로 운영되는 경향이 있어 쿠폰 코드를 입력해도 실제 가격 차이가 없는 경우가 많다. 이미 할인이 적용된 요금이라는 이유로 추가 할인을 거부하는 경우도 있어, 소비자가 실망감을 느낄 수 있다.

프로모션은 좋은 기회가 될 수 있지만, 실제 혜택을 꼼꼼히 확인하는 것이 중요하다.

환율 영향

호텔비 지불은 해외에서 이루어지기 때문에 필연적으로 환율의 영향을 받는다. 환율이 상승 추세일 때는 체크인 시점까지 미루지 말고 즉시 결제하면 더 저렴한 가격으로 숙박할 수 있다.

반대로 환율이 하락하는 추세이면 가능한 결제를 뒤로 미루는 것이 유리하다.

그러나 환율의 정확한 예측은 어렵고, 조기 결제 시 취소 및 환불 절차가 번거로울 수 있다는 점을 고려해야 한다. 예약 시점과 결제 시점에 따라서도 가격 차이가 발생할 수 있다. 'Pay Now'는 예약 시점에, 'Pay on Arrival' 또는 'Pay to the Premise'는 도착 시 결제할 것임을 나타낸다. 도

착 후 결제 시에는 약간의 비용이 추가될 가능성이 있다

호텔 측에서는 선결제를 유도하여 고객을 확보하려는 경향이 있다. 그러나 여행객 입장에서는 무료 취소나 환불 문제를 고려할 때, 가급적 체크인 날짜에 가깝게 지불을 미루는 것이 유리하다.

체크인 요일

호텔비는 주말이나 연휴에 비싸진다. 이는 주말에 여행을 떠나는 사람들이 많아 수요가 증가하기 때문이다. 금요일과 토요일 저녁은 특히 가격이 비쌀 수 있으며, 일요일 저녁은 평일 요금으로 돌아간다.

어느 한 곳의 주말 요금이 특히 비싸다면, 다른 도시를 먼저 여행하고 돌아오도록 일정을 조정해 보는 것도 좋은 방법이다.

취소 규정

무료로 취소 가능한지 여부는 호텔 예약 시 매우 중요한 요소 중 하나다. 여행 계획 초기 단계에서 예약을 진행하면, 이후 일정 변경이나 더 나은 조건의 호텔을 발견하는 등의 이유로 예약을 취소해야 하는 상황이 발생할 수 있다. 이러한 경우, 무료 취소가 가능한 호텔을 선택하면 일정 조정의 유연성을 확보하고 금전적 손실을 줄이는 데 큰 도움이 된다.

대체로 무료 취소는 'Free Cancellation'로 표시되며, 반대로 취소가 불가능한 경우는 'Non-Refundable'로 표기된다. 무료 취소에는 체크인 날짜 기준 한 달 전, 일주일 전, 혹은 3일 전 등 취소가 가능한 기한이 정해져 있다. 일부 호텔은 취소는 불가능하더라도 직접 연락하면 날짜 변경을 허

용기기도 한다.

　무료 취소 옵션은 여행객에게 일정 조정의 융통성을 제공하는 장점이 있지만, 호텔 입장에서는 예약이 취소될 경우 발생하는 기회비용 손실이라는 부담이 있다. 이로 인해 무료 취소가 가능한 옵션은 일반적으로 Non-Refundable 옵션보다 요금이 더 비싸다. 이러한 차이는 숙박 플랫폼을 이용하든 호텔 홈페이지를 통해 예약하든 비슷하게 적용된다.

　예약 후 체크인을 하지 않으면 No-Show로 처리되어 비용을 지불해야 한다. 하룻밤만 예약했다면 그 금액만 손해를 보지만, 여러 날을 예약한 경우 호텔에 따라 첫째 날 비용만 청구하고 나머지는 면제해 주는 경우도 있다. 그러나 Non-Refundable 옵션으로 예약했다면 전체 금액을 손해 보는 것이 일반적이다.

　무료 취소 규정은 운영 방식에서도 차이가 있다. 일부 호텔은 결제를 미리 하지 않고 고객이 취소를 원할 경우 결제를 진행하지 않는 방식으로 운영하며, 다른 곳은 일단 결제 후 취소 시 환불해 주는 방식을 택한다. 따라서 예약 전에 규정을 꼼꼼히 확인하는 것이 중요하다. 최근 Agoda나 Booking.com 같은 여행 플랫폼들은 무료 취소를 폭넓게 허용하는 방향으로 운영되고 있어 여행객들에게 더 많은 선택지를 제공하고 있다.

조식 옵션

호텔에 따라 아침식사 비용이 기본적으로 호텔비에 포함된 곳과 그렇지 않은 곳이 있다. 얼핏 보면 조식이 포함된 가격이 그렇지 않은 경우보다 저렴해 보이지만, 실제로는 조식 포함 가격이 더 비싼 경우가 많다.

엄밀히 말해, 조식을 별도로 판매하는 호텔은 고객에게 선택의 권리를 부여한다는 점에서 더 넓은 선택의 폭을 제공한다고 볼 수 있다. 그러나 대부분의 경우, 조식 포함 가격은 객실과 조식을 따로 구매하는 것보다 저렴하다. 따라서 해당 호텔에서 아침 식사를 할 계획이라면, 처음부터 'Breakfast Included' 옵션을 선택하는 것이 비용 면에서 유리하다.

다만, 5성급 최고급 호텔의 경우는 예외적이다. 이러한 호텔에서는 아침 식사가 호텔비에 포함되는 경우가 드물며, 대신 필요한 고객이 별도로 비용을 지불하고 식사를 하는 것이 일반적이다. 조식 옵션을 선택할 때는 다음 사항을 고려하는 것이 좋다.

- 여행 일정 : 이른 아침 일정이 있는 경우, 호텔 조식이 편리할 수 있다. 반대로 새벽에 출발해야 하는 경우 식사 기회를 놓치게 된다.
- 주변 식당 상황 : 호텔 근처에 적당한 아침 식사 장소가 없다면 호텔 조식이 유용하다.
- 가격 대비 품질 : 리뷰를 잘 읽어보고 호텔 조식의 품질과 가격을 비교해 결정한다.
- 식사 선호도 : 호텔 뷔페식 조식을 선호하는지, 아니면 현지 식당을 경험하고 싶은 지 고려한다.

전용 화장실 여부

3성급 이상의 호텔에서는 전용 화장실이 일반적이지만, 그 이하 등급의 숙소나 호스텔, B&B에서는 화장실을 공유해야 하는 경우가 흔하다. 이러한 숙소는 상대적으로 요금이 저렴하다. 저렴한 호스텔에서는 방에 전용 화장실이 있음을 나타내기 위해 'En Suite(앙 스위트)' 또는 'Private Bathroom'이라는 표현을 강조하는 경우가 많다.

따라서 이러한 시설의 방을 예약할 때는 반드시 방에 화장실이 딸려 있는지, 아니면 'Shared Bathroom'으로 표시되어 있는지를 잘 확인해야 한다. 가격 차이가 크기 때문에 이 점을 주의 깊게 살펴보는 것이 중요하다.

접근 경로

예약 경로에 따라 요금이 달라질 수 있다.

- 구글 지도 이용 : 구글 지도에서 호텔을 예약하려는 지역의 지도를 펼치고 '호텔'을 클릭하여 호텔 이름과 가격을 참고하거나 호텔 목록을 보고 접근하는 방법이다. 구글 지도는 최종적으로 플랫폼이나 호텔 홈페이지 중 한 곳으로 연결된다.
- 플랫폼 이용 : Booking.com이나 Agoda와 같은 익숙한 플랫폼에 접속하여 지역명을 입력하고 날짜 및 체크인 인원 등을 추가로 지정하여 범위를 좁히는 방식이다.

위 두 가지 접근법은 휴대폰과 웹 모두에서 가능하다. 따라서 휴대폰과 웹, 구글 지도와 하나의 플랫폼을 조합하면 총 네 가지 접근 경로가 생긴다. 이 네 가지 경로를 통해 가격이 각각 다르게 나타날 수 있다.

마음에 드는 호텔이 최종적으로 정해지면, 이 네 가지 경로를 통해 각각의 가격을 비교하고 최종 결제할 곳을 선택하면 상당한 비용을 절약할 수 있다.

멤버십 혜택

대형 호텔 체인은 회원에게 관련 호텔 전반에 걸쳐 일정 비율의 할인을 제공한다. 대표적인 예로 IHG(InterContinental Hotels Group)가 있다. IHG 회원은 InterContinental, Holiday Inn, Crowne Plaza 등의 호텔 예약 시 할인이나 보너스 포인트를 받을 수 있다. Hilton 계열에는 Double Tree Hotel, Garden Inn, Hampton Inn 등이, Accor Hotel 계열에는 Novotel, Ibis Hotel 등이 포함된다.

Ibis Hotel을 제외한 대부분의 체인 호텔은 가격대가 높아 일반적인 자유여행객에게는 부담이 될 수 있다. 그러나 때로는 고급 호텔을 매우 저렴한 가격에 이용할 수 있는 기회도 있다.

Booking.com은 Genius Level이라는 회원등급 제도를 운영한다. Level 1부터 3까지 있으며, 등급에 따라 할인율이 다르고, 운이 좋으면 객실 업그레이드나 무료 조식 같은 추가 혜택을 받을 수 있다. Agoda는 즉시 할인보다는 투숙 후 예약금의 일부를 포인트나 현금으로 적립해주고, 이를 다음 예약 시 할인 수단으로 사용할 수 있게 한다.

여행에 필요한 휴대폰 앱은 종류가 수도 없이 많지만 그 중에 필자가 으뜸으로 치는 앱은 역시 구글 지도다. 사용할 때마다 구글 지도가 제공하는 기능과 정보의 다양함, 정확성 등에 그저 놀라움을 금할 수 없다.

구글 지도에는 어떤 특정 상호를 검색하여 찾아가는 방법, 찾은 장소를 적절히 분류하여 저장하기, 호텔이나 맛집 찾기는 물론 예약하기, 관광명소 탐색 등 여행에 필요한 다양한 기능들이 포함되어 있다. 이렇듯 구글 지도가 너무도 방대한 도구이기 때문에 여기에서 그 기능의 다양함과 유용성에 대해 전부 다 설명을 하기는 어렵다. 따라서 여기에서는 여행에 꼭 필요한 기능만을 추려서 소개하고자 한다.

중요한 기능을 설명하려다 보니 독자들이 이미 알고 있는 내용도 많이 포함되어 있을 것이다. 그럴 때는 소제목만 보고 다음으로 넘어가주기 바란다.

특정 장소 찾기

- 시설 종류로 찾기 : 구글 지도에서는 다양한 시설을 키워드로 쉽게 검

색할 수 있다. '음식점', '호텔', '주차장', '주유소' 등의 키워드를 입력하면 해당 종류의 시설들이 지도상에 표시된다. 이 기능은 특히 낯선 도시 여행 시 유용하다. 검색 결과는 현재 위치를 기준으로 정렬된다. 가장 가까운 시설부터 확인할 수 있어 필요한 시설을 빠르고 효율적으로 찾을 수 있다.

- 상호로 찾기 : 특정 장소의 상호로 검색하면 해당 지점을 찾아 보여준다. 시설의 전화번호, 주소, 사진, 이용자 평점, 영업시간, 정확한 좌표 등을 확인할 수 있다. 유료 입장 시설의 경우 입장권 판매 사이트로 연결되기도 하며, 전화 통화나 홈페이지 방문도 가능하다.

- 주소로 찾기 : 주소를 이용해 목적지를 찾을 수 있다. 예를 들어, '뉴욕시 6번가 1301번지'를 찾으려면 '1301 6th Ave, New York City'와 같이 입력한다.

- 좌표/플러스코드로 찾기 : 구글 지도에서는 두 가지 형식의 좌표 검색이 가능하다. 하나는 위도와 경도를 조합한 좌표이며, 다른 하나는 구글의 플러스코드Plus Code다. 좌표는 '40.76204960329591, -73.9797454911693' 형식으로 입력한다. 좌표는 시설을 선택한 다음 위치표시 아이콘에서 마우스 오른쪽 버튼을 클릭하여 얻을 수 있다. 플러스코드는 'Q26C+J5 New York City'와 같은 형식을 사용하며, 화면에 해당 도시 지도가 열려 있다면 'Q26C+J5'만으로도 가능하다. 특정 지점의 플러스코드는 해당 시설을 클릭한 후 '주소' 아래에서 확인할 수 있다.

관광명소 탐색

구글 지도를 활용하면 여행지의 주요 관광명소와 다양한 즐길 거리를 쉽게 찾을 수 있다. 특정 도시 지도를 표시한 후 검색창에 '관광명소', 'Attractions' 또는 'Things to Do'를 입력하면 해당 지역의 관광명소와 다양한 즐길 거리가 지도상에 표시된다.

각 관광지에는 5점 만점 기준의 평점과 리뷰 작성자 수가 표시되는데, 이를 통해 해당 장소의 가치와 인기도를 가늠할 수 있다. 필터링 기능을 통해 특정 평점 이상의 관광명소만 필터링하여 볼 수 있어, 더욱 효율적인 탐색이 가능하다.

일반적으로 평점이 4.0 이상이며 리뷰 작성자 수가 1,000명 이상인 관광지는 'Must See'(꼭 가봐야 할 곳) 수준으로 간주할 수 있다. 이러한 기준을 활용하면 여행자는 방문할 도시의 주요 관광 포인트를 효율적으로 파악하고, 제한된 시간 내에 가장 가치 있는 장소들을 선별하여 방문 계획을 세울 수 있다.

구글 지도의 이러한 기능은 여행자가 낯선 도시에서도 주요 관광지를 놓치지 않고 효과적으로 여행 일정을 계획할 수 있게 해주는 데 매우 유용하다.

사용자 리뷰 및 평점

구글 지도에서는 '리뷰' 탭을 통해 다른 사용자들이 남긴 리뷰를 확인할 수 있다. 이 기능을 이용하면 특정 장소에 대한 다양한 의견과 경험을 읽어볼 수 있으며, 자신의 리뷰를 작성할 수도 있다. 리뷰 확인 시 최신순,

평점 높은 순, 평점 낮은 순 등 다양한 기준으로 정렬할 수도 있다.

이러한 기능을 통해 사용자는 방문 예정인 장소에 대해 더욱 폭넓은 정보를 얻을 수 있다. 예를 들어, 최신 리뷰를 통해 현재 상황을 파악하거나, 평점이 낮은 리뷰를 확인하여 잠재적인 문제를 미리 인지할 수 있다.

또한, 자신의 경험을 리뷰로 남김으로써 다른 여행자들에게 유용한 정보를 제공할 수 있다. 이는 여행 커뮤니티에 기여하는 좋은 방법이 될 수 있다.

경로 안내

경로 안내는 길찾기, 이동 거리 및 소요시간 계산을 위한 핵심 기능이다. 목표 지점을 선택한 후 '경로' 또는 'Directions' 아이콘을 클릭하면 두 지점 간의 다양한 이동 정보를 확인할 수 있다. 제공되는 정보는 다음과 같다.

- 이동 거리
- 승용차, 대중교통, 도보, 자전거, 항공편별 예상 소요시간
- 대중교통 이용 시 기차, 버스 등 다양한 대안

이 기능은 사용자에게 상세한 이동 정보를 제공하여 최적의 경로를 선택할 수 있게 돕는다. 특히 대중교통 정보는 여러 옵션을 보여줌으로써 사용자가 자신의 상황에 맞는 최적의 선택을 할 수 있도록 한다.

내비게이션

해외 여행 중 운전을 하는 여행자에게 내비게이션은 필수적인 도구다. 차량에 장착된 내비게이션은 사용법 숙지에 시간이 필요하고, 언어 문제로 인해 사용이 어려울 수 있다. 하지만 구글 지도의 내비게이션은 현지어 지명 입력이 필요한 경우에도 휴대폰 설정을 통해 쉽게 해결할 수 있다. 안내 언어는 휴대폰에 설정된 기본 언어를 따른다.

사용법도 매우 간단하여 목적지를 선택한 후 '시작' 아이콘을 선택하고 출발하면 된다. 다만, 휴대폰을 대시보드나 에어컨 통풍구에 고정할 수 있는 거치대는 사전에 준비해야 한다. 내비게이션에서 제공하는 주요 기능으로는 다음과 같은 것들이 있다.

- 실시간 교통 정보
- 다양한 경로 옵션 제공
- 음성 안내 지원
- 오프라인 지도 사용 가능
- 주변 시설(주유소, 주차장 등) 검색 기능

이러한 기능들로 인해 구글 지도 내비게이션은 해외 여행 시 차량 운전의 편의성을 크게 높여준다.

검색된 장소의 상세정보 확인

구글 지도에서 특정 장소를 검색하면 다양한 상세정보를 확인할 수 있다. 식당의 경우 주소, 영업시간, 연락처, 메뉴, 대략적인 1인당 식사 비용, 홈페이지 링크 등의 정보가 제공된다. 이러한 상세정보는 여행자가 방문 계획을 세우는 데 큰 도움이 된다.

일부 식당의 경우 구글 지도를 통해 직접 예약이 가능한 곳도 있다. 안드로이드 사용자의 경우는 특정 식당의 사진을 탭하면 해당 요리의 이름과 설명이 포함된 상세 정보를 볼 수 있다. 이 기능은 현지 음식에 익숙하지 않은 여행자에게 특히 유용하다.

비슷한 원리로 어떤 호텔을 선택하면 평점을 비롯하여 호텔의 위치와 연락처, 1일 숙박 요금, 사용자 리뷰, 홈페이지 등의 기본적인 사항들을 보여준다. 각 플랫폼별로 제시하는 요금을 비교하여 링크를 따라가면 해당 플랫폼과 연결된다.

관광명소의 경우에도 평점을 비롯하여 정확한 주소, 휴무일, 입장료, 연락처 등 관련 정보를 확인할 수 있다. 그밖에 다른 시설의 경우에도 각 시설에 관련된 적절한 상세정보를 제공한다.

관심장소 저장 및 목록 만들기

구글 지도에서는 다양한 장소를 그룹별로 분류하여 저장할 수 있다. 이 기능을 활용하면 여행자는 관광명소, 맛집, 호텔, 공항, 기차역 등을 효율적으로 정리하고 관리할 수 있다. 또한, 각 장소에 서로 다른 아이콘을 지정하면 지도에서 한눈에 알 수 있어 가독성이 더욱 향상된다.

장소 저장 방법

① 원하는 장소를 검색한다.
② '저장' 버튼을 클릭한다.

③ 표시된 목록에서 원하는 그룹을 선택한다.

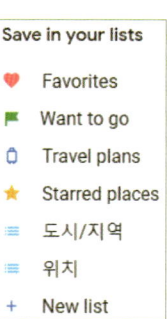

저장 그룹의 예

- 노란색 별 : 관광명소 등 상대적으로 많은 장소
- 빨간색 하트 : 공항, 기차역 등 수가 적은 중요 지점

실제 사용 예

다음은 뉴질랜드 북섬 Rotorua의 관광명소를 저장하는 것을 보여준다.

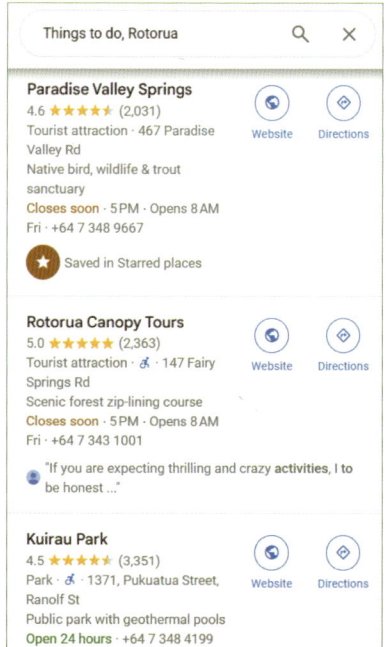
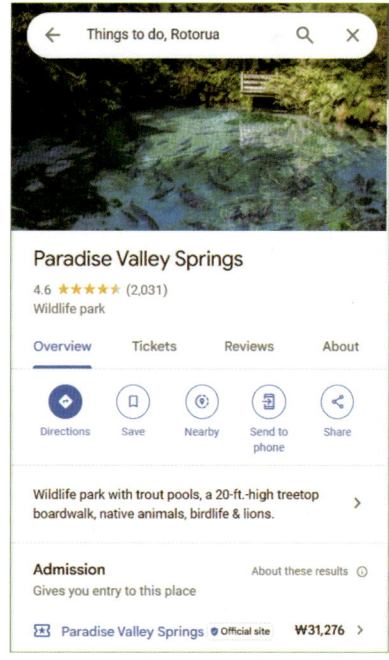

① 구글 지도에서 'Things to do, Rotorua'를 검색한다.
② 평점 4.0 이상인 관광명소를 선별한다.

③ 각 장소(예 : 'Paradise Valley Springs')를 선택한다.
④ '저장' 버튼을 클릭하고 노란 별 그룹을 선택한다.
⑤ 저장된 장소는 지도상에 별 표시로 나타난다.
⑥ 이 과정을 모든 관심 장소에 대해 반복한다.

이렇게 저장된 장소들은 나중에 필요에 따라 특정 그룹만 표시하거나 숨길 수 있어, 여행 계획 수립 시 매우 편리하다. (고급 기능으로 나만의 그룹을 만들고 아이콘을 배정하는 방법도 있으나 이 책에서는 자세히 다루지 않는다.)

오프라인 지도

구글 지도는 기본적으로 인터넷 연결이 필요하지만, 오프라인 지도 기능을 통해 인터넷이 없는 상황에서도 사용할 수 있다. 이 기능은 오지 트레킹이나 산악 여행처럼 인터넷 연결이 어려운 환경에서 특히 유용하다.

오프라인 지도 사용 방법

① 휴대폰에서 구글 지도 앱을 실행한다.
② 검색창 오른쪽의 '현재 로그인된 사용자' 아이콘을 클릭한다.
③ '오프라인 지도' 옵션을 선택한다.
④ '나만의 지도'를 선택하고 원하는 지역의 범위를 지정한다.
⑤ 선택한 지역의 지도를 다운로드한다.

다운로드된 지도는 '나만의 지도 선택' 아이콘 아래에 목록으로 표시된다. 이 기능을 통해 사용자는 미리 저장한 지점들을 포함한 지도 데이터를 오프라인에서도 제한적으로 사용할 수 있다.

주의사항

- 오프라인 지도는 휴대폰에서만 사용 가능하다.
- 저장된 지도는 주기적으로 업데이트해야 최신 정보를 유지할 수 있다.
- 오프라인 모드에서는 실시간 교통 정보나 상세한 장소 정보 등 일부 기능이 제한될 수 있다.

이 기능을 활용하면 인터넷 연결이 불안정한 지역을 여행할 때에도 안심하고 구글 지도를 사용할 수 있어, 여행의 편의성과 안전성을 크게 높일 수 있다.

대중교통 정보

휴대폰에서 '지하철역' 또는 '버스정류장'으로 검색하면 지하철역이나 버스 정류장의 위치를 한눈에 파악할 수 있다. PC에서는 'Transit' 아이콘을 클릭해서도 가능하다. 이 기능은 호텔 위치를 파악하거나 특정 장소를 찾아갈 때 매우 유용하게 활용할 수 있다. 일부 국가에서는 구글 지도를 통해 현재 운행 중인 대중교통 현황이나 특정 지점을 지나는 모든 대중교통 정보와 같은 실시간 정보도 제공한다.

이러한 기능을 통해 여행자는 더욱 효율적으로 이동 계획을 세울 수 있다. 예를 들어, 관광지 근처의 버스 정류장 위치를 미리 파악하거나, 호텔에서 공항으로 가는 가장 빠른 대중교통 경로를 찾을 수 있다.

　주의할 점은 실시간 대중교통 정보 제공 여부가 국가나 도시에 따라 다를 수 있다는 것이다. 따라서 여행 전 목적지의 구글 지도 서비스 범위를 확인해보는 것이 좋다.

호텔 탐색 및 예약

여행 준비 중 가장 까다로운 과정 중 하나는 적합한 호텔을 선정하는 일이다. 유명 관광지의 경우 수많은 호텔 중에서 자신에게 맞는 곳을 찾는 것은 쉽지 않은 작업이다.

　구글 지도를 활용한 호텔 탐색은 다음과 같이 하면 된다.

① 호텔 검색 시작 : 검색창에 'Hotels' 또는 '호텔' 입력

② 검색 조건 설정 : 체크인/아웃 날짜 지정, 투숙 인원 수 입력, 필요 시 1박 요금 범위 설정

③ 상세 필터 적용 : 평점(Rating), 호텔 등급(Hotel Class), 조식 포함 여부

④ 호텔 선택 및 예약 : '예약 가능 여부 확인' 버튼 클릭, 메이저 예약 플랫폼이나 호텔 홈페이지로 연결

　구글 지도에서 호텔 이용 고객들의 평점을 확인하는 것이 가능하며, 직접 평점을 부여할 수도 있다.

　구글 지도를 통한 호텔 탐색은 Booking.com이나 Agoda 같은 전문 플랫폼과 달리, 지리적 위치를 직관적으로 파악하며 선택할 수 있어 더욱 효율적이다. 이 방법을 통해 여행자는 자신의 필요에 가장 적합한 호텔을 보다

쉽게 찾을 수 있다.

맛집 찾기

여행의 큰 즐거움 중 하나는 현지의 맛집을 발견하고 그 지역의 특색 있는 음식을 맛보는 것이다. 구글 지도를 활용하면 이러한 맛집 탐색이 훨씬 수월해진다.

맛집 검색 방법

① 검색창에 'Restaurants' 또는 '음식점' 입력
② 지도상에 표시된 식당들 확인

제공되는 정보

- 정확한 주소와 전화번호
- 영업 시간 및 휴무일
- 메뉴와 가격
- 평점 및 리뷰어 수

사용자 리뷰 기능

- 다른 이용자들의 리뷰 확인 가능
- 직접 이용 후기 작성 가능

스트리트 뷰

구글 지도의 스트리트 뷰 기능은 목적지의 실제 거리 모습을 미리 확인할 수 있게 해준다. 이 기능을 통해 여행자는 다음과 같은 장점을 누릴 수 있다.

- 목적지 주변 환경 파악 : 실제 거리의 모습을 360도로 살펴볼 수 있어, 주변 환경을 상세히 파악할 수 있다.
- 현장 감각 익히기 : 방문 전에 목적지의 모습을 미리 보면서 현장 감각을 익힐 수 있다.
- 위치 확인 용이 : 여행 중에는 스트리트 뷰에서 본 주변 건물들과 비교하며 자신의 위치와 방향을 쉽게 파악할 수 있다.
- 안전한 여행 계획 : 목적지 주변의 상태를 미리 확인함으로써 안전하고 효율적인 여행 계획을 세울 수 있다.
- 랜드마크 식별 : 주요 건물이나 랜드마크를 미리 확인하여 길 찾기에 활용할 수 있다.

스트리트 뷰는 특히 처음 방문하는 낯선 도시에서 매우 유용하다. 호텔 주변 환경을 미리 확인하거나, 대중교통 정류장의 정확한 위치를 파악하는 데에도 활용할 수 있다. 다만, 일부 지역에서는 스트리트 뷰 서비스가 제공되지 않을 수 있으므로, 사전에 확인이 필요하다.

위치 공유

'Share' 또는 '공유' 아이콘을 통해 특정 장소에 대한 정확한 위치를 쉽게 공유할 수 있다. 정확한 주소를 모르거나 설명하기 어려운 장소를 비롯하여 자신의 위치를 알릴 때 특히 유용하다.

위치 공유 방법

① 공유하고자 하는 위치를 지도에서 선택한다.

② 점선으로 표시된 '공유' 아이콘을 클릭한다.

③ 공유 방식을 선택한다. 대부분의 메신저앱을 통해 공유가 가능하며 문자메시지나 이메일도 물론 가능하다.

실시간 위치 공유

일정 시간 동안 자신의 현재 위치를 다른 사람과 실시간으로 공유할 수도 있어, 안전한 여행에 도움이 된다.

공유 방법

① 내 위치를 나타내는 파란색 점 클릭

② '위치 공유' 선택

③ 공유할 시간 설정(예 : 1시간 동안 공유 또는 사용자가 직접 공유 중지할 때까지)

④ 공유할 대상 선택(앞의 위치공유 방식과 동일: 대부분의 메신저앱, 문자, 이메일 등)

주의할 점은 개인정보 보호를 위해 신뢰할 수 있는 사람하고만 위치를 공유해야 한다는 것이다. 필요한 경우에만 위치를 공유하고, 공유 기간이 끝나면 반드시 해제하는 것이 좋다.

라벨 Label 표시

구글 지도에서는 특정 장소에 사용자 지정 라벨을 추가할 수 있다. 이 기능을 통해 여행자는 자신만의 고유한 표식을 만들어 장소를 쉽게 식별하고 관리할 수 있다.

라벨 추가 방법

① 먼저 원하는 지점을 선택한다.
② '… 더보기' 아이콘을 클릭하고 '라벨 추가'를 선택한다.
③ 원하는 이름을 입력하고 저장한다.

라벨이 추가되면 지도상에 파란색 깃발 모양의 아이콘이 생성된다. 이 아이콘은 기존의 하트, 별, 녹색 깃발 등과는 구별되며, 사용자가 지정한 이름으로 표시된다.

라벨 기능의 장점

- 공식 명칭 대신 자신만의 이름으로 장소를 표시할 수 있다.
- 지정한 라벨 이름으로 빠르게 장소를 찾을 수 있다.
- 중요한 장소나 방문 예정 지점을 쉽게 구분할 수 있다.

이 기능은 특히 복잡한 여행 일정을 관리하거나, 현지어로 된 장소명을 기억하기 어려울 때 유용하게 사용할 수 있다. 예를 들어, 숙소를 '우리 호텔'로, 좋아하는 레스토랑을 '맛있는 파스타집' 등으로 라벨링하여 쉽게 찾을 수 있다.

그밖의 기능들

- 저장된 장소 중 특정 그룹만 표시하기 : 앞서 그룹으로 분류하여 저장한 지점들은 필요시 해당 그룹만 표시할 수도 있다. 구글 지도 하단에서 '내 페이지'를 클릭한 후 '지도에서 숨기기' 또는 '지도에서 보기' 기능을 통해 원하는 그룹만 숨기거나 볼 수 있다.
- 타임라인 : 하루 일정을 돌아보는 데 특히 유용한 도구이다. 구글 지도의 우측 상단 '현재 로그인된 사용자' 아이콘을 클릭하여 나오는 리스트 중 '내 타임라인'(∿) 아이콘을 통해 볼 수 있다. 이는 내가 이동한 지점을 따라 주요 지점에 들른 시각을 표시해 주는, 구글 지도의 아주 막강한 기능 중 하나이다. 기본적으로 3개월 이내의 이동 경로가 저장이 되며, 설정을 통해 18개월, 36개월 등으로 저장 기간을 늘릴 수도 있다. 다만, 나의 모든 이동경로가 기록이 되는 만큼 사생활이 노출될 우려가 있으므로 이를 감안하여 사용하도록 주의가 필요하다.
- 이밖에 '나만의 지도' 역시 구글 지도의 파워풀한 기능 중 하나이며, 휴대폰 검색창 사용자 아이콘을 클릭하여 들어가는 설정 메뉴를 통해서는 언어 변경, 지도의 축척 조절, 거리단위를 킬로미터 또는 마일로 설정하는 기능 등의 설정도 가능하다. 관심있는 분들은 이러한 기능에 대해 자세히 알아보면 많은 도움이 될 것이다.

04. 렌터카의 예약과 운행

해외 여행 중 자동차를 렌트하는 것은 위험한 일일까? 반드시 그렇지는 않다. 물론 문화와 관습이 다르고 언어 소통에 어려움이 있는 외국에서 차를 빌려 운전하는 일이 쉽지만은 않다. 하지만 편리성, 경제성, 기동성 등을 고려하면 렌터카 이용은 오히려 신나는 경험이 될 수 있다.

다만, 렌터카를 편리하게 이용하려면 사전에 숙지해야 할 점이 적지 않다.

최적의 렌터카 선택하기

렌터카를 예약하는 일은 좋은 호텔을 고르는 것만큼 복잡하지는 않지만, 여전히 주의와 요령이 필요한 과정이다. 렌터카 업계 역시 경쟁이 치열하여, 같은 차종이라도 회사별로 상당한 요금 차이가 난다. 일반적으로 차량이 커질수록 렌트비가 증가하지만, 때로는 제법 큰 차가 의외로 저렴한 경우도 있다. 또한, A회사에서 비싼 차가 B회사에서는 저렴할 수 있고, 그 반대의 경우도 흔하다.

다행히도 렌터카는 예약 후 취소가 비교적 자유롭다. 이는 일단 조건이 괜찮아 보이는 차를 예약했다가, 나중에 더 좋은 조건을 발견하면 기존 예약을 취소할 수 있다는 의미다. 이러한 유연성은 최적의 선택을 위한 전략적 접근을 가능하게 한다. 렌터카는 주로 다음 네 가지 경로를 통해 탐색할 수 있다.

메이저 렌터카 업체

먼저 국제적인 체인을 가진 대형 렌터카 업체의 홈페이지를 직접 이용하는 방법이다. Hertz, Dollar, Avis, Budget, Sixt, National, Alamo, Thrifty, Europcar, Enterprise, nu 등이 대표적이다. 이들 중 National, Alamo, Thrifty는 미국에, Sixt와 Europcar는 유럽 지역에 지점이 많으며, nu는 뉴질랜드 기반의 회사다.

회원가입 후 이용하면 더욱 편리하며, 때로는 회원들을 위한 할인코드가 인터넷상에 공유되기도 한다. 특히 프로모션 기간에는 매우 만족스러운 가격에 차를 예약할 수 있다. 대표적인 할인코드로는 Budget Customer Discount(BCD), Avis Worldwide Discount(AWD), Hertz의 Corporate Discount Program(CDP) 등이 있다.

구글검색을 통한 플랫폼 이용

구글에서 'rental cars'를 검색하면 'economybookings.com,'

'rentalcars.com,' 'cheapcarrentals.com' 등 자동차 렌트 관련 사이트들을 쉽게 찾을 수 있다. 이런 업체들은 자체적으로 차량을 보유하지 않고 중개만 하는 것이 특징이다. 주요 역할은 최종적으로 메이저 업체와 고객을 연결해주는 것이며, 이 과정에서 연결 수수료나 광고, 보험 판매 등을 통해 수입을 올린다.

이러한 중개 사이트들은 때로 메이저 업체에서 직접 예약하는 것보다 저렴한 가격을 제시할 수 있다. 그러나 가격적 이점에도 불구하고, 필자는 이러한 접근 방식을 권장하지 않는다. 그 이유는 다음과 같다.

첫째, 가급적 메이저 렌터카 업체 홈페이지에서 직접 예약하는 것이 더 안전하고 신뢰할 수 있다.

둘째, 특히 추가 보험을 구매할 때 중개업체를 통하면 사고 발생 시 문제가 복잡해질 수 있다. 상황에 따라 이런 플랫폼에서 예약을 하더라도 추가 보험은 그 플랫폼에서 들지 말고 차량 픽업 시 직접 처리하는 것이 바람직하다.

여행 플랫폼

렌터카는 항공업과 밀접한 관계가 있어, 많은 항공권 메타서치 플랫폼이나 온라인 여행사 플랫폼에서도 렌터카 예약 서비스를 제공한다. KAYAK, Skyscanner, Expedia, Klook, Trip.com, Booking.com, Agoda, Hotels.com 등이 대표적이며, 항공사 홈페이지에서도 탐색이 가능하다.

항공사는 고객의 편의와 자사의 이익을 위해 다양한 전략을 구사한다. 그 중 하나로, 렌터카와 항공권을 묶어 패키지 상품으로 판매하는 방식을 채택하기도 한다. 이는 여행객에게는 원스톱 서비스를 제공하는 동시에, 항공사 입장에서는 추가적인 수익원을 확보하는 방법이 된다. 또한 렌터카 계약이 성사될 경우, 항공사는 렌터카 업체로부터 중개 수수료를 받을 수 있어 수익 다각화의 효과도 얻을 수 있다. 이러한 전략은 항공사와 렌터카 업체 간의 상생 협력 모델로, 양측 모두에게 이익이 되는 윈-윈 전략이라고 볼 수 있다.

로컬 영세업체

공항이나 도시의 규모가 작은 곳에는 로컬 영세업자들이 운영하는 렌터카 회사들이 많다. 이들은 대부분 공항에 주차장을 확보하지 않고, 셔틀을 이용해 차량을 픽업하고 반납하는 방식으로 운영된다. 때로는 공항이나 항구 건물 밖 한쪽에 사무실을 두거나, 차를 직접 갖다 주기도 한다.

이러한 영세업체들은 인프라가 부족하고 운영이 불안정해서 사고 발생 시 보험 처리 등에 불안감이 있을 수 있다. 따라서 불가피한 경우를 제외하고는 이용을 피하는 것이 좋다.

결론적으로, 렌터카 선택 시에는 안전성과 신뢰성을 고려하여 가능한 한 메이저 업체를 통해 직접 예약하는 것이 바람직하다. 다만, 다양한 옵션을 비교해보고 최적의 선택을 하는 것이 중요하다.

렌터카 차종 알아보기

렌터카 선택 시 가장 중요한 요소는 차의 크기와 그에 상응하는 렌트 요금이다. 일반적으로 렌터카 회사들은 차량을 다음과 같은 카테고리로 분류하여 제공한다.

이코노미 Economy

- 소형차로, 주로 2~3명 승차 가능
- 연비가 좋고 도시 주행에 적합
- 대표 차종 : Fiat 500, 기아 Picanto(모닝의 수출형 모델)

컴팩트 Compact

- Economy보다 약간 큰 차로, 2~3명 승차 가능
- 더 넓은 승차 공간과 편안한 주행 제공
- 대표 차종 : Honda Civic, Hyundai Elantra(아반테)

중형 Intermediate or Mid-Size

- 컴팩트보다 넓은 공간 제공, 3~4명 승차 가능
- 장거리 운전에 적합
- 대표 차종 : Toyota Corolla, Ford Fusion

대형 Full-size

- 넓은 실내 공간과 큰 트렁크 구비, 4~5명 승차 가능
- 가족 단위나 많은 짐을 실어야 할 때 적합
- 대표 차종 : Toyota Camry, Nissan Altima

SUV Sport Utility Vehicle

- 높은 지상고와 넓은 실내 제공, 5~6명 승차 가능
- 오프로드나 다양한 도로 상황에서 안정성 제공
- 대표 차종 : Jeep Cherokee, Ford Escape

미니밴 Minivan

- 넓은 실내와 여러 개의 좌석 제공, 6~9명 승차 가능
- 대가족이나 많은 승객 수송에 적합
- 대표 차종 : Honda Odyssey, Toyota Sienna, Kia Carnival

럭셔리 Luxury

- 고급스러운 사양과 편의시설 구비, 3~4명 승차 가능
- 보다 고급스러운 운전 경험 제공
- 대표 차종 : BMW 5/7 Series, Mercedes-Benz E/S Class

렌터카 선택 시에는 여행 목적, 인원 수, 이동 거리, 예산 등을 고려하여 적합한 차종을 선택하는 것이 중요하다. 또한, 각 렌터카 회사마다 제공하는 차종과 분류 기준이 조금씩 다를 수 있으므로, 예약 전 상세한 확인이 필요하다.

편리한 픽업장소 결정하기

렌터카 픽업장소는 크게 공항, 기차역, 시내의 세 곳으로 나눌 수 있다. 각 장소의 특징과 장단점을 살펴보자.

공항

공항은 대체로 가장 저렴한 픽업장소다. 공항세가 부과되지만, 업체 간 경쟁이 치열해 할인율이 높게 적용되기 때문이다. 공항의 장점은 다음과 같다.

- 항공편 이용 시 자연스러운 연결
- 긴 영업시간(보통 아침 일찍부터 저녁 늦게까지)
- IATA 공항 코드(알파벳 세 글자)로 간편하게 지정 가능

기차역

기차역은 교통 편의성이 최대 장점이다. 항공 외 교통 수단으로 여행하는 사람들에게 유리하다. 그러나 주의할 점도 있다.

- 주로 시내 중심에 위치
- 주차 공간 문제로 공항이나 시내 영업소보다 렌트비가 비쌀 수 있음

시내

- 도심 접근성이 좋음
- 영업시간이 공항이나 기차역보다 짧을 수 있음

- 주차장 확보 비용 때문에 외곽에 위치한 경우가 많으므로 시내에서 픽업/반납 장소까지의 교통편을 반드시 확인할 필요

픽업장소 선택 시에는 여행 일정, 교통편, 비용 등을 종합적으로 고려해야 한다. 특히 시내 영업소를 이용할 경우, 영업시간과 위치를 사전에 정확히 파악해두는 것이 중요하다.

렌터카 예약 시 참고 사항

렌터카 예약 시 고려해야 할 중요한 사항들은 다음과 같다.

예약 시기와 요금

- 조기 예약이 유리하다. 대부분의 렌터카 예약은 자유롭게 취소 가능하므로, 여행 일정이 확정되면 즉시 예약하는 것이 좋다.
- 할인 쿠폰이 있다면 적극 활용한다.
- 요금은 24시간 단위로 계산되며, 반납 시간을 2시간 이상 초과하면 1일분 요금이 추가될 수 있다.
- 주 단위 장기 렌트 시 할인이 적용되는 경우가 많다.

결제 방식

- 예약 시 즉시 결제하면 약간 저렴할 수 있지만, 나중에 결제하는 방식이 예약 변경이나 취소에 유리하다.
- 예약 후에도 주기적으로 요금을 확인하여 더 저렴한 게 있으면 먼저 예약을 취소하고 다시 예약하는 것이 좋다.

차량 선택

- 수동 기어 차량이 자동 변속기 차량보다 저렴하다.
- 내비게이션은 구글 지도로 대체 가능하므로 추가 비용을 들일 필요가 없다. 요즘 나오는 차는 대체로 내비게이션이 장착되어 있으며 추가 요금을 받는 경우도 거의 없다.

픽업 및 반납 장소

- 픽업과 반납 장소가 다르면 추가 요금이 발생한다.
- 공항과 시내 영업소의 장단점을 잘 살펴보고 결정한다.

운전자 관련 사항

- 추가 운전자가 필요한 경우 반드시 등록한다. 추가 비용을 지불해야 할 수도 있다.
- 운전자의 나이 제한이 있는지 확인해야 한다.

운행 조건

- 운행 거리 제한이 있는지 확인한다.
- 국경 통과나 특정 지역 운행에 대한 제한 사항을 확인한다.

보험

- 기본 보험 외 차량 파손 면책 보험 등 추가 보험 옵션을 검토한다.

- 플랫폼에서 보험을 구매하면 사고 처리 절차가 복잡해질 수 있으므로 주의가 필요하다.

이러한 사항들을 꼼꼼히 확인하고 고려하면 더욱 경제적이고 안전한 렌터카 이용이 가능할 것이다. 또한, 예약 후에도 지속적으로 더 나은 조건을 찾아보는 것이 중요하다.

자동차보험의 이해와 선택

보험 선택은 렌터카 이용 시 매우 중요하면서도 어려운 결정 중 하나다. 부족한 보장은 사고 시 큰 부담을 초래할 수 있고, 과도한 보장은 불필요한 비용 지출로 이어질 수 있기 때문이다.

일반적으로 렌터카 회사는 고객의 신용카드로 일정 금액의 보증금을 확보한다. 이 보증금은 무사고 시 전액 반환되지만, 사고 발생 시 비용이 차감된다. 따라서 렌터카 이용 시 신용카드가 필수적이며, 체크카드로는 불가능하다. 보증금은 보통 수백에서 수천 달러 수준이다.

플랫폼을 통해 가입하는 보험은 상대적으로 저렴할 수 있지만, 일반적으로 렌트 회사와 직접 계약하는 것이 더 유리하다. 플랫폼 보험을 이용하면 사고 발생 시 일단 내 돈으로 렌트회사에 수리비를 지불한 후, 플랫폼을 통해 보험금을 청구해야 하는 번거로운 절차를 거쳐야 한다. 이 과정에서 시간이 많이 소요될 뿐만 아니라, 자기부담금이 렌트 회사와 플랫폼 양측에서 중복 청구될 가능성도 있다.

주요 렌터카 업체에서는 다음과 같은 보험을 취급한다.

책임보험(Liability Insurance, LI)

- 의무 가입 보험으로, 대부분 렌트 비용에 포함됨
- 사고 발생 시 운전자는 정해진 한도 내에서 지불 책임

자차손해 면책보험(Collision Damage Waiver, CDW)

- 차량 사고 시 본인 부담금을 면제해 주는 옵션
- 일부 업체에서는 LDW(Loss and Damage Waiver)라는 명칭을 사용
- 완전 면제가 아닌 경우도 있으며, 이때는 Deductible(본인 부담금) 금액을 출발 전에 확인하는 것이 중요함

Deductible(자기부담금)의 두 가지 의미

자기부담금은 사고 발생 시 보험금 지급 전에 본인이 부담해야 하는 금액을 의미한다. 이는 두 가지 상황에서 다르게 적용된다.

① 수리비가 자기부담금보다 큰 경우 : 예를 들어, 자기부담금이 $500이고 사고로 인한 수리비가 $800이라면, 본인이 $500를 부담하고 $300은 보험사가 지불한다.

② 수리비가 자기부담금보다 작은 경우 : 만약 수리비가 $400이라면, 자기부담금 한도($500)를 넘지 않으므로 본인이 전액을 부담해야 한다.

자기부담금은 종종 'Excess-숫자' 형식으로 표기된다. 이때 숫자가 바로 자기부담금을 나타낸다. 예를 들어, Excess-0은 사고 발생 시 자기부담금이 전혀 없다는 의미이다. 당연히 이런 경우 보험료는 더 비싸게 책정된다.

자기부담금 설정은 보험료와 밀접한 관련이 있다. 당연히 자기부담금이 높을수록 보험료는 낮아지고, 자기부담금이 낮을수록 보험료는 높아진다. 따라서 렌터카 이용 시 자신의 상황과 예산을 고려하여 적절한 자기부담금을 선택하는 것이 중요하다.

또한, 일부 신용카드사에서 제공하는 렌터카 보험 혜택을 활용하면 추가 비용 없이 자기부담금을 낮출 수 있는 경우도 있으므로, 카드 혜택을 사전에 확인해보는 것도 좋은 방법이다.

자차손해 경감보험(Collision Damage Reduction, CDR)

- 사고 발생 시 본인 부담금을 줄여주는 옵션
- CDW와 비슷한 보험으로, 예를 들어 CDR $500은 Deductible이 $500인 CDW와 동일

개인 상해 보험(Personal Accident Insurance, PAI)

- 운전자의 사망 또는 부상에 대한 보상 제공
- 일부 상품은 다른 차량 사고까지 보장 범위 확장

도난보험(Theft Protection)

- 차량 도난 시 보상 제공
- 보장 범위 및 면책 조건 확인 필요

풀 커버리지 보험(Full Coverage)

- CDW + PAI + Theft Protection + 추가 대인·대물 보장

보험 선택 시에는 각 보험 옵션의 세부 내용과 조건을 꼼꼼히 확인한 후, 자신의 상황에 맞는 적절한 보장 수준을 선택하는 것이 중요하다.

예약 완료 후 조치

렌터카 예약이 완료되면 다음과 같은 절차를 따르는 것이 좋다.

① 예약 확인서 꼼꼼히 확인하기 : 예약이 완료되면 이메일로 예약 확인서를 받는다. 이 확인서에는 예약번호, 차량 정보, 픽업·반납 장소와 시간 등 중요한 내용이 담겨 있으므로 반드시 꼼꼼히 확인한다. 예약 번호는 이후 예약 변경이나 취소, 문의 시 꼭 필요하다.
② 예약 정보 안전하게 보관하기 : 받은 예약 확인서는 스마트폰에 저장하거나 캡처해 언제든 꺼내 볼 수 있도록 한다. 렌터카 업체 시스템에도 정보가 있지만, 현지에서 인터넷이 되지 않거나 예기치 않은 상황이 생길 수 있으므로 직접 보관하는 것이 안전하다.
③ 필요 서류 및 준비물 점검하기 : 차량 픽업 시 일반적으로 여권만 있으면 되지만, 국제운전면허증이나 신용카드 등 추가로 필요한 서류가 있는지 미리 확인한다. 예약 확인서에 안내된 준비물을 반드시 챙긴다.
④ 예약 조건 및 정책 재확인하기 : 예약 후에도 렌터카 회사의 정책이나 조건에 변동이 없는지, 또는 더 좋은 프로모션이 나왔는지 출발 전까지 가끔 확인한다. 변경 사항이 있으면 미리 대처할 수 있다.
⑤ 여행 일정과 연동하기 : 렌터카 예약 정보를 전체 여행 일정표에 반영한다. 픽업·반납 시간과 장소를 여행 계획과 맞추면 이동 동선이 한층 매끄러워진다.

이러한 조치들을 통해 렌터카 이용 시 발생할 수 있는 불필요한 혼란이나 문제를 미리 방지할 수 있다. 또한, 여행 전반에 걸쳐 보다 체계적이고 효율적인 계획 수립이 가능해진다.

차량 인수 시 확인할 사항

차량 인수 시 다음 사항들을 꼼꼼히 확인하고 준비해야 한다.

신용카드 준비

- 반드시 본인 명의의 신용카드를 지참해야 하며, 체크카드는 사용할 수 없다.

운전면허 확인

- 영문면허증 또는 국제운전면허증이 필수다.
- 국제운전면허 소지 시 국내 운전면허증도 함께 지참해야 한다.

보증금(Security Deposit) 처리

- 신용카드로 승인만 하고 실제 청구는 하지 않는다.
- 금액은 보통 본인부담금 수준인 수백 ~ 수천 달러다.
- 무사고 반납 시 승인된 금액은 즉시 취소된다.

차량 위치 확인

- 키를 받을 때 차량의 정확한 주차 위치를 확인한다.
- 주차장이 큰 경우 특히 주의가 필요하다.
- 일부 업체는 셔틀을 이용해 주차장으로 이동하기도 한다.

반납 정보 확인

- 반납 장소와 운영 시간을 정확히 파악한다.
- 픽업 장소와 반납 장소가 다를 수 있으므로 주의한다.
- 업무 시간 외 반납 절차도 확인한다.

추가 요금 정보

- 반납 지연 시 부과되는 추가 요금을 사전에 확인한다.
- 일반적으로 2시간 이내 지연은 추가 요금이 없다.

차량 상태 기록

- 출발 전 차량 외부를 사진과 동영상으로 꼼꼼히 기록한다.
- 이는 향후 사고 발생 시 분쟁에 대비한 중요한 증거가 된다.

주차장 출차 방법

- 주차장을 나갈 때 필요한 주차권이나 코드를 확인한다.

이러한 사항들을 철저히 확인하고 준비함으로써, 렌터카 이용 시 발생할 수 있는 여러 문제를 사전에 방지할 수 있다. 또한, 차량 인수부터 반납까지의 전 과정을 원활하게 진행할 수 있어 여행의 편의성을 높일 수 있다.

안전하고 즐거운 렌터카 운행 팁

국경 통과

- 유럽을 여행할 경우 쉥겐지역에서는 국경 통과에 제약이 없다. 국경 표지판 외에는 특별한 절차 없이 한 나라에서 운전하는 것처럼 이동할 수 있다.
- 쉥겐지역 외 국경 통과 시에는 출국과 입국 심사를 모두 거쳐야 한다. 차를 세우고 출국심사 후 다시 운전하여 국경을 통과한다. 이때 운전면허증, 차량등록증, 렌터카 계약서 등을 제시해야 하며, 요청 시 트렁크 검사도 있을 수 있다. 입국하는 나라에서도 같은 절차를 거친다. 국경 통과 시 대기 시간이 길어질 수 있으므로 여유 있게 일정을 잡는 것이 좋다.
- 일부 렌터카 회사에서는 특정 국가로의 이동을 제한할 수 있으므로 계약 조건을 미리 확인해야 한다.

주유

- 현금 결제 시 : Cashier에게 먼저 충분한 금액을 지불하고 주유한 후, 남은 금액이 있다면 환불받는다.
- 카드 결제 시 : 대체로 주유기에서 직접 결제한다. 최대 금액(예 : $150) 승인 후 실제 주유 금액만 청구되는 방식이다. 어떤 곳에서는 Cashier에게 펌프 번호를 알려준 후 주유를 하고 다시 Cashier에게 가서 요금을 지불하기도 한다. 드물게 일부 주유소에서는 해외 발행 카드를 받지 않는 경우도 있다.

- 영수증 보관 : 승인 금액이 일시적으로 카드 사용내역에 남을 수 있으므로 영수증을 꼭 보관해야 한다. 또한, 주유 후 실제 청구 금액을 확인하는 습관을 들이는 것이 좋다.
- 용어 : 미국에서는 휘발유를 Gasoline 또는 Gas, 유럽에서는 Petrol, 스페인어권에서는 Benzin이라고 한다. 디젤은 Diesel로 통용된다. 현지 용어를 미리 숙지해두면 주유 시 혼란을 줄일 수 있다.
- 품질 : 옥탄가(Octane Number)로 표시되며, 보통 80대 후반에서 90대 중반의 숫자를 사용한다. 숫자가 높을수록 고급이고 비싸다. 렌터카에는 일반적으로 중간 등급의 연료를 주유하면 된다.
- 연료 종류 확인 : 주유 시 차량에 맞는 연료 종류를 반드시 확인한다. 실수로 휘발유와 디젤 중 잘못된 연료를 주유하면 심각한 엔진 손상을 일으킬 수 있으며, 보험 적용이 되지 않는 경우가 많다.

고속도로 통행료

- 독일의 아우토반(Auto Bahn)은 대부분 무료지만, 일부 유료도로도 있다. 최근에는 외국 차량에 대해 통행료를 부과하는 정책을 도입하고 있으므로 여행 전 최신 정보를 확인해야 한다.
- 이탈리아, 스페인, 프랑스 등은 톨게이트 시스템을 사용한다. 입구에서 티켓을 받아 출구에서 요금을 지불하는 방식이 일반적이다. 일부 국가에서는 전자 통행료 시스템을 사용하므로, 렌터카에 해당 장치가 설치되어 있는지 확인해야 한다.
- 스위스, 오스트리아는 비넷(Vignette) 통행권 제도를 운영한다. 사전

에 기간이 정해진 통행권을 구입해 앞 유리창에 부착해야 한다. 렌터카에 이미 부착되어 있는 경우도 있지만, 그렇지 않다면 국경 근처 주유소나 관공서에서 구입해 부착해야 하며, 위반 시 많은 과태료가 부과된다.

- 미국의 경우 주마다 다르다. 캘리포니아의 Freeway처럼 무료인 곳도 있고, 어떤 주에는 톨게이트가 있는 곳도 있다. 일부 도시에서는 혼잡통행료를 부과하기도 하니 주의가 필요하다.
- 통행료는 대부분 신용카드나 현금으로 지불 가능하지만, 동전만 받는 곳도 있다. 특히 무인 톨게이트에서는 동전이나 전자 지불 방식만 가능한 경우가 많으므로, 항상 소액의 현금과 동전을 준비해두는 것이 좋다.

주차

- 주차 규정을 잘 확인해야 한다. 시간에 따라 주차가 불가능하거나, 지역주민 전용 주차구역일 수 있다. 특히 도심에서는 주차 규정이 복잡하고 엄격하므로 주의가 필요하다.
- 버스정류장과 소화전 근처, 남의 집 차고 진입로는 대표적인 주차금지 구역이다. 이런 곳에 주차하면 끔찍한 수준의 벌금이 부과되거나 견인 조치를 당할 수 있다.
- 거주자 지정 주차구역('Permit Holders Only', 'Residents Only', 'Zone ○ Permits Only' 등)을 주의해야 한다. 이런 구역 역시 무작정 주차하면 벌금을 물거나 차량이 견인될 수 있다.

- 미터기 주차는 대체로 2~3시간 범위 내에서 허용된다. 주차 시간을 초과하지 않도록 주의해야 하며, 필요시 추가 요금을 지불해야 한다.
- 유럽의 경우 Pay Machine에서 차량번호를 입력하고 주차 티켓을 구입해 대시보드에 올려놓는 방식이 많다. 이때 티켓의 유효 시간을 반드시 확인해야 한다.
- 길거리 주차가 아닌 유료주차장을 이용하면 요금이 비싸지만 주차위반 걱정을 할 필요가 없다. 특히 도심에서는 안전하고 확실한 주차 공간을 제공하므로, 상황에 따라 활용하는 것이 좋다.
- 주차 티켓 보관 : 주차장 이용 시 받은 티켓을 잘 보관한다. 출차 시 필요할 수 있으며, 분실 시 높은 요금을 물어야 할 수도 있다.

교통위반 티켓과 범칙금

- 티켓을 받으면 렌터카 회사를 통해 예약 카드로 청구되며, Handling Fee가 추가된다. 이 추가 수수료는 상당히 높을 수 있으므로 주의해야 한다.
- 경찰에 적발 시 지시를 잘 따라야 하며, 운전면허증, 자동차 등록증, Rental Agreement 등을 제시해야 한다. 특히 언어 소통이 어려울 경우 행동에 주의해야 한다. 의심을 살만한 행동이나 불필요한 행동을 해서는 절대 안 된다.
- 속도위반, 신호위반, 버스 전용차선 통과, 다인승 차로 등에 주의해야 한다. 특히 속도 제한은 국가마다, 도로 유형마다 다를 수 있으므로 항상 주의 깊게 확인해야 한다.

- 여행 중에도 '술을 마신 후에는 절대 운전하지 않아야 한다'는 것은 상식에 속한다.

추가 주의사항

- 보험 확인 : 출발 전 보험 범위와 조건을 다시 한 번 확인한다. 특히 자기부담금이 '0'인 Super CDW(Collision Damage Waiver)와 같은 추가 보험의 필요성을 고려해야 한다.
- 현지 교통 규칙 숙지 : 운전석 위치, 우측/좌측 통행, 회전교차로 이용 방법 등 현지 특유의 교통 규칙을 사전에 숙지한다. 특히 회전교차로는 국가마다 이용 방법이 다를 수 있으므로 주의가 필요하다.
- 현지 운전 문화 이해 : 각 나라마다 운전 문화가 다를 수 있으므로 이에 대해 미리 알아본다. 예를 들어, 일부 국가에서는 경적 사용이 일상적인 반면, 다른 곳에서는 무례한 행동으로 여겨질 수 있다.
- 개인 소지품 확인 : 주차 후 차에서 내릴 때 개인 소지품을 모두 챙겼는지 확인한다. 특히 여권, 신용카드, 휴대폰 등 중요한 물품을 차 안에 두지 않도록 주의한다.

렌터카 반납 절차와 주의점

렌터카 반납은 여행의 마지막 단계이지만, 결코 소홀히 할 수 없는 중요한 절차이다. 다음은 반납 시 주의해야 할 사항들이다.

시간 관리

- 충분한 시간 여유를 두고 반납한다. 최소 한 시간 정도를 반납 절차에 할애하는 것이 좋다. 서두르다 보면 사고 위험이 높아진다.
- 반납 전 주유 시간도 고려해야 한다.

차량 상태 확인

- 반납 시 검사원(Inspector)이 차량 외관을 점검하고 주행 거리를 확인한다.
- 반납 직전에도 차량 외부를 휴대폰으로 촬영해 두면 추후 분쟁 예방에 도움이 된다.
- 차량에 파손이 있을 경우, 사무실에서 비용 문제를 상의하게 된다. Deductible Zero 보험이 없다면 예약 시 사용한 신용카드로 수리비가 청구된다.

연료 관리

- 연료는 반드시 가득 채워 반납해야 한다. 그렇지 않으면 시중가의 두 배 이상으로 청구될 수 있다.
- 공항 근처 주유소는 비싸므로, 한적한 곳에서 여유롭게 주유하는 것이 좋다.
- 주유 시 "Fill her up, please!"라고 요청하면 된다. Self Service가 Full Service보다 저렴하다.

업무 시간 외 반납

- 영업 시간 외 반납 시에는 지정된 박스에 키를 넣고 떠나면 된다. 차량 점검과 요금 청구는 추후 이메일로 진행된다.
- 이러한 사항은 차량을 픽업할 때 확인해 두면 좋다.

기타 주의사항

- 반납 주차장 진입 시 주차카드를 뽑아야만 차단기가 열리는 곳도 있다. 카드를 받아 차 안에 둔 채로 반납하면 된다.
- 반납 장소에서는 차량 점검만 하고, 영수증 발행 등 나머지 절차는 이메일로 처리된다.

이러한 절차를 숙지하고 준수하면 렌터카 반납을 원활하게 마무리할 수 있다. 특히 시간 관리와 차량 상태 확인, 연료 관리에 주의를 기울이는 것이 중요하다.

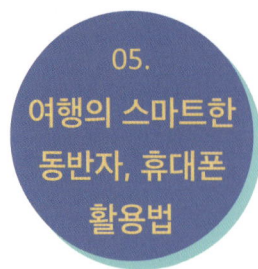

05. 여행의 스마트한 동반자, 휴대폰 활용법

휴대폰은 해외 자유여행 시 필수품으로, 다양한 상황에서 말로 다할 수 없는 편리함을 제공한다. 소통, 번역, 길 찾기, 교통편 이용, 티켓 예약, 금융 관리, 파일 공유 등 여행 중 발생하는 수많은 상황을 효과적으로 처리할 수 있게 해준다.

항공권이나 숙소 예약은 주로 여행 준비 단계에서 이루어지지만, 여행 중 갑작스러운 변경이 필요할 때도 휴대폰으로 신속하게 처리할 수 있다. 번역 앱을 통해 언어 장벽을 쉽게 극복하고, 지도 앱으로 실시간 내비게이션을 활용하며, 차량 공유 앱으로 간편하게 택시를 호출할 수 있다. 환율 변환 앱과 금융 앱은 안전하고 경제적인 자금 관리를 가능케 하며, 클라우드 스토리지 앱을 이용해 중요한 문서와 사진을 안전하게 저장하고 공유할 수 있다. 이처럼 휴대폰은 해외여행을 효율적이고 즐겁게, 그리고 경제적으로 만드는 데 핵심적인 역할을 한다.

그러나 이러한 휴대폰의 기능은 모바일 네트워크에 연결되어 있을 때만 제대로 발휘된다. 네트워크 연결이 없다면 휴대폰의 많은 기능이 제한되어 여행 중 큰 불편을 겪게 된다. 마치 눈과 귀가 막힌 것처럼 지도와 내비게이션, 실시간 교통 정보, 번역 기능 등을 사용할 수 없게 되어 필요한 정보 접근과 소통에 어려움을 겪게 된다.

따라서 국내 휴대폰을 로밍하거나, 현지 유심을 구입하여 사용하거나, 와이파이 공유기를 활용하는 등의 방법으로 휴대폰이 인터넷에 'Stay Connected' 상태를 유지하는 것이 매우 중요하다.

휴대폰을 활용해서 해외 자유여행을 준비하고 실행할 수 있는 다양한 방법들을 소개한다.

여행 준비 및 계획

항공권 예매

KAYAK이나 Skyscanner를 이용하면 다양한 항공편을 한눈에 비교할 수 있다. 여행 준비 단계뿐만 아니라 갑작스럽게 항공권을 검색하고 티켓을 사야 할 상황에서도 이 앱들은 매우 유용하다.

숙소 예약

대부분의 숙소예약 플랫폼들은 각자의 휴대폰 앱을 제공한다. Booking.com, Agoda, Airbnb, 구글 지도 등을 활용하여 여행 준비 단계뿐만 아니라 여행 중에도 필요한 호텔을 쉽게 구할 수 있다.

현지 정보 수집 및 탐색

관광명소/음식점 찾기

구글 지도는 전 세계의 지리 정보를 제공하는 강력한 도구다. 목적지 검색, 대중교통 경로 안내, 현지 맛집 찾기 등 다양한 기능을 제공한다.

블로그는 여행자들의 생생한 경험담과 상세한 정보를 얻을 수 있는 좋은 원천이다. 현지 대중교통 이용 방법, 관광지 입장 방법, 숨겨진 명소 등 구체적이고 실용적인 정보를 얻을 수 있다.

Tripadvisor는 전 세계 여행객들의 리뷰를 바탕으로 관광 명소, 맛집, 호텔 정보를 제공한다. 사용자들의 실제 리뷰와 사진을 통해 신뢰할 수 있는 정보를 얻을 수 있어 실패 없는 여행 계획이 가능하다.

그 밖에 현지 특화 앱을 활용하는 것도 좋다. 인스타그램이나 유튜브 같은 SNS 플랫폼도 최신 여행 트렌드와 숨은 명소를 발견하는 데 유용하다.

현지 날씨 확인 : 기상 정보 앱

현지 날씨 확인을 위한 기상 정보 앱은 여행자에게 매우 유용하다. 실시간으로 업데이트되는 정확한 날씨 정보를 제공하여 여행 계획을 세우는 데 도움을 준다. 대부분의 앱은 온도, 강수 확률, 풍속 등 다양한 기상 정보를 제공하며, 일부 앱은 체감 온도나 자외선 지수 같은 추가 정보도 제공한다. 네이버 앱에서도 지역 위치를 바꿔 해당 지역의 날씨 정보를 검색하는 것이 가능하다.

오프라인 지도 미리 다운로드

인터넷 연결이 어려운 지역에서는 오프라인 지도를 미리 다운로드해 두면 매우 유용하다. 구글 지도와 Maps.me 같은 앱을 활용하면 여행 전에 목적지의 지도를 저장할 수 있다. 이를 통해 네트워크 연결 없이도 현재 위치 확인, 경로 탐색, 주변 정보 검색 등을 손쉽게 이용할 수 있다.

의사소통 및 언어 지원

소통

WhatsApp은 전 세계적으로 가장 널리 사용되는 메신저 앱 중 하나로, 해외 여행 시 현지인과 연락이 필요할 때 매우 유용하다. 메시지, 음성 통화, 영상 통화 기능을 무료로 제공하며, 그룹 채팅 기능을 통해 여러 사람과 동시에 소통할 수 있다.

Line은 다양한 플랫폼에서 사용 가능한 커뮤니케이션 앱으로, 네이버에서 개발했지만 우리나라보다는 일본과 동남아권에서 많이 사용된다.

Skype는 오랫동안 사용되어온 통신 앱으로, 특히 저렴한 비용으로 외국과의 통화가 가능하다.

번역

여행 중 휴대폰 활용에 있어 의사소통 및 언어 지원은 매우 중요한 부분이다. 특히 번역 앱들은 언어 장벽을 극복하는 데 큰 도움을 준다.

Google 번역은 실시간으로 다양한 언어를 번역해 주는 강력한 도구다. 텍스트뿐만 아니라 음성도 직접 처리할 수 있어 현지인과의 대화에 유용하다. 또한 카메라를 이용한 사진 번역 기능이 있어 메뉴판이나 표지판을 쉽게 이해할 수 있게 해준다.

네이버의 파파고Papago는 한국어 사용자들에게 특히 친숙한 번역 앱이다. 한국어와 외국어 간의 번역에 강점을 보이며, 여행자들이 자주 사용하는 문구들을 쉽게 찾아볼 수 있는 기능도 제공한다.

DeepL은 매끄럽고 자연스러운 번역 서비스로 유명하다. 특히 전문적인 내용이나 긴 문장의 번역에서 뛰어난 성능을 보여 여행 중 복잡한 정보를 이해하는 데 도움을 준다.

영어가 유창하더라도 설득력 있고 논리적인 장문의 글을 쓰는 것은 쉽지 않다. 아무래도 모국어로 쓰는 것보다 어렵게 느껴지는 경우가 많다. 이럴 때는 먼저 우리말로 초안을 작성한 뒤, 번역 앱을 활용해 영어로 번역한 후 이를 검토하며 필요한 부분을 수정하는 방법이 효과적이다. 이 방법은 영어뿐만 아니라 다른 언어에도 동일하게 적용할 수 있다.

최근에는 ChatGPT, Perplexity 등 AI를 이용한 번역 서비스도 주목받고 있다. 이러한 AI 번역 서비스는 단순 번역을 넘어 맥락을 이해하고 자연스러운 표현을 제공해 여행자들이 더욱 원활하게 소통할 수 있도록 돕는다.

교통 및 이동

구글 지도는 여행자의 필수 앱이라고 할 수 있다. 길 찾기, 대중교통 정보, 실시간 교통 상황, 거리 뷰 등 다양한 기능을 제공하며, 특히 오프라인 지도 기능은 데이터 연결이 없는 해외에서 유용하게 사용할 수 있다. 또한 주변의 맛집, 관광지, 숙소 등의 정보와 리뷰도 쉽게 확인할 수 있어 여행에 큰 도움이 된다.

Maps.me는 오프라인 지도와 상세한 지역 정보를 제공하는 앱이다. 구글 지도가 주로 도시 지역에 강점이 있다면, Maps.me는 오지나 시골 지역의 지도, 트레킹 루트 등에 특히 유용하다. 여행자들은 이 앱을 통해 인터넷 연결 없이도 정확한 위치 정보와 경로를 확인할 수 있어, 모험적인 여행을 즐기는 이들에게 인기가 높다.

Rome2Rio는 여행자들이 한 지역에서 다른 지역으로 이동하는 방법을 쉽게 찾을 수 있게 해주는 앱이다.

Uber, Lyft, Grab, Yandex Go 등의 차량 공유 서비스 앱들은 해외 여행 시 택시를 이용하는 것보다 편리하고 안전한 이동 수단이 될 수 있다. 이 앱들은 목적지와 요금을 미리 확인할 수 있고, 운전자의 정보도 제공하여 안전성을 높인다. 또한 언어 장벽 없이 이용할 수 있어 의사소통이 어려운 국가에서 특히 유용하다.

Transit과 Moovit 같은 대중교통 앱들은 여행지에서의 버스, 지하철, 트램 등의 경로와 실시간 도착 정보를 제공한다. 이 앱들을 통해 여행자들은 복잡한 대중교통 시스템을 쉽게 이용할 수 있으며, 효율적인 이동 계획을 세울 수 있다. 특히 실시간 정보를 통해 교통 지연이나 노선 변경 등에 빠르게 대응할 수 있다.

스마트폰에 내장된 나침반 앱은 구글 지도와 함께 사용하면 방향을 찾는 데 매우 유용하다. 특히 복잡한 도시나 낯선 환경에서 자신의 위치와 방향을 정확히 파악하는 데 도움을 준다. 이를 통해 여행자들은 더 자신감 있게 새로운 장소를 탐험할 수 있다.

입장권 및 할인 티켓

여행 중 휴대폰 활용에서 입장 티켓 할인도 매우 유용한 기능 중 하나다.

Klook은 여행객들에게 인기 있는 앱으로, 관광명소, 체험, 교통 패스 등 다양한 티켓과 예약 서비스를 제공한다. 특히 할인된 가격으로 티켓을 구매할 수 있어 여행 경비를 절약하는 데 도움이 된다.

Trip.com과 My Real Trip도 비슷한 서비스를 제공하는 앱이다. 이 앱들을 통해 여행지의 다양한 명소와 액티비티를 미리 예약하고 할인된 가격으로 이용할 수 있다. 특히 My Real Trip은 한국인 여행객들에게 친숙한 인터페이스로 사용이 편리하다.

GetYourGuide, Viator, WAUG, Kkday 등의 앱들도 관광명소 입장권뿐만 아니라 다양한 투어와 액티비티 예약을 할인된 가격으로 제공한다. 이런 앱들을 활용하면 현지에서 줄을 서서 기다리는 시간을 줄이고, 때로는 특별한 혜택이나 대기없이 입장하는 옵션 등을 이용할 수 있어 더욱 편리한 여행이 가능하다.

환전

XE Currency는 실시간 환율 정보를 제공하고 간편한 환전 계산기 기능을 갖추고 있어서 여행지에서 복잡한 환율 계산 없이도 쉽게 비용을 관리할 수 있다. 이를 통해 여행자들은 현지 물가를 빠르게 파악하고 합리적인 소비를 하는 데 도움을 받을 수 있다.

Travel Wallet이나 Travel Check Card와 같은 서비스는 기존 은행들의 높은 해외 송금 및 환전 수수료 문제를 해결해준다. 이러한 서비스들은 실제 환율에 가까운 우대 환율을 적용하고 수수료를 최소화하여, 여행자들이 더 많은 비용을 절약할 수 있게 해준다.

카카오페이는 국내에서 널리 사용되는 간편 결제 서비스로, 해외에서도 사용 가능한 기능을 확대하고 있다. 특히 해외 결제 시 발생하는 수수료를 줄이고 환율 우대 혜택을 제공하여, 여행자들이 더욱 편리하고 경제적으로 결제할 수 있도록 지원한다.

클라우드 서비스

여행 중 휴대폰의 활용에 있어 파일 공유를 위한 클라우드 서비스는 매우 유용하다. 대표적인 서비스로는 Google Drive, Microsoft OneDrive, Dropbox가 있다.

Google Drive는 15GB의 무료 저장 공간을 제공한다. 실시간 협업 기능이 뛰어나 여행 동행자와 일정이나 정보를 공유하기에 적합하다. 또한 오프라인 모드를 이용하면 인터넷 연결이 없는 상황에서도 파일 접근이 가능하다.

Microsoft OneDrive는 5GB의 저장 공간을 제공하며, 파일 복원 기능이 있어 실수로 삭제한 중요한 여행 정보도 쉽게 복구할 수 있다.

Dropbox 역시 파일을 공유하기에 적합하다.

AI의 활용

해외 자유여행에서 ChatGPT와 Perplexity 같은 AI 서비스는 여행의 전 과정에 걸쳐 유용한 도구로 활용될 수 있다.

여행 준비 단계에서 AI는 개인의 선호도와 예산에 맞춘 맞춤형 일정을 제안하고, 숙소, 교통편, 관광지, 레스토랑 추천과 함께 현지 문화 정보를 제공한다.

여행 중에는 현지 대중교통 이용법, 긴급 상황 대처법, 즉석 여행 팁 등의 필요한 정보를 실시간으로 얻을 수 있다. 특히, **Perplexity**는 최신 인터넷 검색 결과를 활용해 더욱 정확한 실시간 정보를 제공한다. 게다가 24시간 이용 가능하고 다국어를 지원하며, 개인의 여행 이력과 선호도를 학습하여 점점 더 개인화된 추천을 제공한다. 이러한 AI의 활용은 여행자가 언어 장벽을 극복하고 더욱 효율적이고 즐거운 여행을 할 수 있도록 돕는다.

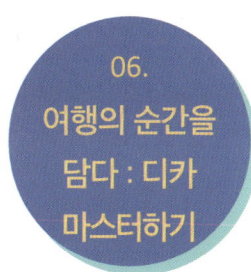

06. 여행의 순간을 담다 : 디카 마스터하기

여행 사진은 단순한 기록을 넘어 경험과 감동을 담는 특별한 장르다. 여행지의 아름다움과 그 순간의 감정을 담아내는 것이 여행 사진의 핵심이다.

여행 사진의 특성과 주의점

특성

- 순간성 : 여행 중 마주치는 다시 오지 않을 특별한 순간들을 담는다. 그러려면 빠른 대응과 준비가 필요하다.
- 다양성 : 풍경, 인물, 음식, 건축물 등 다양한 주제를 다룬다. 이를 위해서는 여러 상황에 대처할 수 있는 능력이 요구된다.
- 스토리텔링 : 단순한 이미지를 넘어 여행의 이야기를 전달한다. 연속된 사진들로 여행의 흐름을 표현할 수 있다.
- 문화적 요소 : 여행 사진 속에 현지의 문화와 전통을 담아낸다. 이를 통해 여행의 깊이를 더할 수 있다.

주의할 점

- 장비 관리 : 여행 중 카메라 장비의 보호와 관리에 특별히 신경 써야 한다.
- 현지 문화 존중 : 사진 촬영 시 현지의 문화와 관습을 존중해야 한다. 일부 장소에서는 사진 촬영이 금지될 수 있다.
- 균형 잡기 : 사진 촬영에 몰두하여 실제 여행의 즐거움을 놓치지 않도록 주의해야 한다.
- 백업 : 소중한 사진들을 정기적으로 백업하는 것이 중요하다.
- 빛 조건 변화 : 여행지의 날씨와 빛 조건은 수시로 변할 수 있다. 이에 빠르게 대응할 수 있어야 한다.
- 윤리적 촬영 : 특히 인물 사진의 경우, 피사체의 동의를 구하는 것이 중요하다.

여행 사진은 기술적인 면뿐만 아니라 여행자의 시선과 감성이 중요하다. 카메라의 기능을 이해하고 활용하는 것도 중요하지만, 그 순간의 감동을 어떻게 담아낼 지에 대한 고민이 더욱 중요하다.

기초 용어 해설

렌즈 Lens

렌즈는 빛을 모아 이미지센서로 전달하는 역할을 한다. 렌즈 내부에는 빛의 양을 조절하는 조리개가 내장되어 있다. 렌즈에 초점 거리(mm)와 최대 조리개(F값)이 표시되어 있다.

초점 거리는 렌즈의 화각을 결정한다. 초점 거리가 짧을수록 넓은 화각을, 길수록 좁은 화각을 제공한다. 초점 거리가 고정된 렌즈를 단초점 렌즈, 가변적인 렌즈를 줌 렌즈라고 부른다. 35mm 렌즈는 표준 렌즈, 100mm 이상은 망원렌즈로 분류된다.

F값은 렌즈의 밝기를 나타내는 지표다. 값이 작을수록 조리개가 더 크게 열려 더 많은 빛을 받아들인다. F/1.4, F/2.8 등으로 표시하며, F/1.2나 F/1.4 렌즈는 고급 제품에 속한다.

F-stop은 조리개의 크기를 나타내는 단계로, 일반적으로 F/4, F/5.6, F/8, F/11, F16, F/22의 순서를 따른다. 촬영자는 의도에 따라 적절한 값을 선택하여 조리개를 조절한다. 예를 들어, F/4는 F/5.6보다 조리개가 두 배 더 크게 열린다.

F값과 F-stop은 연관이 있지만 서로 다른 개념으로, 어떤 렌즈가 있을 때 그 렌즈에서 설정할 수 있는 F-stop 중에서 가장 작은 값이 F값이다. 따라서 F값은 고정된 수치이고 F-stop은 단계적으로 바뀌는 값 중 하나다.

이러한 개념들은 초보자에게 다소 복잡할 수 있다. 반복해서 읽어봐도 이해가 잘 되지 않으면 일단 가볍게 이해하고 넘어갔다가 기초 개념이 잡힌 후 더 자세히 알아보는 것이 좋다. 실제 촬영 경험을 통해 이론과 실제를 연결하면서 점진적으로 이해도를 높여가는 것이 효과적이다.

이미지 센서

이미지 센서는 디지털 카메라의 핵심 부품으로, 렌즈를 통해 들어오는 빛을 전기신호로 변환하여 디지털 이미지를 생성한다. 센서의 크기와 품질에 따라 이미지의 품질이 결정된다. 카메라는 이미지 센서의 크기에 따라 크게 두 가지로 분류된다.

풀 프레임 바디 (Full Frame Body)	크롭 바디 (Crop Body)
● 35mm 필름 카메라와 동일한 크기 (36mm x 24mm)의 센서 장착 ● 일반적으로 크고 무거우며 고가 ● 넓은 화각, 얕은 심도 표현에 유리 ● 상대적으로 어두운 곳에서도 촬영 가능	● 풀 프레임보다 작은 센서를 장착한 카메라 ● 상대적으로 가볍고 저렴하며 휴대 용이

풀 프레임 카메라는 더 넓은 화각으로 촬영이 가능하고, 어두운 환경에서도 우수한 성능을 보이며, 얕은 심도의 사진을 쉽게 촬영할 수 있다. 반면 크롭 바디 카메라는 가격과 휴대성 면에서 장점이 있어 초보자나 여행자들에게 적합하다.

카메라 선택 시 이미지 센서의 크기는 중요한 고려 사항 중 하나지만, 개인의 사용 목적과 예산에 맞춰 결정하는 것이 중요하다.

DSLR과 미러리스Mirrorless 카메라

DSLR은 Digital Single Lens Reflex의 약자로, 일안一眼반사식 카메라라고도 불린다. 이 방식은 '한 개의' 렌즈를 통해 들어온 이미지를 거울로 '반사시켜' 펜타프리즘을 거쳐 뷰파인더로 보여준다. 셔터를 누르면 찰칵 소리와 함께 거울이 올라가면서 이미지가 이미지센서에 기록된다.

DSLR 이전에는 렌즈가 위 아래로 두 개가 장착된 이안二眼렌즈가 대세였는

데 윗쪽은 구도를 잡는 Viewing 렌즈, 아래쪽은 촬영 렌즈로 사용되었다.

미러리스 카메라는 거울, 펜타프리즘, 광학 뷰파인더를 제거하고 LCD 화면이나 전자식 뷰파인더로 이미지를 보여준다. 렌즈를 통해 들어온 이미지는 이미지 센서에 직접 기록된다.

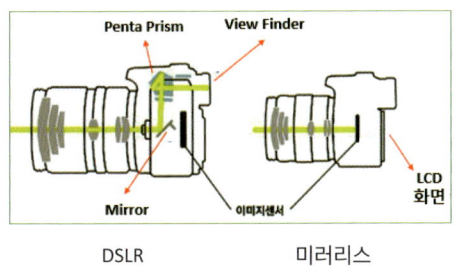

두 방식의 주요 차이점은 다음과 같다.

- 크기와 무게 : 미러리스가 일반적으로 더 작고 가볍다.
- 배터리 수명 : 일반적으로 DSLR이 더 오래 사용할 수 있다.
- 연속 촬영 속도 : 최신 제품에서는 미러리스가 더 빠르다.
- 자동초점 : 고가 제품들의 경우 미러리스 모델들이 더 넓은 영역의 빠른 자동초점을 제공한다.

과거에는 DSLR이 고성능 카메라의 대명사였지만, 최근에는 미러리스 카메라가 기술적 진보를 이루며 시장의 주류로 자리를 잡았다. 고가품의 경우 현재는 대부분의 측면에서 미러리스가 더 우수한 성능을 보이며, 값도 더 비싸다.

카메라를 선택할 때는 개인의 사용 목적, 선호도, 예산 등을 고려하여 결정하는 것이 필요하다. 두 방식 모두 고품질의 사진을 찍을 수 있으며, 각자의 장단점이 있기 때문이다.

피사계 심도(Depth of Field)

피사계 심도는 사진에서 초점이 선명하게 맞는 영역의 크기를 의미한다. 이는 가까운 거리부터 먼 거리까지 배열된 피사체를 촬영할 때 특히 두드러지며, 조리개 값에 따라 그 범위가 달라진다.

'심도가 깊다'는 것은 가까운 거리부터 먼 거리까지 전체적으로 초점이 맞는 경우를 말한다. 이를 팬 포커스Pan Focus라고도 한다. 반면 '심도가 얕다'는 것은 초점이 맞는 부분만 선명하고 나머지 영역은 흐려진 경우를 의미한다. 이를 아웃 포커스Out-Focus 또는 Out of Focus라고 부른다.

심도가 깊은 사진

심도가 얕은 사진

피사계 심도에 영향을 미치는 요소는 다음과 같다.
- F값이 작을수록 심도가 얕은 사진을 촬영할 수 있다.
- 이미지 센서가 클수록 심도가 얕아진다.
- 조리개를 많이 열수록 심도가 얕아진다.

심도의 조절은 사진의 분위기와 강조점을 결정하는 중요한 요소다. 풍경 사진에서는 주로 깊은 심도를, 인물 사진에서는 얕은 심도를 사용하는 경향이 있다. 하지만 이는 절대적인 규칙이 아니며, 촬영자의 의도에 따라 다양하게 활용할 수 있다.

이미지의 저장과 매체의 선택

디지털 카메라에서 촬영된 이미지를 저장하는 매체로는 SD 카드가 가장 보편적이다. 마이크로 SD 카드는 어댑터를 통해 SD 카드와 동일하게 사용할 수 있다. 전문가용 카메라에서는 CF(Compact Flash) 카드도 사용된다.

SD 카드의 성능은 처리속도에 따라 Class 2, 4, 6, 10으로 분류된다. 이 숫자는 초당 쓰기(Write) 속도를 MB 단위로 나타낸다. 고급 카메라에는 Class 10이 적합하며, 읽기(Read) 속도는 100 MB/s 정도가 권장된다. 처리속도는 다음과 같은 상황에서 중요하다.

- 고해상도 사진의 연속 촬영
- 비디오 녹화
- 특정 이미지 저장 포맷 사용 시

처리 속도가 느리면 연속 촬영 시 이미지가 제때 저장되지 않을 수 있다. 고급 카메라에서는 128GB 이상이 권장되며, 보급형 카메라는 32GB 정도면 충분한 용량이다. 저장 파일 형식은 카메라에서 설정 가능한데, 주로 FAT32 또는 exFAT 방식이 사용된다.

메모리 카드 선택 시에는 카메라의 성능과 사용 목적을 고려하여 적절한 처리속도와 용량을 선택하는 것이 중요하다.

사진의 핵심 : 빛(Light)과 구도(Composition)

사진의 본질은 빛을 다루는 일이다. 카메라는 빛을 감지하여 이미지를 만들어내며, 좋은 사진을 찍기 위해서는 특히 두 가지 요소, '빛을 이해하고 조절하는 능력'과 '구도에 대한 이해'가 중요하다.

빛의 조절은 크게 두 가지 측면으로 나눌 수 있다.
- 렌즈를 통해 들어오는 빛의 양 조절 : 원하는 노출(밝기)을 얻는 방법
- 피사체를 비추는 빛의 각도 활용 : 어떤 각도에서 빛을 이용할 것인가를 결정

구도란 피사체를 어떤 모습으로 카메라에 담을 것인지를 결정하는 것이다. 이는 피사체와 배경의 크기, 위치, 다른 요소들과의 조화 등을 고려하는 과정이다.

여기서는 주로 카메라에서 조리개와 셔터 속도 등을 조절하여 적정 노출을 얻는 방법, 즉 빛의 양을 조절하는 기술적이고 객관적인 부분과 구도의 기본 개념에 초점을 맞출 것이다.

카메라의 빛 제어 방법

렌즈를 통해 카메라의 이미지센서로 들어오는 빛의 양은 다음 세 가지 방법을 통해 조절한다.
- 조리개 조절 : 조리개를 열거나 조여서 빛의 양을 늘리거나 줄인다. 조리개를 크게 열면 더 많은 빛이 들어오고, 조이면 빛의 양이 줄어든다.
- 셔터 속도 조절 : 셔터 속도를 빠르게 하거나 느리게 해서 빛의 노출 시간을 조절한다. 셔터 속도가 느릴수록 더 많은 빛이 센서에 도달하고, 빠를수록 빛의 양이 줄어든다.
- ISO 감도 조절 : ISO 감도를 높이거나 낮춰서 센서의 빛에 대한 민감도를 조절한다. ISO 값을 높이면 더 적은 빛으로도 밝은 이미지를 얻

을 수 있지만, 이미지가 거칠어질 수 있다.

이 세 가지 요소는 서로 밀접하게 연관되어 있으며, 각각의 조절을 통해 원하는 노출과 사진의 특성을 얻을 수 있다. 적절한 빛 제어는 좋은 사진을 만드는 핵심 요소 중 하나다.

조리개(Aperture)

조리개는 렌즈에 장착된 장치로, 구멍을 열고 닫아 이미지 센서로 들어오는 빛의 양을 조절한다. F-stop은 일반적으로 4~22 사이의 단계적인 숫자로, 카메라와 렌즈에 따라 다르다. F-stop이 작을수록 조리개가 더 열려 많은 빛을 받아들인다.

표준 F-stop 시퀀스는 F/1.4, F/2, F/2.8, F/4, F/5.6, F/8, F/11, F/16, F/22 순이며, 한 단계 올라갈 때마다 들어오는 빛의 양이 절반으로 줄어든다. 일반적으로 밝은 곳에서는 조리개를 조이고, 어두운 곳에서는 연다. 하지만 이는 절대적인 규칙이 아니며, 촬영자의 의도에 따라 피사계 심도를 조절하여 창의적인 사진을 찍을 수 있다.

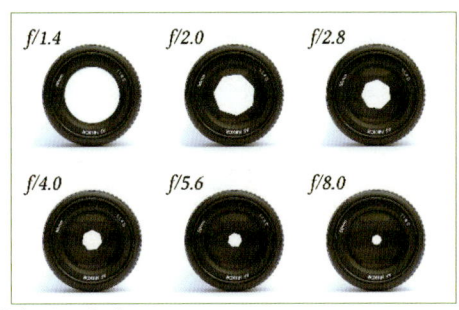

셔터Shutter 속도

셔터는 카메라 바디에 있으며, 평소에는 빛을 차단하다가 셔터 버튼을 누르면 설정된 시간 동안 열린다. 셔터 속도는 1/8,000초부터 수십 초까지 설정 가능하며, 한 단계씩 올라갈 때마다 노출 시간이 두 배로 늘어난다.
(예: 1/15초 → 1/30초 → 1/60초 → 1/125초)

셔터 속도를 느리게 할수록 더 많은 빛이 들어와 밝은 사진이 된다. 또한 셔터 속도 조절을 통해 빠르게 움직이는 물체를 정지된 모습으로 찍거나, 의도적으로 잔상을 남길 수 있다.

ISO International Standard Organization 감도

ISO는 카메라의 이미지 센서가 빛에 반응하는 민감도를 나타낸다. 일반적으로 100, 200, 400, 800, 1600, 3200, 6400, 12800 등으로 두 배씩 증가한다.

ISO 값이 높을수록 적은 빛에도 반응하여 어두운 곳에서도 촬영이 가능하지만, 화질이 떨어지고 노이즈가 생길 수 있다. 노이즈란 촬영된 이미지가 거칠어지는 현상을 말하는데 항상 나쁜 것은 아니며, 때로는 의도적으로 거친 질감의 사진을 찍기도 한다.

ISO 감도는 낮을수록 좋은 화질을 얻을 수 있지만, 너무 낮추면 빛이 부족한 환경에서 촬영이 어려울 수 있다. 따라서 촬영 환경과 의도에 맞게 적절히 조절하는 것이 중요하다.

카메라의 모드 Mode

카메라에는 측광 장치가 내장되어 렌즈를 통해 들어오는 빛의 양을 측정한다. 이 장치는 촬영자가 조리개, 셔터 속도, 또는 ISO 값을 변경할 때 노출이 항상 '0'이 되도록 자동으로 조절해준다.

전문가조차도 측광 장치 없이 적정 노출을 정확히 판단하기 어렵다. 이러한 어려움을 해결하기 위해 디지털 카메라는 다양한 촬영 모드를 제공한다. 이 모드들은 촬영자가 한 가지 요소만 조절하면 나머지는 카메라가 자동으로 맞춰주는 방식으로 작동한다.

매뉴얼(M) 모드

카메라의 다양한 모드를 효과적으로 활용하기 위해서는 먼저 매뉴얼 모드에 대한 이해가 필요하다. 매뉴얼 모드는 모든 설정을 촬영자가 직접 조절하는 방식으로, 카메라의 기본 원리를 이해하는 데 도움이 된다.

매뉴얼 모드에서는 사용자가 조리개 값, 셔터 속도, ISO 감도를 모두 직접 설정한다. 카메라가 적정 노출을 자동으로 맞추지 않기 때문에, 사용자는 촬영 환경과 피사체의 특성에 따라 적절한 설정을 해야 한다. 이 모드는 촬영자의 의도를 가장 정확히 반영할 수 있지만, 설정에 따라 극단적으로 어둡거나 밝은 사진이 나올 수 있어 고도의 지식이 요구된다. 주로 야경 사진이나 특수한 효과를 원할 때 숙련된 사용자들이 사용하며, 초보자에게는 어려울 수 있다.

조리개 우선(AV, Aperture Value) 모드

조리개 우선 모드에서는 사용자가 조리개 값을 설정하면 카메라가 자동으로 셔터 속도와 ISO 감도를 조절한다. 이 모드는 피사계 심도를 조절하고자 할 때 주로 사용한다. 조리개를 크게 열면(F-stop이 작을수록) 심도가 얕아져 초점이 맞는 부분만 선명하게 나오고, 조리개를 조이면(F-stop

이 클수록) 심도가 깊어져 전체적으로 초점이 맞게 된다. 인물 사진은 주로 얕은 심도로, 풍경 사진은 깊은 심도로 촬영한다.

　엄밀히 말하자면 노출값이 항상 '0'이 되는 것은 아니며, 노출 보정 기능을 통해 전체적인 밝기를 조절할 수 있다. 이는 카메라가 제시하는 노출이 사용자의 의도와 다를 때 유용하다. '+'로 노출을 보정하면 사진이 더 밝아지고, '-'로 보정하면 더 어두워진다.

셔터속도 우선(TV, Time Value) 모드

셔터속도 우선 모드에서는 사용자가 셔터 속도를 설정하면 카메라가 자동으로 조리개를 조절한다. 이 모드는 주로 움직이는 피사체의 운동감을 표현할 때 사용한다. 셔터 속도를 빠르게 설정하면 움직이는 피사체를 정지된 상태로 포착할 수 있고, 느리게 설정하면 움직임을 흐릿하게 표현할 수 있다. 예를 들어, 폭포수를 부드럽게 흐르는 모습으로 표현하고 싶다면 느린 셔터 속도를 선택한다.

프로그램(P) 모드

프로그램 모드에서는 카메라가 노출 값이 '0'이 되도록 조리개 값과 셔터 속도를 자동으로 조절한다. 사용자는 카메라가 제시하는 조리개와 셔터속도의 조합 중에서 선택할 수 있지만, 개별적으로 변경은 불가능하다. 예를 들어, F5.6, 1/125초의 조합을 F8, 1/60초로 변경할 수 있지만, F5.6, 1/60초와 같이 임의로 변경할 수는 없다. ISO 값 변경과 노출 보정은 가능하여 어느 정도의 창의성을 발휘할 수 있다.

SCN(Scene) 모드

SCN 모드는 다양한 촬영 상황에 맞춰 최적화된 설정을 제공한다. 인물, 풍경, 스포츠 등 각 장면에 적합한 모드를 미리 설정해 놓아 초보자들이 쉽게 사용할 수 있다. 예를 들어, 인물 사진은 조리개를 열어 배경을 흐리게, 풍경 사진은 조리개를 조여 전체에 초점이 맞도록, 스포츠 모드는 빠른 셔터 속도로 설정되어 있다. 이 모드는 상황에 맞는 최적의 설정을 빠르게 적용할 수 있어 편리하다.

완전자동(Intelligent Auto) 모드

완전자동 모드에서는 사용자의 개입 없이 카메라가 모든 설정을 자동으로 조절한다. 조리개, 셔터 속도, ISO 감도 모두 카메라가 결정한다. 사용이 가장 간단하지만, 창의적인 촬영이 제한된다. 일부 기종에서는 ISO 감도와 초점 모드 조절이 가능하다. 주로 타이머를 설정한 촬영이나 연속 촬영 선택 정도만 가능하다. 초보자나 빠른 촬영이 필요한 상황에서 유용하지만, 사진의 세부적인 조절은 어렵다.

각 모드는 촬영 상황과 사용자의 숙련도에 따라 선택하여 사용할 수 있다. 초보자는 자동 모드나 SCN 모드부터 시작해 점차 수동 설정을 늘려가는 것이 좋다. 경험이 쌓이면 조리개 우선이나 셔터 속도 우선 모드를 활용해 더 창의적인 사진을 촬영할 수 있으며, 궁극적으로는 매뉴얼 모드를 통해 완전한 제어가 가능해진다.

기본적인 구도 규칙

사진에서 '구도'란 사진의 시각적 요소들을 프레임 안에 배치하는 방법으로서 시각적인 흥미를 유발하고, 사진의 전체적인 느낌과 메시지를 효과적으로 전달하는 데 매우 중요한 역할을 한다. 구도를 짤 때 고려해야 할 요소는 다음과 같은 것들이 있다.

- 피사체 배치 : 피사체를 프레임의 어디에 위치시킬지 결정
- 시선 유도 : 관람자의 시선을 어떻게 이끌어갈지 구상
- 균형과 조화 : 사진 요소들 간의 시각적 균형 고려
- 강조와 초점 : 무엇을 강조하고 무엇을 배경으로 둘지 결정
- 공간 활용 : 프레임 내의 공간을 어떻게 활용할지 결정

몇 가지 기본적인 구도를 이해하면 사진의 수준을 크게 향상시킬 수 있는데 다음은 초보자에게 유용한 구도의 기본적인 기법들이다.

삼등분 법(Rule of Thirds)

화면의 가로와 세로를 각각 3등분하면 4개의 교차점이 생기는데 주요 피사체나 관심사를 이 교차점 중 한 곳에 배치하면 보다 균형 잡히고 흥미로운 사진을 얻을 수 있다.

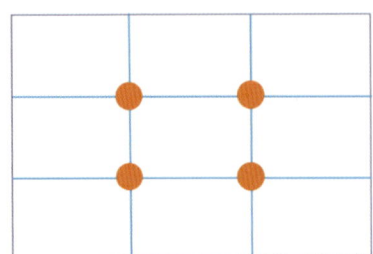

배경 선택(Background)

배경이 복잡하거나 산만하면 피사체가 돋보이지 않을 수 있으므로 단순하고 깔끔한 배경을 선택하는 것이 좋다.

단순함 유지(Simplicity)

사진의 메시지를 명확하게 전달하기 위해 불필요한 요소를 제거하고 단순한 구도를 유지한다.

균형과 대비(Balance and Contrast)

사진의 균형을 맞추어 시각적인 안정감을 주고, 대비를 통해 피사체를 더욱 강조한다. 색상, 밝기, 크기 등의 대비를 활용할 수 있다.

좋은 구도를 잡는 것은 연습과 경험을 통해 향상할 수 있다. 위의 기본 원칙들을 이해하고 다양한 상황에서 적용해보며 자신만의 스타일을 찾아보는 것이 중요하다. 사진은 창의성과 개성을 표현하는 예술이므로, 규칙을 잘 이해하되 자신만의 독창적인 접근법 또한 중요하다.

피해야 할 구도

사진 촬영 시 구도는 촬영자가 생각하는 작품의 의도나 표현하려는 분위기에 따라 달라지지만 일반적으로 몇 가지 피해야 할 구도가 있다.

- 너무 중앙에 배치된 피사체 : 사진의 피사체가 지나치게 중앙에만 있을 경우, 단조롭고 재미없는 느낌을 줄 수 있다. '삼등분 법'을 사용하

여 피사체를 배치하면 더 흥미로운 구도가 될 수 있다.
- 과도한 대칭 : 대칭 자체는 안정적인 느낌을 줄 수 있지만, 지나치게 대칭적이면 오히려 지루해 보일 수 있다. 약간의 비대칭은 더 자연스럽고 생동감 있는 이미지를 만들어준다.
- 산만한 배경 : 피사체에 집중이 안 될 만큼 배경이 복잡하면 보는 사람의 시선이 분산되어 사진의 주제가 불분명해진다.
- 너무 많은 여백 : 피사체 주변에 여백이 지나치게 많으면 주제에 집중하기 어렵고 공간이 텅 빈 느낌을 줄 수 있다. 적절한 여백을 유지하는 것이 중요하다.
- 주요 요소가 잘리는 구도 : 주요 피사체의 일부분이 화면 밖으로 잘리면 불완전한 느낌을 줄 수 있다. 손목, 발목 등이 잘리지 않도록 한다.
- 기울어진 수평선 : 풍경 사진에서 수평선이 기울어지면 사진이 불안정해 보이므로 이를 맞추는 것이 중요하다.

작품의 목표와 분위기에 따라 구도의 규칙을 의도적으로 깨는 것도 때에 따라서는 좋은 방법이 될 수 있지만, 지나칠 경우 사진이 균형감이 떨어지거나 깔끔한 느낌을 유지하기 어려울 수 있다. 위의 요소들은 절대적인 것은 아니라 하더라도 기본적으로 주의해야 할 부분들이다.

심도가 얕은 사진 촬영법

심도가 얕은 사진은 주제를 강조하고 배경을 흐리게 만들어 독특한 분위기를 연출할 수 있다. 다음 방법들을 활용하면 효과적으로 얕은 심도의 사진을 찍을 수 있다.

- 풀바디 카메라 사용 : 이미지 센서가 큰 풀바디 카메라를 사용하면 더 큰 효과를 얻을 수 있다.
- 조리개 개방 : 조리개를 최대한 열어 F-stop 값을 낮춘다.
- 피사체 접근 : 피사체에 가까이 다가가 촬영한다.
- 배경과 거리 확보 : 피사체와 배경 사이의 거리를 충분히 둔다.
- 줌렌즈 활용 : 단렌즈보다 줌렌즈를 사용할 때 더 큰 효과를 얻을 수 있다.

빠른 속도로 움직이는 물체 촬영법

움직이는 물체를 선명하게 포착하거나 의도적으로 움직임을 표현하는 것은 사진의 역동성을 높이는 좋은 방법이다. 다음 팁들을 참고하자.

빠르게 움직이는 물체를 정지된 것처럼 촬영할 경우

- 셔터속도 우선 모드를 사용하고 최소 1/500초 이상의 빠른 셔터 속도를 설정한다.
- 피사체의 움직임을 예측하고 적절한 순간에 셔터를 누른다.
- 연속 촬영 모드를 활용해 여러 장을 촬영, 최상의 순간을 포착한다.
- 빛이 부족할 경우 ISO 감도를 높이거나 추가 조명을 사용한다.

움직임을 강조하여 촬영할 경우(예 : 폭포수)

- 셔터 속도를 극도로 늦춰 촬영한다.
- 카메라 흔들림을 방지하기 위해 삼각대 사용은 필수다.

이러한 기법들을 상황에 맞게 적용하면 더욱 다양하고 창의적인 사진을 촬영할 수 있다.

다양한 여행 상황별 촬영 팁

여행 중 다양한 상황에서 멋진 사진을 남기기 위한 팁을 소개한다.

풍경 촬영

- 넓은 화각의 렌즈 : 광각 렌즈를 사용하여 넓은 풍경을 담는다.
- 작은 조리개 : F8-F11 정도로 설정하여 깊은 심도를 확보한다.
- 황금시간 활용 : 일출, 일몰 시간을 이용하여 드라마틱한 빛을 담는다.
- 전경 요소 포함 : 근경, 중경, 원경을 포함하여 입체감을 준다.

인물 촬영

- 얕은 심도 : 조리개를 많이 열어(작은 F값) 사용하여 배경을 흐리게 한다.
- 자연광 활용 : 가능한 자연광을 이용하여 부드러운 느낌을 준다.
- 눈높이 맞추기 : 피사체와 같은 높이에서 촬영하여 친근한 느낌을 준다.
- 구도 고려 : 삼등분 법칙을 활용하여 균형 잡힌 구도를 만든다.
- 표정 포착 : 자연스러운 표정과 순간을 포착하는 것이 중요하다.

음식 촬영

- 자연광 활용 : 창가나 야외에서 촬영하여 자연스러운 색감을 살린다.
- 각도 실험 : 정면, 45도, 탑다운 등 다양한 각도로 시도해본다.

- 색감과 질감 강조 : 음식의 특징을 잘 드러내는 구도와 조명을 선택한다.
- 주변 소품 활용 : 음식과 어울리는 소품으로 분위기를 연출한다.

야경 촬영을 할 때는 흔들림을 방지하기 위해 삼각대 사용이 필수다. 그런데 사진 전문가가 아니고서는 여행을 하며 삼각대를 휴대하기가 쉽지 않다. 이럴 때는 카메라를 책상이나 바위 위에 놓고 지연(Delay) 모드를 사용하는 것도 방법이다. 셔터 속도는 1초에서 30초 사이로 설정하여 충분한 빛을 받아들인다. 노이즈를 줄이기 위해 ISO 감도는 가능한 낮게 설정한다. 또 자동 초점이 어려운 경우 수동으로 조절한다.

이러한 팁들을 상황에 맞게 적용하면 여행 중 더욱 멋진 사진을 남길 수 있다. 하지만 가장 중요한 것은 순간을 즐기고 그 감정을 사진에 담는 것임을 잊지 말자.

*****

사진의 세계는 실로 광대하고 다양하다. 필자가 알고 있는 사진에 대한 지식 역시 이 방대한 영역의 극히 일부에 불과하다. 사진 구도에도 절대적인 정답이 존재하지 않으며, 촬영자의 의도와 창의성에 따라 무한히 다양한 결과물이 탄생할 수 있다.

따라서 이 글에서 언급된 내용들을 사진의 기본적인 이론을 이해하는 출발점으로 삼되, 더 깊이 있는 지식과 기술을 습득하고자 한다면 개인적으로 추가로 학습할 것을 권한다. 사진은 이론과 실전, 그리고 끊임없는 탐구를 통해 발전하는 예술이자 기술이다.

07.
와인, 여행의 완벽한 동반자

하루의 일정을 마무리하는 저녁식사 시간, 와인의 향과 풍미가 음식과 어우러져 여행의 긴장과 피로를 풀어준다. 잔을 들어 한 모금 삼키면, 와인의 깊이 있는 맛이 입안을 감싸며 오늘의 여정을 차분히 정리하게 해준다. 그렇기에 와인은 단순한 음료를 넘어, 여행 중 평온함을 선사하는 특별한 동반자다.

와인은 수천 년에 걸친 인류의 지혜와 자연의 선물이 어우러진 결정체다. 포도밭의 토양, 그 해의 날씨, 양조자의 철학까지, 한 잔의 와인에는 수많은 이야기가 담겨 있다. 따라서 여행지에서 만난 와인은 그 지역의 풍토와 문화를 음미하는 독특한 경험을 제공한다.

해외여행을 하다 보면 와인 가격이 국내보다 훨씬 저렴하다는 것을 발견하게 된다. 특히 와인 생산국에서는 그 차이가 더욱 두드러진다.

이처럼 해외에서 와인을 접할 기회가 많아지면서, 와인에 관한 기초 지식과 여행 중 와인을 즐기는 방법, 좋은 와인을 고르는 요령 등을 알아두면 더욱 유익한 여행이 될 수 있다. 이를 통해 여러분의 여행이 더욱 풍성해지고, 와인을 통해 새로운 차원의 즐거움을 발견하고, 여러분의 여정에 작은 향기를 더할 수 있기를 기대한다.

용어의 설명

- 테루아Terroir : 포도가 자라는 지역의 토양, 기후, 지형 등 환경적 요소를 총칭하는 프랑스어로, 와인의 특성을 결정짓는 중요한 요소다.
- 빈티지Vintage : 포도가 수확된 해를 의미하며, 와인의 품질과 특성에 큰 영향을 미친다.
- 바디Body : 와인을 마실 때 입안에서 느껴지는 무게감, 질감, 점성을 나타낸다. Light Body는 가볍게 느껴지는 와인, Full Body는 걸쭉한 느낌이 강한 와인을 말한다. Full Body가 반드시 더 좋은 와인은 아니며, Light Body 와인 중에도 훌륭한 것이 많다.
- 타닌Tannin : 주로 레드 와인에서 느껴지는 떫은맛을 내는 성분이다. 포도 껍질, 씨앗, 줄기 등에서 추출되며, 일반적으로 타닌이 있는 와인이 더 좋은 품질로 여겨진다.
- 산도(Acid) : 와인의 신맛 정도를 나타낸다. 적절한 산도는 와인에 신선함과 균형을 주어 맛을 살려준다.
- 드라이Dry와 스위트Sweet : 당분 함유량에 따라 구분된다. 드라이한 와인은 당분이 적고, 스위트 와인은 단맛이 난다. 고급 와인이 반드시 드라이한 것은 아니며, 고가의 스위트 와인도 많다.
- 밸런스Balance : 와인의 여러 요소(바디감, 산도, 타닌 등)가 조화롭게 어우러진 상태를 의미한다. 좋은 와인은 밸런스가 잘 잡혀 있다.
- 아로마Aroma와 부케Bouquet : 아로마는 포도 품종 고유의 1차적 향, 부케는 숙성 과정에서 생기는 2차, 3차 향을 의미한다. 초보자에게는 다소 복잡한 개념일 수 있다.

- 스월링 Swirling : 와인을 잔에서 돌려 향이 잔 안에 가득 차도록 하는 동작이다. 잔을 바닥에 놓거나 손으로 들고 할 수 있다.
- 와인의 눈물(Tear) : 스월링 후 와인이 잔 벽면을 따라 천천히 흘러내리는 것 말한다. 일반적으로 눈물이 천천히 흘러내리는 와인이 좋은 와인으로 여겨진다.
- 디캔팅 Decanting : 와인을 병에서 꺼내 다른 용기로 옮겨 담는 과정으로, 와인의 맛과 향을 더 풍부하게 만든다.

와인의 맛과 향

와인의 맛(Taste)과 향(Aroma)을 논하는 것은 상당히 주관적이고 복잡한 일이다. 이를 말로 표현하는 것 역시 쉽지 않다. 따라서 여기서는 맛과 향에 대한 세부적인 구분보다는 일반적인 수준의 좋고 나쁨 정도만 언급하고자 한다. 여행자에게 꼭 필요한 지식 정도만 다루고자 한다.

좋은 와인의 정의는 간단하지 않지만, 대체로 밸런스가 잘 잡힌 와인을 좋다고 평가한다. 바디감, 타닌, 산도 등이 조화롭고 균형 있게 표현되는 와인을 말한다. 초보자들은 이를 구분하기 어려울 수 있지만, 경험이 쌓이면 점차 알아갈 수 있다.

일반적으로 초보자들은 단맛을 선호하는 경향이 있고, 경험이 있는 애호가들은 떫은 맛과 신맛을 더 고급으로 여기는 경향이 있다.

향은 더욱 설명하기 어려운 요소다. 과일향, 꽃향, 나무향 등 다양한 향이 느껴질 수 있다. 좋은 와인은 향이 부드러우면서도 진하고 오래 가는 반면, 저가 와인은 향이 약하고 알코올 기운만 강할 수 있다. 대체로 가격이 만 원 이하인 와인에서는 풍부한 향을 기대하기 어렵고, 고급 와인일수록 다양하고 복합적인 향이 깊이 있게 느껴진다.

일본 만화 『신의 물방울』에서는 와인의 맛과 향을 매우 추상적이고 시적인 표현으로 묘사하지만, 일반적인 와인 애호가 수준에서는 그런 표현에 주눅들 필요가 없다. 단순히 '아, 좋군요' 정도의 솔직한 감상으로도 충분하다. 와인을 즐기는 데 있어 가장 중요한 것은 개인의 취향과 경험이다.

와인 잔의 종류와 특징

와인 잔은 와인의 종류와 특성에 따라 다양한 형태로 제작되며, 각각의 디자인은 와인의 향과 맛을 최적화하는 데 중요한 역할을 한다. 주요 와인 잔의 종류와 특징은 다음과 같다.

와인 잔의 종류

레드 와인 글라스

- 보통 큰 보울Bowl과 넓은 입구를 가지고 있다.
- 와인이 공기와 접촉하는 면적을 늘려 향을 풍부하게 한다.
- 향이 강한 레드와인용 잔은 더 크고 넓은 편이다.

화이트 와인 글라스

- 레드 와인 잔보다 작고 좁은 보울을 가진다.
- 와인의 차가운 온도를 유지하고 섬세한 향을 집중시킨다.

샴페인 플루트

- 길고 좁은 형태로 기포를 오래 유지시킨다.
- 향을 집중시키고 시각적으로도 아름답다.

버건디 글라스 Burgundy Glass

- 매우 넓은 보울과 좁아지는 입구를 가진다.
- 피노누아와 같은, 프랑스 부르고뉴 지방의 섬세한 레드 와인의 향을 모으는 데 적합하다.

와인 잔 각부의 명칭과 역할

- 림Rim : 얇을수록 와인이 입술과 혀에 부드럽게 전달된다.
- 보울Bowl : 향을 모으고 산소와의 접촉 면적을 결정한다.
- 스템Stem : 손의 체온이 와인에 전달되는 것을 막아준다.
- 베이스Base : 잔의 안정성을 제공한다.

좋은 와인 잔의 특징

- 가볍다.
- 스템이 가늘고 길다.
- 림이 얇다.

- 대체로 보울이 크다.

유명한 와인 잔 브랜드로는 오스트리아의 리델Riedel, 독일의 슈피겔라우 Spiegelau와 숏 츠비젤Schott Zwiesel 등이 있다. 이들 브랜드는 각 와인 종류에 최적화된 다양한 디자인의 고품질 글라스를 제공한다.

와인의 맛을 제대로 느끼는 방법

와인은 천천히 음미하며 마시는 술이다. 영어 단어 'Sip'(조금씩 마시다)이 와인을 마시는 방식을 잘 표현한다. 와인을 제대로 즐기기 위한 단계별 방법은 다음과 같다.

① 시각 : 와인 잔을 들고 불빛에 비추어 색깔을 관찰한다.
② 향기 준비 : 스월링을 하여 향이 잔 안에 퍼지도록 한다.
③ 질감 확인 : 와인의 눈물이 내려오는 것을 관찰한다.
④ 향 음미 : 코를 잔의 가장자리(Rim)에 대고 향을 맡는다.
⑤ 맛 음미 : 한 모금 마신 후 입안에서 두어 번 회전시킨다.
⑥ 삼키기 : 와인의 향을 음미하며 천천히 삼킨다.
⑦ 공기 흡입 : 입을 동그랗게 말아 살짝 공기를 들이마신다.
⑧ 잠시 멈춤 : 2~3초간 숨을 멈춘다.
⑨ 마무리 : 입을 다물고 코로 숨을 길게 내뱉는다.

5~9번 과정이 와인의 맛을 느끼는 핵심 단계다. 공기를 흡입할 때는 소리가 나지 않도록 주의하는 것이 좋다. 이러한 방식으로 와인을 마시면 향이 더욱 풍부하게 느껴지며, 와인의 맛을 온전히 즐길 수 있다.

와인 잔을 들 때는 보울이 아닌 스템을 잡는 것이 좋다. 스월링하기 편하고, 잔을 부딪힐 때 경쾌한 소리가 나며, 손자국이 묻지 않고, 체온으로 인한 와인 온도 상승을 막을 수 있다.

프랑스 와인 레이블 해독하기

프랑스 와인 레이블은 복잡해 보이지만, 핵심 정보를 이해하면 와인 선택에 큰 도움이 된다. 주요 요소는 다음과 같다.

① 생산자 : 와이너리 이름

② 생산지역

③ AOC^{Appellation d'Origine Contrôlée} : 원산지 통제 명칭

④ 와인 등급

⑤ 생산 연도

⑥ 'Mis En Bouteille Au Château': 샤토에서 병입했음을 의미 (이 표시가 '정확히' 없다면 판매상인 제3자에 의해 병입되었거나, 품질 관리가 샤토에서 직접 이루어지지 않았을 가능성이 있음을 의미)

⑦ 생산자 주소

레이블 스타일은 지역이나 등급에 따라 다를 수 있으며, 빈티지가 없는 경우는 여러 해의 포도를 블렌딩한 Non-Vintage 와인일 수 있다.

AOC 시스템 이해하기

프랑스는 와인 품질을 AOC, VDQS, Vins de Pays, Vins de Table 네 단계로 구분한다. 최고급인 AOC는 프랑스 와인의 약 35%를 차지하며, 우리나라에 수입되는 프랑스 와인은 대부분 이 등급이다.

AOC는 '원산지 통제 명칭'으로, 프랑스 정부가 엄격히 관리하며 와인의 품질을 보증한다. 레이블에는 'Appellation Médoc Contrôlée' 형식으로 표시되는데, 여기서 Medoc이 지역명칭이다. (편의상 A-[지역명칭]-C로 표시하겠다.)

AOC 시스템의 핵심 개념

- 지역 세분화 : 더 좁은 지역일수록 더 엄격한 품질 기준을 적용
- 품질 보증 : 세분화된 지역일수록 더 높은 품질을 의미

보르도 지역의 예

- 'A-Bordeaux-C'나 'A-Médoc-C'는 일반적인 품질(넓은 지역)
- 'A-Haut-Médoc-C'는 더 높은 품질
- 'A-Pauillac-C'는 최고 품질을 의미(세분화된 지역)

보르도의 고급 와인 산지로는 뽀이악, 마고, 쌩쥴리앵, 생떼밀리옹, 뽀므롤, 쏘테른 등이 있다. 바메독Bas-Médoc에서는 주로 저가 와인이 생산된다.

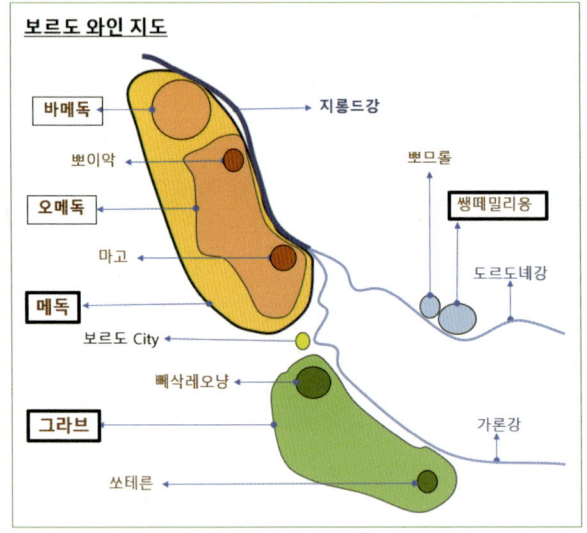

이러한 지식을 활용하면 프랑스 와인 레이블을 더 쉽게 이해하고, 여행 중 현지 와인숍에서 자신의 취향과 예산에 맞는 와인을 선택할 수 있다.

좋은 와인 고르는 법

Vivino 앱 사용

와인 선택에 도움을 받을 수 있는 가장 쉬운 방법은 휴대폰 앱을 이용하는 것이다. 그 중에서도 Vivino는 매우 유용한 앱이다. 이 앱은 와인 레이블(Label 또는 Etiquette)을 카메라로 인식하거나 와인 이름을 입력하면, 전 세계 사용자들의 평가를 바탕으로 한 평점과 평균 가격을 보여준다.

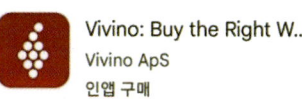

와인을 구입할 때 주의할 점은 판매처의 과도한 할인율에 현혹되지 않는 것인데, Vivino를 통해 적정 가격과 품질을 확인하면 실패 가능성을 크게 줄일 수 있다.

일부 와인 판매자들은 "Vivino 평점이 다 믿을 것은 못된다"고 말하기도 한다. 이는 부분적으로 사실이지만, 낮은 평점의 와인을 판매해야 하는 입장에서 나오는 말일 수 있다. 특별한 정보 없이 와인을 선택해야 할 때, Vivino는 큰 실수를 피하는 데 도움이 된다. 레스토랑에서 와인을 주문할 때도 Vivino를 활용하면 좋은 선택을 할 수 있다.

Vivino 평점 기준 와인 선택 팁

- 3.6 이하 : 구매를 피하는 것이 좋다.
- 3.7~3.9 : $20 이내라면 고려해볼 만하다.
- 4.0 이상 : $20~30 수준이면 좋은 선택이 될 수 있다.
- 4.3 이상 : 가격이 급격히 상승하는 구간이다.

여행 중 와인 구입 팁

여행지에서 와인을 구입하고 맛을 즐기는 것은 그 지역의 문화를 직접 경험하는 좋은 방법이다. 하지만 낯선 환경에서 좋은 와인을 고르는 것은 쉽지 않을 수 있다. 이럴 때 몇 가지 팁을 알아두면 더 나은 선택을 할 수 있다.

먼저, 구매 장소를 잘 선택하는 것이 중요하다. 와인숍이나 백화점보다는 대형 수퍼마켓을 이용하는 것이 좋다. 다양한 가격대의 와인을 구비하고 있어 선택의 폭이 넓고, 현지인들이 주로 이용하는 곳이므로 관광객 대상의 바가지 요금을 피할 수 있기 때문이다. 또한 대부분 합리적인 가격에 품질 좋은 와인을 구할 수 있어 경제적이다.

가격대 선정도 중요한 요소다. 너무 싸구려 와인은 피하고, 대략 $20 전후의 가격대를 노리는 것이 좋다. 이 가격대는 품질과 가격의 균형이 잘 잡혀 있는 경우가 많고, 너무 비싸지 않아 부담 없이 구매할 수 있다. 또한 현지의 중급 와인을 경험할 수 있는 적당한 가격대이기도 하다.

앞서 설명한 Vivino 앱을 활용하여 평점이 최소 3.9 이상인 와인을 고르는 것이 좋다. 이들은 많은 사용자들로부터 검증받은 품질을 보장하며, 대체로 가격 대비 만족도가 높다고 할 수 있는 수준이다. 특별한 와인 지식이 없어도 실패할 확률을 낮출 수 있어 안전한 선택이 될 수 있다.

이 외에도 현지 특산 와인을 우선적으로 고려해보는 것도 좋다. 그 지역의 독특한 맛을 경험할 수 있기 때문이다. 또한 여행지의 계절과 날씨를 고려하여 와인을 선택하면 더욱 즐거운 경험이 될 수 있다.

이러한 팁들을 참고하여 와인을 구매한다면, 여행지에서 더욱 풍성하고 즐거운 와인 경험을 할 수 있을 것이다. 와인 한 병에 그 지역의 풍토와 문화가 담겨있다는 점을 기억하며, 여행의 추억을 와인과 함께 간직해보는 것은 어떨까?

Vivino 사용이 어려울 때 대안

Vivino를 사용하기 어려운 상황에서도 좋은 와인을 고를 수 있는 일반적인 기준들이 있다.

우선 프랑스 와인의 레이블과 AOC에 관한 지식을 활용하는 방법이다. 넓은 지역의 와인은 대체로 수준이 낮고, 지역이 좁아질수록 고급 와인이라는 점을 기억하자.

다음은 상식 수준에서 알아둘만한 좋은 와인의 몇 가지 기준이다.

- 알코올 함량이 높은 와인
- 병이 무거운 와인
- 레드 와인의 경우, 펀트Punt(병밑 패인 부분)가 깊은 와인
- 병꼭지 캡슐 재질에 따른 순위 : 왁스 > 알루미늄 > PVC

코르크로 와인의 품질을 구분하는 방법도 있다.

- 플라스틱 코르크 : 대부분 저렴한 와인
- 톱밥을 뭉쳐 만든 코르크 : 보통 품질의 와인
- 참나무 껍질로 만든 천연 코르크 : 상대적으로 고급 와인
- 100% 굴참나무 껍질 천연 코르크 : 최고급 와인(대체로 와인 이름과 생산 년도가 각인되어 있음)

코르크와 스크류캡Screw Cap 방식은 그 우열을 단순히 판단하기는 어렵다. 일반적으로 코르크 방식이 더 고급으로 여겨지지만, 호주, 뉴질랜드, 그리고 최근의 미국 와인들은 고급 제품에도 스크류캡을 많이 사용한다.

같은 이름의 와인 중에서는 'Reserve' 또는 'Reserva'라고 표시된 것이 더 좋은 품질을 나타낸다.

이러한 기준들은 Vivino를 사용할 수 없을 때 와인 선택에 도움이 될 수 있지만, 절대적인 기준은 아니라는 점을 유념해야 한다.

와인과 음식 페어링

와인과 음식의 조화로운 페어링은 식사 경험을 한층 더 풍부하게 만들어 준다. 여행지에서 현지 음식과 어울리는 와인을 선택할 수 있다면, 그 지역의 미식 문화를 더욱 깊이 있게 즐길 수 있을 것이다. 와인과 음식을 페어링할 때 기억해야 할 몇 가지 기본 원칙이 있다.

- 색상 매칭 : 일반적으로 붉은 육류에는 레드 와인, 흰 살 생선이나 닭고기에는 화이트 와인이 잘 어울린다. 하지만 이는 절대적인 규칙은 아니다.
- 균형 맞추기 : 와인의 강도와 음식의 풍미가 서로 균형을 이루는 것이 좋다. 강한 맛의 음식에는 풍부한 바디감의 와인을, 섬세한 맛의 요리에는 가벼운 와인을 선택한다.
- 보완과 대조 : 와인은 음식의 맛을 보완하거나 대조를 이룰 수 있다. 예를 들어, 산도 높은 와인은 기름진 음식과 잘 어울리며, 단맛이 있는 와인은 매운 음식과 좋은 조화를 이룬다.
- 지역성 고려 : 같은 지역에서 생산된 와인과 음식은 대체로 잘 어울린다. '현지 음식에는 현지 와인'이라는 원칙을 기억하자.
- 산도와 타닌 고려 : 산도 높은 음식에는 산도 높은 와인을, 단백질이 풍부한 음식에는 타닌이 강한 와인을 선택한다.

와이너리 투어

와이너리 투어는 와인 애호가들에게 특별한 경험을 선사한다. 포도밭을 거닐며 와인의 근원을 느끼고, 양조 과정을 직접 보며 와인에 대한 이해를 깊게 할 수 있다. 또한 현지에서만 맛볼 수 있는 특별한 와인을 시음하는 즐거움도 누릴 수 있다.

유명 와인 산지

프랑스

- 보르도 : 메독, 생테밀리옹, 포므롤 등 세계적인 와인 산지가 모여있다. 샤토 마고, 샤토 라피트 로칠드 같은 유명 와이너리들이 있다.
- 부르고뉴 : 코트 도르 지역의 로마네 콩티, 뉘 생 조르주 등이 유명하다.
- 쌍빠뉴 : 에페르네와 랭스를 중심으로 모엣 샹동, 돔 페리뇽 등 유명 샴페인 하우스들이 있다.

이탈리아

- 토스카나 : 키안티, 브루넬로 디 몬탈치노 등이 유명 와인의 고향이다.
- 피에몬테 : 바롤로, 바르바레스코 같은 고급 레드 와인으로 유명하다.

스페인

- 리오하 : 스페인의 대표적인 레드 와인 산지로, 템프라니요 품종으로

유명하다.
- 그밖에 리베라 델 두에로, 헤레스 등지가 와인 산지로 유명하다.

미국

- 나파 밸리 : 캘리포니아의 대표적인 와인 산지로, 카베르네 소비뇽이 유명하다.
- 소노마 : 나파 밸리와 인접해 있으며, 다양한 품종의 와인을 생산한다.

와이너리 투어 시 주의사항 및 에티켓

- 사전 예약 : 대부분의 와이너리는 예약제로 운영된다. 특히 유명 와이너리는 몇 달 전에 예약해야 할 수도 있다.
- 시간 엄수 : 예약 시간을 꼭 지켜야 한다. 지각하면 투어에 참여하지 못할 수 있다.
- 향수 자제 : 강한 향수는 와인 시음에 방해가 될 수 있으므로 가급적 피한다.
- 적절한 복장 : 포도밭 투어가 있을 경우 편안한 신발을 신는다. 와인 저장고는 춥기 때문에 얇은 겉옷을 준비하는 것이 좋다.
- 질문하기 : 와인 메이킹 과정에 대해 궁금한 점이 있다면 적극적으로 질문한다. 가이드들은 대부분 질문을 환영한다.
- 시음 예절 : 와인 잔은 스템을 잡고 들어 온도 변화를 최소화한다. 향을 맡을 때는 잔을 돌리지 않고 가만히 두고 맡는다. 입안에 와인을

머금고 있다가 뱉어내는 것은 실례가 아니다. 오히려 많은 와인을 시음해야 할 경우 권장되는 방법이다.

- 구매 압박 느끼지 않기 : 부담 없이 투어와 시음을 즐기면 된다.
- 팁 문화 : 국가와 와이너리에 따라 다르지만, 보통 무료 투어의 경우 팁을 주는 것이 예의다. 유료 투어라면 팁은 선택사항이다.
- 사진 촬영 : 사진 촬영이 허용되는지 먼저 확인한다. 일부 와이너리는 저작권 등의 이유로 사진 촬영을 제한할 수 있다.
- 운전 주의 : 와인 시음 후 운전은 위험하다. 대중교통이나 투어 버스, 택시 등을 이용하는 것이 안전하다.

와이너리 투어는 와인에 대한 지식을 넓히고 현지 문화를 체험할 수 있는 좋은 기회다. 주의사항과 에티켓을 지키면서 투어를 즐긴다면, 잊지 못할 추억을 만들 수 있을 것이다.

와인 상식

다른 사람이 내게 와인을 따라줄 때

- 와인을 따르는 동안 와인, 잔, 따르는 사람을 바라보며 간단한 대화로 관심을 표현한다.
- 윗사람이 따라줄 때 민망하다면, 검지와 중지로 V자를 만들어 잔의 베이스에 가볍게 댄다.
- 잔을 들지 않는다. 들면 와인을 따르기 불편해진다.

와인을 따르는 요령

- 잔과 병 사이에 약간의 거리를 두어 거품이 생기도록 한다.
- 받는 사람의 오른쪽에서 따른다.
- 잔의 변곡점 약간 아래까지 따른다.
- 병을 오른쪽으로 살짝 돌리며 멈추면 흐르는 와인을 줄일 수 있다.
- 냅킨으로 병 끝을 닦아 마무리한다.

와인의 도수度數

와인의 알코올 함량은 보통 12.5~14.5%다. 13% 미만은 저가 와인일 가능성이 높고, 14% 이상은 좋은 선택일 확률이 높다. 이는 발효 과정과 관련이 있으며, 일반적으로 당도가 높은 포도로 만든 와인이 도수가 높다.

와인의 산지

와인 생산국은 구대륙과 신대륙으로 구분한다. 구대륙은 오랜 와인 역사를 가진 유럽 국가들(프랑스, 이탈리아, 스페인 등)을 말하고, 신대륙은 상대적으로 역사가 짧은 유럽 외 국가들(미국, 호주, 뉴질랜드, 칠레, 아르헨티나 등)을 지칭한다.

와인의 종류와 포도 품종

와인은 주로 색깔에 따라 Red, White, Rose(로제), Sparkling으로 구분한다.

- Red 와인 품종 : 까베르네 소비뇽, 메를로, 피노누아, 쉬라즈(쉬라) 등
- White 와인 품종 : 소비뇽 블랑, 샤르도네, 리슬링 등

- Sparkling 와인은 거품이 있는 와인이다. 프랑스 쌍빠뉴 지방 와인만 샴페인이라 부르며, 다른 지역은 각각 다른 이름(스페인 : 카바, 이탈리아 : 스푸만테 등)으로 부른다.

일반적으로 Red 와인은 육류와, White 와인은 생선류와 잘 어울린다고 하지만, 이는 절대적인 규칙은 아니다. 와인을 즐기는 일반인의 입장에서는 포도 품종보다는 맛과 가격을 우선적으로 고려하는 것이 좋다.

샤르도네 vs 샤도네이

샤르도네와 샤도네이, 메를로와 멀롯 — 와인 애호가들 사이에서도 종종 혼란을 주는 발음들이다. 이는 와인의 본고장인 프랑스어 발음과 국제적으로 통용되는 영어식 발음의 차이에서 비롯된다.

Chardonnay의 경우, 프랑스식 발음은 '샤르도네'에 가깝다. 반면 영어권에서는 '샤도네이'로 발음하는 경향이 있다. Merlot 역시 프랑스어로는 '메를로'에 가깝고, 영어식으로는 '멀롯' 정도로 발음된다.

이러한 차이는 Paris를 프랑스어로 '빠리'(또는 목구멍 깊은 곳에서 나는 발음으로 '빠히'), 영어로 '패리스'라고 부르는 것과 같은 맥락이다.

어느 쪽이 '맞다'고 단정 짓기는 어렵다. 와인의 역사와 전통을 고려하면 프랑스식 발음이 정통성 있게 들릴 수 있지만, 국제화된 현대 와인 문화에서는 영어식 발음도 널리 통용된다.

와인의 보관과 마시기 좋은 온도

모든 와인은 고온에 취약하므로 서늘한 곳에 보관해야 한다. Red 와인은 15~18°C, White 와인은 10°C 이하, Sparkling 와인은 7~8°C에서 마시는 것이 좋다.

08. 음식의 주문과 테이블 매너

해외여행의 즐거움 중 하나는 현지의 다양한 음식을 경험하는 것이다. 하지만 많은 여행자들에게 외국 음식을 주문하는 것은 여전히 도전적인 과제로 남아있다. 낯선 재료와 요리법, 언어 장벽, 그리고 문화적 차이는 식당에서의 경험을 어렵게 만들 수 있다.

해외에 체류하는 한국인들 중에는 항상 한국 음식점만 찾는 사람도 있는데, 이는 단순히 우리 음식에 대한 그리움만으로 설명되지는 않는다고 생각된다. 현지 음식을 주문하기 어려워 한국 음식점을 찾는다는 우스갯소리가 있을 정도다. 그러나 현지 음식을 주문하고 즐기는 것은 그 나라의 문화를 직접 체험하는 중요한 방법이며, 여행의 깊이를 더해주는 요소다.

이러한 점을 고려해, 해외여행 중 음식 주문과 관련된 어려움을 극복하고, 더 풍성한 식사를 경험할 수 있는 방법을 함께 살펴보고자 한다. 기본적인 주문 방법부터 각국의 특색 있는 요리, 그리고 국제적인 테이블 매너까지, 여행자들이 알아두면 도움이 될 핵심 정보를 담았다.

음식 주문은 단순히 배를 채우는 것 이상의 의미를 지닌다. 그것은 새로운 맛과 향을 발견하고, 현지인들과 소통하며, 그 나라의 문화를 이해하는 창구가 될 수 있다. 이 가이드를 통해 여행자들이 자신감을 갖고 다양한 음식을 맛보면서 여행을 즐길 수 있기를 바란다.

식당 이용의 기본

식당 예약 방법 및 에티켓

예약은 여행의 즐거움을 한층 더 높여주는 중요한 요소다. 특히 인기 있는 레스토랑이나 고급 식당의 경우 사전 예약이 필수적이다. 전화, 이메일, 또는 온라인 예약 시스템을 이용한다.

예약 시 에티켓

- 정확한 날짜, 시간, 인원수를 명시한다.
- 예약 시간을 반드시 지키고, 지각 시 연락한다.
- 예약 취소는 최소 24시간 전에 알린다.

국가별 팁 문화

- 미국 : 일반적으로 청구서의 15~20%를 팁으로 준다.
- 유럽 : 국가별로 다양하나, 대체로 5~10% 정도면 적당하다.
- 일본 : 팁 문화가 없으며, 오히려 실례가 될 수 있다.
- 중국 : 고급 레스토랑을 제외하고는 팁을 주지 않는다.

현지 음식 문화 이해하기

식사 시간

- 스페인 : 늦은 저녁 식사 문화(오후 9~10시경)

- 이탈리아 : 점심 시간이 길고 중요하다(오후 1~3시).
- 프랑스 : 정확한 식사 시간을 지키는 편이다.

주요 식사 예절

- 중동 : 오른손으로 식사하는 것이 예의다.
- 인도 : 손으로 식사하는 문화를 이해해야 한다.
- 프랑스 : 식사 중 팔꿈치를 테이블에 올려놓지 않는다.

실용적인 음식 주문 팁

- 주문 순서 이해하기 : 웨이터는 보통 음료수부터 주문을 받는다. 음식은 차가운 것부터 따뜻한 것 순으로 주문한다. 이 순서를 알면 메뉴 선택에 도움이 된다.
- 공유 식사 요령 : 여러 명이 음식을 나눠 먹을 경우, 추가 접시를 달라고 요청한다. 요리를 몇 번에 나눠 서빙하도록 요청하면 음식이 식지 않고 대화를 즐기며 천천히 식사할 수 있다.
- 적절한 양 주문하기 : 여러 명이 함께 식사할 때는 인원수보다 1~2 접시 적게 주문하는 것도 고려해 본다. 음식 낭비를 줄이고 예산을 효율적으로 관리하는 데 도움이 된다.
- 언어 장벽 극복하기 : 구글 번역기를 활용하여 메뉴의 낯선 용어를 이해한다. 현지어로 된 기본적인 음식 관련 단어나 문구를 미리 익혀둔다. 사진 메뉴를 활용하거나, 스마트폰으로 찍은 음식 사진을 보여주며 비슷한 음식을 주문한다. 제스처를 활용하여 원하는 음식을 표현한다.

- 예산 관리 : 여러 접시를 주문하면 단가가 낮더라도 총액이 예상보다 많아질 수 있다. 대체로 주류를 포함해 1인당 $20~30 선으로 예산을 잡되, 지역과 식당의 수준에 따라 유연하게 대처한다. 당연히 각자의 호주머니 사정에 따라 달라진다.
- 현지 특색 고려하기 : 여행지의 특색 있는 요리나 식재료를 시도해본다. 이는 그 지역의 문화를 이해하는 좋은 방법이 될 수 있다. 웨이터에게 추천 메뉴를 물어보는 것도 좋다.
- 디저트의 중요성 : 식사의 완성은 디저트다. 입안을 씻어주는 달콤한 음식으로 식사를 마무리하며 동행자와 담소를 나누는 것은 여행의 즐거움을 더해준다.

코스별 주문 가이드

음료수

식사의 시작은 음료 주문으로 시작된다. 자리에 앉으면 웨이터가 음료부수터 주문을 받기 시작한다. 이때 개인의 선호에 따라 다양한 선택이 가능하다.

많은 레스토랑에서 수돗물을 무료로 제공하지만, 일부 국가나 지역에서는 돈을 받거나 어떤 곳은 아예 수돗물을 취급하지 않는 곳도 있다. 생수 또는 탄산수의 주문을 명확히 해야 한다.

와인을 주문할 때는 Wine List를 꼼꼼히 살펴보자. 부록 07에서 소개한 Vivino 앱을 활용하면 와인의 평점과 가격을 쉽게 확인할 수 있다. 이를 통해 자신의 취향과 예산에 맞는 와인을 선택할 수 있다.

맥주를 즐긴다면 지역 특산 맥주를 시도해보는 것도 좋은 경험이 될 수 있다. 일부 레스토랑에서는 특별한 시그니처 칵테일이나 음료를 취급하기도 한다.

빵

많은 레스토랑에서 빵은 식사의 시작을 알리는 중요한 요소다. 빵의 제공 방식은 레스토랑의 스타일과 지역에 따라 다양하다.

봉사료(Cover Charge)가 있는 고급 레스토랑에서는 보통 빵이 기본으로 제공된다. 이는 식사의 품격을 높이는 동시에 손님을 환영하는 의미를 담고 있다. 하지만 일부 레스토랑에서는 빵에 대해 약간의 추가 비용을 청구할 수 있다.

대부분의 경우 빵은 별도의 요청 없이 제공되지만, 때로는 직접 주문해야 하는 경우도 있다. 빵이 나오지 않았다면 물어보면 된다.

빵을 먹을 때는 포크나 나이프 대신 손으로 떼어먹는 것이 일반적이다. 이는 빵의 질감을 직접 느끼며 즐기는 방법이다. 보통 버터, 잼, 또는 발사믹 식초를 섞은 올리브 오일 등이 제공되는데 이들과 함께 먹으면 더욱 풍부한 맛을 즐길 수 있다.

주의할 점은 메인코스를 위한 여유를 남겨두는 것이다. 맛있는 빵에 현혹되어 너무 많이 먹으면 메인 요리를 제대로 즐기기 어려울 수 있다.

샐러드와 수프

샐러드와 수프는 본격적인 식사에 앞서 입맛을 돋우는 역할을 한다. 거의 모든 나라의 레스토랑에서 이 두 가지를 찾아볼 수 있다.

샐러드의 경우 시저샐러드, 주방장 특선 샐러드, 오늘의 샐러드 등이 무난한 선택이다. 시저샐러드는 로메인 상추, 파마산 치즈, 시저 드레싱으로 구성된 클래식한 메뉴로, 대부분의 사람들이 즐기는 메뉴다. 주방장 특선 샐러드나 오늘의 샐러드를 선택하면 그 레스토랑만의 특색 있는 샐러드를 경험할 수 있다.

수프는 계절과 지역에 따라 다양한 종류가 있지만, 호박Pumpkin, 조개Clam Chowder, 크림수프 등이 보편적으로 인기 있는 메뉴다.

여러 명이 함께 식사를 할 경우, 샐러드나 수프 중 1~2개를 선택해서 나눠 먹는 것도 좋은 방법이다. 이렇게 하면 다양한 맛을 즐기면서도 비용을 절약하고, 메인 코스를 위한 여유를 남길 수 있다.

가지Egg Plant 요리는 전채요리로 자주 등장하는데, 호불호가 갈릴 수 있는 재료다. 하지만 요리 방식에 관계없이 대체로 무난한 선택이 될 수 있다. 특히 지중해 요리에서 자주 볼 수 있는데, 독특한 식감과 풍부한 맛으로 새로운 경험을 제공한다.

이러한 전채 요리들은 본 식사의 맛을 돋우는 역할을 하므로 너무 과하지 않게 즐기는 것이 좋다.

디저트

식사의 대미를 장식하는 디저트는 단순히 달콤한 음식 이상의 의미를 지닌다. 이는 식사의 완성이자 여운을 남기는 중요한 요소다. 또한 식사 후 입안의 비린 냄새를 제거하고 상쾌한 느낌을 주는 역할을 한다.

디저트 메뉴로는 티라미수, 치즈케이크 같은 달콤한 음식이나 신선한 과일 종류가 일반적이다. 레스토랑에 따라 독특한 시그니처 디저트를 제공하기도 하니, 웨이터에게 물어보는 것도 좋은 방법이다.

디저트의 종류

- 파이Pie : 애플, 레몬, 파인애플 등 다양한 맛
- 케이크Cake : 티라미수, 치즈케이크, 초콜릿 케이크, 에그 타르트 등
- 과일 : 신선한 제철 과일
- 치즈 : 다양한 종류의 치즈(예 : 브리, 체다, 고르곤졸라)
- 아이스크림 : 여러 가지 맛의 아이스크림(예 : 바닐라, 초콜릿, 과일)
- 셔벗Sherbet : 유제품이 거의 들어가지 않고 얼린 과일과 설탕으로 제조
- 푸딩 : 부드럽고 달콤한 질감의 푸딩(예 초콜릿 푸딩, 바닐라 푸딩)

디저트가 제공되기 전, 테이블을 깨끗이 치우는 것이 일반적이다. 이는 새로운 코스의 시작을 알리는 신호이기도 하다. 이 때 메인 요리에 사용했던 식기들이 모두 치워지고, 디저트용 작은 포크나 스푼이 새로 세팅된다.

디저트와 함께 커피나 차를 주문하는 것도 좋은 선택이다. 에스프레소나 카푸치노 같은 커피는 디저트의 달콤함을 중화시키며, 홍차나 허브티는 식사를 마무리하는 편안한 분위기를 만들어준다.

디저트를 즐길 때는 천천히 음미하며 먹는 것이 좋다. 이는 식사의 마지막 순간을 즐기는 동시에 동행과의 대화를 이어갈 수 있는 좋은 기회다. 또한, 디저트를 나눠 먹는 것도 좋은 방법이다.

마지막으로, 디저트를 먹을 여유가 없다면 과감히 포기하는 것도 방법이다. 하지만 여행 중에는 그 지역의 특별한 맛을 경험할 수 있는 기회이므로, 가능하다면 작은 양이라도 시도해보는 것을 추천한다.

요리의 종류와 주문 팁

스테이크

주요 부위

- 등심 Sirloin : 대표적인 부위로, 약간 질기나 지방 분포가 좋아 맛이 뛰어남
- 안심 Tenderloin : 지방이 적고 부드러우며 풍미 풍부
- T-Bone : T자형 뼈 양쪽에 붙은 안심과 등심을 동시에 즐길 수 있어 인기

굽기 정도

- Rare : 핏빛 남아있게 덜 익힘
- Medium : Rare와 Well Done의 중간
- Well Done : 완전히 익힘
- * 권장 : Medium을 기준으로 Medium Rare에서 Medium Well Done 사이 선택

식사 및 주문 팁

- 먹기 전에 다 자르지 않고 먹을 때 조금씩 잘라먹으면 육즙이 보존
- 큰 사이즈를 주문해 나눠 먹으면 비용 절약 가능

해산물 요리

요리 방법

- 구이 Grilled : 생선이나 조개류를 그릴에 구워 제공한다. 해산물 본연의 맛을 잘 살리는 방식이다. 연어, 참치, 도미, 농어 등이 구이로 많이 제공된다.
- 찜 Steamed : 해산물을 술이나 허브와 함께 찌는 방식이다. 부드러운 식감과 함께 재료의 풍미를 온전히 즐길 수 있다. 특히 오징어나 문어는 찜으로 조리하면 부드럽고 맛있게 즐길 수 있다.
- 튀김 Fried : 생선을 튀겨서 제공한다. 바삭한 식감이 특징이며, 타르타르 소스나 레몬을 곁들이면 더욱 맛있다. 피시 앤 칩스가 대표적인 예다.
- 수프 Soup / 스튜 Stew : 해산물을 국물과 함께 끓여 만든다. 프랑스의 부야베스가 대표적인 찜요리다. 풍부한 국물과 함께 다양한 해산물을 한 번에 즐길 수 있다.

주문 팁

- 오징어나 문어는 Steamed, 생선은 Grilled로 주문하면 무난하게 즐길 수 있다.
- 홍합이나 조개류를 사이드메뉴로 추가하면 다양한 맛을 경험할 수 있다.
- 레몬을 생선 위에 뿌리면 비린내 제거에 도움이 된다.
- 와인과 페어링을 고려한다면, 일반적으로 화이트 와인이 해산물과 잘

어울린다.

해산물은 신선도가 중요하므로, 가능하다면 해안가 식당이나 현지에서 유명한 해산물 전문점을 선택하는 것이 좋다. 또한, 계절에 따라 맛있는 해산물이 다르므로 웨이터에게 물어 그날의 신선한 해산물을 추천받는 것도 좋은 방법이다.

피자 Pizza

- 마르게리타 Margherita : 간단하지만 고전적인 피자로 토마토 소스, 모짜렐라 치즈, 바질을 기본으로 하는 이탈리아 피자의 대표격
- 페페로니 피자 Pepperoni Pizza : 미국에서 가장 인기 있는 피자 중 하나로, 얇게 썬 페페로니 소시지와 모짜렐라 치즈를 토핑으로 사용
- 콤비네이션 피자 Combination Pizza : 보통 햄, 소시지, 버섯, 양파, 피망 등 다양한 토핑을 한 번에 즐길 수 있는 피자
- 나폴리타나 피자 Napolitana Pizza : 나폴리에서 유래한 피자로, 얇고 바삭한 도우가 특징이며 기본적으로 토마토, 모짜렐라, 올리브 오일을 사용
- 콰뜨로 스타조니 Quattro Stagioni : 사계절을 상징하는 네 가지 다른 재료로 나뉜 피자로, 각 부분에 다양한 토핑
- 칼조네 Calzone : 반으로 접은 피자로, 속에 다양한 재료가 들어가는, 이탈리아식 만두와 비슷한 형태
- 콰뜨로 포르마지 Quattro Formaggi : 네 가지 종류의 치즈가 사용된 피자로, 진한 맛이 특징

파스타 Pasta

- 펜네Penne : 끝이 대각선으로 잘려 있는 튜브 형태의 숏 파스타
- 라자냐Lasagna : 넓고 평평한 파스타 면을 층층이 쌓아 만든 요리로, 고기, 치즈, 토마토 소스 등이 어우러져 오븐에 구워 완성
- 라비올리Ravioli : 속에 고기나 채소를 넣은 만두 형태의 파스타
- 뇨끼Gnocchi : 감자나 밀가루 반죽으로 만든 작은 덩어리 모양으로, 부드럽고 쫄깃한 맛이 특징
- 스파게티Spaghetti : 파스타의 종류 중 하나로, 가늘고 긴 원통형 면이 특징
- 까르보나라Carbonara : 계란과 치즈를 섞어 만든 소스가 뜨거운 면과 섞이면서 자연스럽게 익어 크림 같은 질감을 내는 고소한 맛의 스파게티
- 알리오 올리오 : 마늘과 올리브 오일을 사용하여 심플하면서도 담백한 맛을 내는 스파게티
- 뽀모도로 : 신선한 토마토로 만든 소스가 주재료인 상큼한 스파게티

계란 요리

- 오믈렛Omelet : 달걀을 풀어 야채 햄 등을 섞어 버터나 기름을 두른 팬에서 얇게 부쳐 만드는 요리
- Sunny-Side Up : 한쪽만 익힌 Fried Egg
- Over-Easy : 양쪽 모두 익힌 Fried Egg
- Scrambled Egg : 달걀을 깨뜨려 섞은 후 팬에서 저어가며 익힌 요리

국가별 요리 종류 및 주문 팁

프랑스 요리

프랑스 요리는 예술적인 조리법과 풍부한 식재료 활용으로 유명하다. 지역별로 개성이 뚜렷하며, 미식 문화의 정점으로 평가받는다.

주요 재료와 대표 요리

- 음식 재료로는 소고기, 생선, 치즈, 버터, 허브, 트러플, 해산물 등이 주로 사용
- 푸아그라 : 거위나 오리의 간으로 만든 고급 요리
- 에스까르고 : 식용 달팽이로 만든 전통 요리
- 부야베스 : 여러 종류의 생선과 해산물, 채소, 향신료가 들어가는 찜 요리

메뉴 용어

- Plat du Jour : 오늘의 메뉴로, 보통 신선하고 계절에 맞는 요리를 제공한다.
- Amuse-bouche : 식전 입가심으로 제공되는 한 입 크기의 요리로, 보통 셰프의 창의성이 돋보인다.
- Apéritif : 식전 음료로, 식욕을 돋우는 역할을 한다.
- Prix fixe : 정해진 가격의 코스 요리로, 여러 가지 요리를 맛볼 수 있는 좋은 선택이다.

- Entrée : 전채 요리를 의미한다. (주의 : 미국에서는 Entrée가 메인 요리를 뜻한다.)
- Plat Principal : 메인 요리
- À la carte : 코스요리가 아닌, 개별 요리를 선택할 수 있는 메뉴 방식이다.

주문 팁

- Plat du Jour(오늘의 메뉴, Plate/Dish of the Day)는 보통 신선하고 가격도 합리적이므로 좋은 선택이 될 수 있다.
- 코스 요리(Prix fixe)는 다양한 요리를 경험하기에 좋다.
- 에스까르고나 푸아그라 같은 전통 요리를 시도해보는 것도 좋은 경험이 될 수 있다.
- 프랑스인들은 식사 속도가 느린 편이므로 여유를 가지고 즐기자.

이탈리아 요리

이탈리아 요리는 신선한 재료와 심플한 조리법으로 유명하다.

대표 요리

- Pizza : 누구나 아는 이탈리아의 대표 음식으로, 다양한 토핑과 스타일이 있다.
- Pasta : 앞서 소개한 바와 같이 다양한 종류가 있으며, 소스에 따라 맛이 크게 달라진다.

- Risotto : 쌀을 사용한 요리로, 적당히 익혀 씹는 맛이 남도록 조리하는 것이 핵심이다.
- Caprese : 토마토와 모짜렐라 치즈를 번갈아 놓고 올리브 오일과 바질 소스를 뿌린 신선한 샐러드다.
- Ravioli : 네모 또는 반달 모양의 만두와 비슷한 파스타 요리다.

식사 순서

① Antipasto : 전채 요리
② Primo : 파스타나 리조또 등의 첫 번째 주 요리
③ Secondo : 고기나 생선 요리인 두 번째 주 요리
④ Dolce : 디저트

주문 팁

- 전채, 주 요리, 후식의 순서로 주문하는 것이 일반적이다.
- 가장 기본적인 메뉴로 샐러드(Insalata)를 선택할 수 있다.
- 프로슈토는 스페인의 하몽Jamon과 유사한 이탈리아식 생햄이다.
- 국물이 있는 음식을 원한다면 수프(Zuppa)를 주문하면 된다.
- 피자, 스파게티, 파스타, 리조또 등을 적절히 조합하여 주문하면 다양한 맛을 즐길 수 있다.

스페인 요리

스페인 요리는 다양한 지역적 특색과 신선한 재료를 활용한 풍부한 맛으

로 유명하다.

대표 요리

- 빠에야Paella : 찐 쌀 요리로, 해산물이나 고기를 주재료로 사용. 사프란으로 노란색을 내며, 바닥의 누룽지가 특징적이다.
- 가스파초Gazpacho : 차갑게 먹는 토마토 기반의 야채 수프. 더운 날씨에 특히 인기 있다.
- 하몽Jamón : 대표적인 말린 햄. 소금에 절여 건조시킨 후 오랜 시간 숙성하여 깊은 맛을 낸다. 주로 와인과 함께 즐긴다.
- 타파스Tapas와 핀초Pincho : 한 입에 먹는 소량의 다양한 전채 요리. 여러 가지 음식을 골고루 맛볼 수 있어 인기가 높다.
- 또르띠야 데 빠따따Tortilla de Patatas : 감자, 양파, 달걀로 만든 스페인식 오믈렛. 아침 식사나 간식으로 즐긴다.
- 감바스 알 아히요Gambas al Ajillo : 마늘과 올리브유에 볶은 새우 요리. 향긋한 마늘 향이 특징이다.

메뉴 용어

- Menú del día : 오늘의 메뉴
- Entrada : 전채요리
- Plato principal : 메인 요리
- Postre : 디저트
- Bebidas : 음료

주문 팁

- 'Menú del día'를 선택하면 합리적인 가격에 다양한 요리를 맛볼 수 있다.
- 타파스 바에서는 여러 종류의 타파스를 주문하여 나누어 먹는 것이 일반적이다.

스페인에서는 늦은 시간에 저녁 식사를 하는 것이 일반적이므로, 현지 식사 시간에 맞추어 레스토랑을 방문하는 것이 좋다. 또한, 여유롭게 식사를 즐기는 문화이므로 천천히 음식을 음미하며 대화를 나누는 것이 좋다.

중국 요리

중국 요리는 다양한 지역적 특색과 풍부한 맛으로 유명하다. 중국의 4대 요리와 주문 시 알아두면 좋을 팁들은 다음과 같다.

중국 4대 요리

- 베이징 요리 : 궁중 요리 형태로, 대표적인 요리로는 Beijing Duck(북경 오리)이 있다.
- 쓰촨 요리 : 향신료를 많이 사용해 대체로 매운 맛이 특징이며, 마파두부가 유명하다.
- 광둥 요리 : 서양 요리법이 결합된 요리로, 딤섬과 탕수육이 대표적이다.
- 상하이 요리 : 해산물 요리가 풍부하며, 특히 게 요리가 유명

주문 팁

- Vegetable(야채) 요리 1 ~ 2가지는 필수다.
- 닭고기, 돼지고기, 소고기 요리를 적절히 조합하여 주문하면 다양한 맛을 즐길 수 있다.
- Tofu(두부) 요리도 무난한 선택이다.
- 마지막 식사 메뉴로는 볶음밥이나 면 종류가 적당하다.

상차림 예시

- 3인 상차림 : 육류, 두부 요리, 야채 각 1가지 / 식사는 볶음밥 또는 면류 1가지
- 4인 상차림 : 육류 2가지 / 두부 요리, 야채 각 1가지 / 식사는 볶음밥, 면류 각 1가지

이는 어디까지나 참고 자료이며, 그 식당에서 제공하는 식사의 양이 얼마나 되는지에 따라 다르다.

추가 팁

- 중국 식당에서는 보통 큰 원형 테이블에 앉아 음식을 나눠 먹는다. 이때 회전 테이블을 사용하는 경우가 많다.
- Baijiu(백주, 고량주) 한 병을 곁들이면 음식 맛이 더욱 살아난다.
- 젓가락을 사용할 경우, 밥그릇에 꽂아두는 것은 금기시되므로 주의해야 한다.
- 차를 주문하면 식사 전후로 입가심하기 좋다.

중국 요리를 즐길 때는 여러 가지 요리를 함께 주문하여 다양한 맛을 경험하는 것이 중요하다. 또한, 지역별로 특색 있는 요리가 많으므로, 사전에 방문할 지역의 대표 요리에 대한 간단한 스터디를 하면 더욱 좋다.

주요 요리 재료

채소류

- Garlic(마늘) : 향신료로 널리 사용되며 요리에 풍미를 더함
- Onion(양파) : 다양한 요리의 기본 재료로 사용
- Potato(감자) : 삶기, 굽기, 튀기기 등 다양한 조리법 가능
- Lettuce(상추) : 샐러드의 주요 재료이며 신선한 맛을 제공
- Carrot(당근) : 단맛과 아삭한 식감으로 다양한 요리에 활용

육류

- Beef(소고기) : 스테이크 등 다양한 요리에 사용
- Pork(돼지고기) : 다양한 부위와 조리법으로 활용도가 높음
- Lamb(양고기) : 특유의 풍미와 부드러운 식감이 특징

해산물

- Sea Bream(도미) : 구이나 찜으로 많이 조리
- Sea Bass(농어) : 그릴이나 오븐 요리에 적합
- Shrimp, Prawn(새우) : 모두 다 아는 식재료

- Scallop(조개) : 부드러운 식감과 달콤한 맛이 특징
- Mussel(홍합) : 스튜나 파스타 요리에 자주 사용
- Squid, Calamari(오징어) : 튀김이나 볶음 요리로 많이 활용
- Octopus(문어) : 부드럽게 익혀 샐러드나 구이 요리로 즐김

기본 조미료

- Salt(소금) : 가장 기본적인 조미료로 음식의 맛을 끌어올림
- Pepper(후추) : 음식에 향과 약간의 매운맛을 더해줌
- Vinegar(식초) : 산미를 더하고 음식의 풍미를 높임
- Mustard(머스터드) : 샌드위치나 소스로 사용, 독특한 맛을 냄

요리 방법 이해하기

- Grilled : 오븐이나 가스불에 구운 요리. 직접적인 열로 조리하여 겉은 바삭하고 속은 촉촉하게 유지된다. 예로는 그릴드 치킨, 스테이크가 있다.
- Roasted : 오븐에서 구운 요리. 전체적으로 골고루 익혀 풍부한 맛과 향을 낸다. 로스트 비프, 통닭 구이 등이 대표적이다.
- Sautéed : 기름에 살짝 튀긴 요리. 높은 온도에서 빠르게 조리하여 식재료의 신선함을 유지한다. 볶은 야채, 새우 소테 등이 있다.
- Boiled : 끓인 요리. 물에 담가 익혀 부드러운 식감을 만들어낸다. 삶은 감자, 파스타 등이 이에 해당한다.
- Fried : 튀긴 요리. 기름에 완전히 담가 조리하여 바삭한 식감을 준다.

프라이드 치킨, 덴푸라가 대표적인 예다.
- **Steamed** : 스팀에 찐 요리. 수분을 유지하면서 부드럽게 조리되어 건강에 좋다. 찐 생선, 딤섬 등이 있다.
- **Baked** : 구운 요리. 오븐에서 천천히 익혀 겉과 속이 고르게 조리된다. 베이크드 포테이토, 케이크 등이 이에 속한다.

고급 레스토랑 이용 가이드

미슐랭 스타 레스토랑 Michelin Star Restaurant

미슐랭 스타 레스토랑은 세계 최고의 미식 경험을 제공하는 식당으로, 프랑스 타이어 회사 미슐랭이 발간하는 '미슐랭 가이드'의 권위 있는 평가를 받은 곳이다. 1900년대 초 프랑스에서 시작된 이 가이드는 현재 세계적인 식당 평가 기준으로 자리잡았다. 평가 기준은 크게 세 가지다.

① 음식의 품질 : 요리의 기술적 완성도, 창의성, 맛의 조화
② 서비스 수준 : 친절함, 전문성, 전반적인 식사 경험 만족도
③ 식당의 분위기 : 인테리어, 편안함, 전체적인 분위기

미슐랭 스타는 1스타(매우 좋은 식당), 2스타(탁월한 요리와 서비스), 3스타(미식의 정점)로 나뉜다. 가격은 점심 기준 1스타는 $100 이상, 3스타는 $300 이상이며, 저녁은 더 비싸다. 2025년 6월 현재 전 세계에는 1스타 3,058곳, 2스타 503곳, 3스타 153곳이 있으며, 서울에는 1스타 27곳, 2스타 9곳, 3스타 1곳이 운영 중이다.

예약이 필수이며, 대부분 미리 하지 않으면 자리 확보가 어렵다. 예약

은 이메일, 홈페이지나 앱, 전화 등을 통해 하며, 예약 시점에 신용카드 정보를 요구할 수 있다. 취소나 No Show 시 높은 비용이 청구될 수 있으니 주의해야 한다. 일본의 경우 대부분 유료 예약제로 운영되며, Tabelog, TableCheck 등의 앱을 통해 예약할 수 있다.

미슐랭 스타 레스토랑 방문은 단순한 식사를 넘어 미식가의 궁극적인 경험으로 여겨진다. 비싼 가격에도 불구하고 그 이상의 가치를 제공하며, 식사 자체가 하나의 예술 작품으로 인식된다.

레스토랑은 미슐랭 가이드 웹사이트(https://guide.michelin.com) 또는 Michelin Guide 모바일 앱을 통해 검색이 가능하며, 지역, 등급, 가격대, 요리 종류 등의 필터를 설정하여 검색할 수 있다. 각 레스토랑의 자세한 메뉴와 가격은 공식 홈페이지에서 확인할 수 있다.

미슐랭 스타 레스토랑은 빕 그루망 Bib Gourmand 이나 '미슐랭 가이드'에 소개된 다른 레스토랑들과는 수준과 가격 면에서 확연히 구별된다는 점을 유념해야 한다.

고급 레스토랑에서의 에티켓

고급 레스토랑 방문은 단순한 식사를 넘어 특별한 경험이 될 수 있다. 이러한 경험을 더욱 풍성하게 만들기 위해서는 다음과 같은 에티켓을 숙지하고 실천하는 것이 좋다.

복장

- 대부분의 고급 레스토랑은 드레스 코드가 있다. 사전에 확인하고 적

절한 복장을 갖추어야 한다.
- 일반적으로 남성은 정장이나 재킷, 여성은 드레스나 정장이 적합하다. 청바지, 운동화, 반바지 등 캐주얼한 복장은 피하는 것이 좋다.

시간 엄수

- 예약 시간을 정확히 지키는 것이 중요하다.
- 늦을 경우 반드시 레스토랑에 알려야 한다.

사진 촬영

- 다른 손님들에게 방해가 되지 않도록 주의한다.
- 사진을 찍어도 되는지 직원에게 허락을 구한다.

팁 문화

- 국가와 레스토랑에 따라 다르지만, 대부분의 고급 레스토랑에서는 팁이 계산서에 포함되어 있다.
- 추가 팁은 서비스에 매우 만족했을 경우에만 고려한다.

고급 레스토랑에서 에티켓을 지키는 것은 단순히 규칙을 따르는 것이 아니라, 특별한 식사 경험을 더욱 풍성하게 만들고 다른 손님들과 조화롭게 어울리는 방법이다. 이러한 에티켓을 숙지하고 실천한다면, 고급 레스토랑에서의 시간이 더욱 즐겁고 기억에 남는 경험이 될 것이다.

테이블 매너

국민소득 3만 달러 시대를 살아가는 우리에게 적절한 테이블 매너는 더 이상 선택이 아닌 필수가 되었다. 나이프를 입에 넣거나, 손으로 먹어야 할 음식을 어색하게 포크와 나이프를 사용하는 모습, 또는 메뉴 선택에 어려움을 겪어 남의 주문을 그대로 따라하는 행동은 어색하고 미숙한 모습으로 비춰질 수 있다. 이는 단순히 개인의 품위를 떨어뜨리는 것을 넘어, 한국 사람에 대한 이미지에도 영향을 미칠 수 있다.

따라서 해외여행 중 각국의 식사 예절을 아는 것은 여러 면에서 중요하다. 먼저, 현지 문화를 이해하고 존중하는 태도를 보여줄 수 있다. 이는 단순한 예의를 넘어, 그 나라의 문화를 더 깊이 경험하는 계기가 된다. 또한, 적절한 테이블 매너는 다양한 사회적 상황에서 자신감을 높여 주고, 현지인과의 원활한 소통에도 도움이 된다.

나아가서, 올바른 테이블 매너를 익히면 문화적 차이로 인한 실수를 줄여 불필요한 스트레스를 피할 수 있다. 예를 들어, 일부 국가에서는 음식을 남기는 것이 실례가 될 수 있는 반면, 다른 곳에서는 음식을 깨끗이 비우는 것이 더 많은 음식을 원한다는 신호로 받아들여질 수도 있다. 이러한 차이를 이해하고 있으면 예상치 못한 상황에서도 유연하게 대처할 수 있다.

결국, 테이블 매너는 단순한 규칙이 아니라 타인을 배려하고 존중하는 태도의 표현이다. 이를 익히는 것은 여행을 더욱 풍요롭고 즐겁게 만드는 중요한 요소가 될 것이다.

기본 예절

- 위생 : 식사 전 손을 씻는 것은 기본적인 예의이자 위생 수칙이다.
- 좌빵우물 원칙 : 자신의 왼쪽에 있는 빵과 오른쪽에 있는 음료가 본인의 것이다. 이는 테이블 세팅의 기본 규칙으로, 혼란을 방지한다.
- 커틀러리 사용 : 포크와 나이프는 바깥쪽부터 안쪽으로 순서대로 사용한다. 이는 여러 코스의 식사에서 특히 중요하다.
- 생선 먹기 : 뼈 있는 생선은 뒤집지 않고 뼈를 조심스럽게 발라 먹는다. 이는 식탁을 지저분하게 만들지 않는 방법이다.
- 자리 비우기 : 식사 중 화장실을 가기 위해 자리를 뜰 때는 간단히 "Excuse me"라고 말하는 것으로 충분하다. 불필요한 설명은 오히려 실례가 될 수 있다.
- 냅킨 관리 : 잠시 자리를 뜰 때 냅킨은 테이블 위가 아닌 의자 위에 놓는다. 이는 냅킨이 여전히 사용 중임을 나타낸다.
- 식사 시작 : 모든 사람의 음식이 도착할 때까지 기다렸다가 함께 식사를 시작하는 것이 좋다.
- 대화 예절 : 음식을 입에 문 채로 말하지 않으며, 적당한 크기로 음식을 잘라먹는다.
- 식기 사용 후 : 사용한 포크와 나이프는 접시 위에 평행하게 놓아 식사가 끝났음을 알린다.
- 휴대폰 사용 : 가능한 한 식사 중 휴대폰 사용을 자제하며, 필요한 경우 양해를 구하고 자리를 잠시 비운다.

No, no, no! 절대로 해서는 안 되는 행동

- 나이프를 입에 넣는 행위는 위험하고 매우 무례한 행동이다.
- 식사 중 트림을 하는 것은 대부분의 문화권에서 매우 실례되는 행동이다.
- 혀를 밖으로 내밀어 그 위에 음식을 올려 놓고 먹는 행위는 비위생적이고 보기에도 좋지 않다.
- 식사 중 물로 입안을 헹구는 행위 역시 매우 부적절하다.
- 후룩후룩 소리를 내며 먹는 것은 다른 사람에게 불쾌감을 줄 수 있다.
- 식사 중 코를 푸는 것은 비위생적일 뿐만 아니라 다른 사람의 식욕을 떨어뜨린다.
- 식사 중 화장을 고치는 행위 역시 부적절하다.
- 휴대폰으로 통화하거나 지나치게 사용하는 행위 또한 동석한 사람들에 대한 예의가 아니다.

피해야 할 행동

- 음식을 입 안에 머금은 채로 대화를 하는 것은 음식이 튀어 상대방에게 불쾌감을 줄 수 있다.
- 음식이 입에 남은 상태로 음료수를 마시는 것은 비위생적이며 음료 잔에 음식 찌꺼기가 남을 수 있다.
- 접시를 손으로 들고 먹는 것은 격식 있는 자리에서 대체로 부적절하다. 다만, 약간 기울이는 것은 허용된다.
- 냅킨을 목에 걸거나 바지나 벨트에 집어넣는 행위는 피해야 한다. 얼

굴, 목, 안경, 식기 등을 닦는 데 사용하는 것은 비위생적이다.
- 이쑤시개를 공개적으로 사용하는 것은 실례되는 행동이다.
- 팔꿈치를 식탁 위에 올려놓고 음식을 먹는 것은 부적절한 자세로 간주된다.
- 포크/나이프로 음식을 가리키거나 제스처를 취하면 무례한 행동으로 여겨진다.
- 지나치게 빠르거나 느리게 먹는 것 역시 바람직하지 않으며 동석한 사람들의 식사 속도에 맞추는 것이 좋다.
- 음식에 대해 공개적으로 불평하거나 비난하는 것은 피하는 것이 좋다.

포크와 나이프 대신 손으로 먹는 음식

일부 음식은 커틀러리를 사용하지 않고 손으로 들고 먹는 것이 일반적이다. 이는 해당 음식을 즐기는 나라의 문화적 배경과 관련이 있으며, 실제로 손으로 먹는 것이 더 편리하고 음식의 질감을 잘 느낄 수 있다.

- 빵 : 손으로 적당한 크기로 떼어먹는다. 잼, 버터를 바르거나 수프, 올리브 오일 등에 찍어 먹는다. 큰 덩어리를 한 번에 베어 먹는 것은 피한다.
- 치킨 : 손으로 집어먹는 것이 일반적이다. 뼈가 있는 부위는 특히 손으로 먹는 것이 더 편리하다. 식사 후 손을 닦을 수 있는 물수건이나 레몬물이 제공되는 경우가 많다.
- 피자 : 손으로 집어먹는 것이 전통적인 방식이다. 조각을 접어서 먹으

면 토핑이 떨어지는 것을 방지할 수 있다. '고급 레스토랑'에서는 포크와 나이프를 사용하기도 한다.

- 햄버거 : 양손으로 잡고 먹는 것이 일반적이다. 크기가 큰 경우, 반으로 잘라먹기도 한다. 포장을 완전히 벗기지 않고 조금씩 벗기면서 먹으면 깔끔하게 먹을 수 있다.
- 타코, 난 : 손으로 집어먹는 것이 전통적인 방식이다. 난은 카레나 다른 소스에 찍어 먹는다.
- 추가적으로 손으로 먹을 수 있는 음식들 : 프렌치 프라이, 샌드위치, 초밥(일본에서는 손으로 먹는 것이 전통적)

이러한 음식들을 손으로 먹을 때도 기본적인 에티켓을 지켜야 한다. 손은 깨끗이 씻고, 한 번에 너무 많은 양을 입에 넣지 않으며, 입 주변을 자주 닦는 것이 좋다. 또한, 상황과 장소에 따라 유연하게 대처하는 것이 중요하다.

초보자를 위한 DIY 여행 가이드북
해외 자유여행 A20

1판 1쇄 발행 2025년 7월 10일

지은이	최병일
펴낸이	유영택
펴낸곳	도서출판 니어북스
등 록	제2020-000152호
주 소	서울시 송파구 거마로 29
전 화	02-6415-5596
팩 스	0503-8379-2756
이메일	nearbooks@naver.com
홈페이지	https://www.nearbooks.co.kr
블로그	blog.naver.com/nearbooks
인 쇄	상지사P&B

ISBN 979-11-991844-1-1 (13980)

* 이 책의 전부 또는 일부 내용을 재사용하시려면 사전에 저작권자와 도서출판 니어북스의 동의를 받아야 합니다.
* 잘못된 책은 구입하신 서점에서 바꾸어 드립니다.
* 정가는 뒤표지에 있습니다.
* 니어북스는 독자 여러분의 소중한 원고를 환영합니다.